Detlev Stabenow / Andrea Stabenow

Mitarbeiter führen auf Distanz

Virtuelle Teams in der Praxis

Cornelsen

Verlagsredaktion:
Ralf Boden
Layout und technische Umsetzung:
Verena Hinze, Essen
Umschlaggestaltung:
Gabriele Matzenauer, Berlin
Titelfoto:
© gettyimages, Andreas Pollok

Informationen über Cornelsen Fachbücher und Zusatzangebote:
www.cornelsen.de/berufskompetenz

1. Auflage

© 2012 Cornelsen Verlag, Berlin

Das Werk und seine Teile sind urheberrechtlich geschützt. Jede Nutzung in anderen als den gesetzlich zugelassenen Fällen bedarf der vorherigen schriftlichen Einwilligung des Verlages. Hinweis zu den §§ 46, 52a UrhG: Weder das Werk noch seine Teile dürfen ohne eine solche Einwilligung eingescannt und in ein Netzwerk eingestellt oder sonst öffentlich zugänglich gemacht werden. Dies gilt auch für Intranets von Schulen und sonstigen Bildungseinrichtungen.

Druck: H. Heenemann, Berlin

ISBN 978-3-589-24035-7

Inhalt gedruckt auf säurefreiem Papier aus nachhaltiger Forstwirtschaft.

Vorwort

„Ein winzig kleiner Vorgang wurde per Mail weitergeleitet. Alle möglichen Personen haben diese Mail weitergeleitet, stellenweise beantwortet. Nach drei Tagen umfasste sie ca. sieben DIN-A4-Seiten. Abschließend geklärt war nichts. Es wurde viel dokumentiert. Mehr nicht. Am Ende folgte ein Dreiminutentelefonat und die Sache war vom Tisch."
(ein virtueller Mitarbeiter)

Die beispielhafte Fassette aus der Tagesarbeit eines virtuellen Mitarbeiters veranschaulicht, wie die Zusammenarbeit auf Distanz Führungskräfte und ihre Mitarbeiter vor neue Herausforderungen stellt.

Eine zunehmend virtuelle Arbeitswelt führt dazu, dass digital vermittelte Zahlen und Zeichen in den Vordergrund treten, und der Mensch, der vor bzw. hinter der technischen Apparatur sitzt, in den Hintergrund rückt. Häufig zu beobachtende Folgen sind eine Abnahme der Bindung an das Unternehmen, die Abteilung, das Team bis hin zu sinkenden Arbeitsleistungen.

Aus räumlicher Distanz kann schnell eine emotionale Distanziertheit zwischen den zusammenarbeitenden Menschen entstehen. Führungskräfte auf Distanz stehen also vor der Aufgabe, ihre virtuellen Mitarbeiter immer wieder in die Firma „hereinzuholen", an die gemeinsamen Ziele zu binden und eine vertrauensvolle Arbeitsbeziehung aufzubauen. Praktische Wege und Möglichkeiten, wie dies gelingen kann, möchten wir Ihnen in diesem Buch entlang der wesentlichen Führungsthemen aufzeigen. Wir lassen uns dabei von dem Gedanken leiten, dass ein erfolgreiches Führen auf Distanz in der Kunst besteht, physische Distanz durch psychische Präsenz zu überwinden.

Viele inhaltliche Anregungen bekamen wir dazu von Führungskräften aus Seminaren und Workshops zum Thema „Führen auf Distanz". Bei ihnen möchten wir uns an dieser Stelle für die Bereitschaft bedanken, ihre Erfahrungen, Fragen und Probleme einzubringen und mit uns zu diskutieren. Mit einem sehr „dicken" Dankeschön wenden wir uns an die uns unbekannten virtuellen Mitarbeiter aus verschiedenen Unternehmen, die so freundlich waren, unseren Fragebogen zu ihrem Erleben einer Zusammenarbeit auf Distanz zu beantworten. Auch wenn diese Befragung nicht repräsentativ ist, haben wir wichtige Anhaltspunkte für die Belange der auf Distanz geführten Mitarbeiter daraus gewonnen.

Im Besonderen möchten wir uns bei Herrn Jochen Fischer von der Allianz Deutschland AG bedanken, der unsere Ausführungen zum Führen auf Distanz durch seinen persönlichen Erlebnisbericht als „virtueller Mitarbeiter" bereichert.

„Last but not least" wollen wir unseren Kindern Leonie, Tobias und Manuel an dieser Stelle unseren herzlichsten Dank dafür aussprechen, dass sie – im Unterschied zum Thema dieses Buches – über längere Zeit Geduld mit ihren zwar physisch anwesenden, aber oft mental abwesenden Eltern aufgebracht haben und als „digital Natives" manch interessante Anregung beisteuerten.

Alfter, im Frühjahr 2012
Andrea Stabenow
Detlev Stabenow

Die Autoren

Andrea Stabenow, Dipl. Psychologin und Psychotherapeutin.
Neunjährige Tätigkeit in einer Justizvollzugsanstalt.
Seit 1989 in freier Praxis niedergelassen. Arbeitsschwerpunkte sind Psychotherapie, Coaching und berufsbegleitende Supervision.

Kontakt:
info@andrea-stabenow.de
www.daeumling-haus.de

Detlev Stabenow, Dipl. Psychologe und Pädagoge.
Seit 25 Jahren Leiter des Instituts für Trainerfortbildung, Organisationsberatung und Personalentwicklung.
Arbeitsschwerpunkte: Aus- und Weiterbildung von Führungskräften, Projektleitern und internen Trainern; Beratung und Begleitung von Organisations- und Teamentwicklungsprozessen; Coaching von Führungskräften und das Topmanagement.

Kontakt:
d.stabenow@itop.de
www.itop.de

Inhalt

1 Einführung in das Thema 9

- 1.1 Führen auf Distanz – ein alter Hut auf einem neuen Kopf? 11
- 1.2 Virtuelle Kommunikation im Unternehmensalltag 12
  - 1.2.1 Virtuelle Kommunikation in standortgebundener Zusammenarbeit 12
  - 1.2.2 Virtuelle Kommunikation in standortungebundener Zusammenarbeit 13
- 1.3 Aus den Augen, aus dem Sinn – oder: Wie finde ich zu meinen Mitarbeitern? 15
- 1.4 Was halten Führungskräfte vom Führen auf Distanz? .. 17
- 1.5 Was Sie in diesem Buch erwartet 18

2 Ihr Beitrag als Führungskraft auf Distanz 19

- 2.1 Wie Führung stattfindet 19
- 2.2 Die persönliche „Grundausstattung" 22
  - 2.2.1 Ich bin immer für meine Mitarbeiter da 23
  - 2.2.2 Wer mir folgt, hat Erfolg 24
  - 2.2.3 Wer mir folgt, ist auf der sicheren Seite....... 24
  - 2.2.4 Ich biete meinen Mitarbeitern immer etwas Neues.... 25
  - 2.2.5 ... und die geforderten Kernkompetenzen 27

3 Mit den Medien führen. 33

- 3.1 Welche Medien für welchen Zweck? 35
  - 3.1.1 Die zentralen Anforderungen stehen im Vordergrund .. 36
  - 3.1.2 Der Informationsreichtum steht im Vordergrund 38
  - 3.1.3 Der Kommunikationsprozess steht im Vordergrund ... 40
  - 3.1.4 Die Aufgabe steht im Vordergrund 42
- 3.2 Die Anwender entscheiden über die Medienwahl 44
  - 3.2.1 Die individuellen Medienpräferenzen müssen besprochen werden.................. 44
  - 3.2.2 Die Kommunikationspartner brauchen eine gemeinsame Medienakzeptanz 45

  3.2.3 Die Führungskraft spielt bei der Medienwahl eine führende Rolle 46
 3.3 Der Einsatz der Medien im beruflichen Alltag. 47

4 Eine virtuelle Gruppe führen 54

 4.1 Gruppe oder Team – der kleine, aber entscheidende Unterschied 54
 4.2 Grundsätzliches zur Führung von Mitarbeitern in einer virtuellen Gruppe 57
 4.3 Führen über Ziele. 59
  4.3.1 Die SMART-Kriterien 61
  4.3.2 Zieldifferenzierung und Zielkonflikte. 67
 4.4 Führen über Delegation. 69
  4.4.1 Warum Delegation nicht so einfach ist. 70
  4.4.2 Der Delegationsprozess 72
 4.5 Mitarbeitergespräche führen 75
  4.5.1 Das Mitarbeitergespräch bei unterschiedlichen Ausgangssituationen. 75
  4.5.2 Zum Entwicklungsaspekt im Mitarbeitergespräch 79
 4.6 Motivieren auf Distanz 81
  4.6.1 Motivieren durch Führen 83
  4.6.2 Motivationshemmende und -fördernde Faktoren aus Sicht von virtuellen Mitarbeitern. 86
 4.7 Führung im virtuellen Alltag. 88
  4.7.1 Führen Sie mit viel „Unterhaltung" 88
  4.7.2 Bieten Sie eine erlebnisbezogene Begleitung an. 88
  4.7.3 Geben Sie Ihren Mitarbeitern in der Ferne viel Orientierung. 89
  4.7.4 Sorgen Sie für eine gute Führungsorganisation 89
  4.7.5 Achten Sie auf die Nachvollziehbarkeit Ihrer Vorgaben. . 90
  4.7.6 Lernen Sie die subjektive Welt Ihrer virtuellen Mitarbeiter kennen 91
  4.7.7 Fördern Sie die Zugehörigkeit 91
  4.7.8 Reflektieren Sie die Qualität der Beziehung zu Ihren einzelnen Mitarbeitern. 92

5 Die Führung eines virtuellen Teams 94

- 5.1 Flieh- und Bindekräfte im virtuellen Team 95
  - 5.1.1 Die Fliehkräfte 95
  - 5.1.2 Die Bindekräfte. 103
- 5.2 Virtuelles Linien- und virtuelles Projektteam. 110
  - 5.2.1 Ein virtuelles Linienteam führen. 111
  - 5.2.2 Ein virtuelles Projektteam führen 113
- 5.3 Der Aufbau der Zusammenarbeit im virtuellen Team . . 115
  - 5.3.1 Zur Entwicklung der Zusammenarbeit 118
  - 5.3.2 Die Treppenabschnitte im Einzelnen 119

6 Störungen und Konflikte im virtuellen Alltag 131

- 6.1 Störungen und Störungsmanagement in der direkten Zusammenarbeit 134
- 6.2 Störungen und Störungsmanagement bei einer Teamarbeit mit Außeneinflüssen 140
- 6.3 Die Auswirkung von Störungen auf die Zusammenarbeit 145
- 6.4 Auch die Nutzung der Medien kann Konflikte hervorrufen 147
- 6.5 Wenn es doch zum offenen Konflikt kommt. 149

7 Zur Qualifikation virtueller Mitarbeiter 152

- 7.1 Zu den Qualifikationen im Einzelnen. 153
- 7.2 Wichtige Qualifikationen im Überblick 157
- 7.3 Ein virtueller Mitarbeiter hat das Wort. 158

Ausblick 163

Literaturhinweise und Empfehlungen 164
Stichwortverzeichnis 166

1   Einführung in das Thema

Seit Gutenbergs Erfindung Mitte des 15. Jahrhunderts, Druckschriften mit beweglichen Lettern aus Metall herzustellen, hat kein Kommunikations- und Informationsmittel die menschliche Beziehungs- und Arbeitsgestaltung ähnlich revolutionär beeinflusst wie die Erfindung und Einführung der elektronischen Medien. In einem atemberaubenden Tempo ist die computervermittelte Kommunikation zum festen Bestandteil unseres privaten und vor allem beruflichen Alltags geworden. Kaum einer ist sich noch bewusst, dass der Startschuss für die erste massentaugliche Internettechnik erst 1993 fiel – als das World Wide Web (kurz WWW) zur öffentlichen Nutzung freigegeben wurde.

Rund um die Uhr und rund um unseren Globus treten Menschen heute miteinander unmittelbar, unkompliziert und kostengünstig in Kontakt. Die Kommunikation verlagert sich zunehmend in den virtuellen Raum und dringt immer tiefer in unsere Lebens- und Arbeitswelt ein. Kaum auszumalen, wie sich diese Entwicklung auf uns auswirken wird: Werden wir physische Nähe vielleicht sogar bald als „barbarisch" empfinden, so wie es Isaac Asimov in seinem Zukunftsroman „Die nackte Sonne" beschreibt?

Seit Millionen Jahren sind wir es gewohnt, jeden zwischenmenschlichen Kontakt mit allen Sinnen zu erfassen und zu beurteilen. Im „realen" Kontakt nehmen wir unsere Mitmenschen in ihrer ganzen, körperhaften Erscheinung wahr.

Diese visuellen, auditiven, haptischen und olfaktorischen Informationen verarbeiten wir, teils unbewusst, zu einem Gesamtbild, analysieren die Fülle der Wahrnehmungsinhalte und gelangen so blitzschnell zu einer Einschätzung der sozialen Situation:
- → Sie betreten einen Besprechungsraum und spüren sofort, ob unter den Beteiligten „dicke Luft" herrscht oder der Raum vor Spannung knistert.
- → Der feuchte Händedruck Ihres Gesprächspartners vermittelt Ihnen mögliche Angst und Unsicherheit.
- → Eine klare kräftige Stimme und direkter Augenkontakt hingegen sind ein klares Signal für Selbstsicherheit.

Unstimmigkeiten zwischen nonverbalem Ausdruck und gesprochener Botschaft können wir leicht erkennen:
- → Ihr Gegenüber sichert Ihnen uneingeschränkte Unterstützung zu, sitzt aber mit verschränkten Armen vor Ihnen und dreht sich im Gespräch öfters von Ihnen weg.
- → Während einer Verhandlung, bei der die wahren Sachverhalte auf den Tisch gelegt werden müssen, vermeidet der Gesprächspartner, Blickkontakt mit Ihnen aufzunehmen.

Kommunizieren wir nun vorwiegend virtuell über elektronische Medien, können wir auf viele unserer Sinne nicht zurückgreifen. Unser Wahrnehmungsreichtum ist enorm eingeschränkt, denn über die mediale und räumliche Distanz können wir die Situation nicht mehr in ihrer Gesamtheit erfassen und einschätzen.

> Virtuelle Arbeitsbeziehungen wie diese haben Sie sicher schon selbst erlebt:
> → Sie kommunizieren mit weit entfernt agierenden Mitarbeitern, als ob Sie Tür an Tür arbeiten würden. Gleichzeitig vergrößert der fehlende unmittelbare Kontakt die soziale Distanz. Trotzdem sollen Sie verlässliche Arbeitsbeziehungen und stabile Bindungen entwickeln und gestalten.
> → Sie kennen Ihren Gesprächspartner nicht persönlich, sondern nur über E-Mails und aus Telefonaten – vielleicht sehen Sie ihn gelegentlich auf dem Bildschirm. Trotzdem sollen Sie langfristige Arbeitskooperationen aufbauen und komplexe Arbeitsaufträge gemeinsam bewältigen.
> → Sie arbeiten mit Menschen zusammen, die Ihre Botschaften in einem Ihnen gänzlich unbekannten Umfeld empfangen und interpretieren. Die Antworten, die Sie erhalten, müssen Sie ohne die ihnen zu Grunde liegenden Beweggründe verstehen. Trotzdem sollen Sie Ziele erreichen und dafür das Steuer übernehmen.

Zwangsläufig sind solche Führungssituationen mit Unsicherheiten verbunden, wobei der Grad der Unsicherheit natürlich sehr unterschiedlich ausfallen kann.

→ Arbeitsblatt 1: Praxisreflexion

Listen Sie typische Führungssituationen bei einer Führung auf Distanz auf und prüfen Sie, wie viel Unsicherheit jeweils mit ihnen verbunden ist.

Führungssituation	Grad an Unsicherheit (1 = keine Unsicherheit) 10 = hohe Unsicherheit)

1.1 Führen auf Distanz – ein alter Hut auf einem neuen Kopf?

> Stellen Sie sich vor, Sie schicken Ihre Mitarbeiter mit einem wichtigen Auftrag los und es wird Wochen dauern, bis Sie eine erste Rückmeldung erhalten. Wie viel Ungewissheit müssen Sie aushalten, wie viel Bindung der Mitarbeiter an Sie und den Auftrag wäre nötig!

Führen auf Distanz findet in der Geschichte der Menschheit seit Jahrtausenden statt. Nicht von ungefähr beschreibt Jaclyn Kostner in ihrem unterhaltsamen Buch „König Artus und die virtuelle Tafelrunde" sehr anschaulich, dass sich die Herrscher im frühen Mittelalter im Wesentlichen mit den gleichen Führungsfragen auseinanderzusetzen hatten wie die Führungskräfte, die heute ihre Mitarbeiter über Distanzen hinweg zu führen haben.

Es ging und geht um die Fragen:
- Wie gewinne ich das notwendige Vertrauen in meine Führung?
- Wie erreiche ich eine effiziente und verlässliche Zusammenarbeit unter meinen Mitarbeitern?
- Wie entsteht durch meine Führung die notwendige Identifikation mit den Zielen der Organisation?
- Wie motiviere ich meine Mitarbeiter dazu, ihre Bestleistung zu geben?
- Wie schaffe ich es, gemeinsames Verständnis für die einzelnen Arbeitsaufträge herzustellen?

… und dies bei Mitarbeitern, die nicht vor Ort sind.

Führung auf Distanz scheint also ein ganz „alter Hut" zu sein. Wieso aber ist dieses Thema heute aktueller denn je?

Die Antwort liegt in der rasanten Fortentwicklung der Informationstechnologien. Die Möglichkeit, über elektronische Medien unabhängig von Raum und Zeit problemlos kommunizieren und kooperieren zu können, erhöht zunehmend die Flexibilität und Mobilität. Dies führt nachhaltig zu einer Veränderung der Unternehmensstrukturen und damit natürlich auch zu einer tief greifenden Neuausrichtung der eigenen Arbeitsorganisation. Für Picot, Reichwald und Wigand beginnen die klassischen Grenzen der Betriebe zu verschwimmen und sich teilweise auch aufzulösen. Ersetzt werden sie durch dezentrale Gebilde, deren Kennzeichen Autonomie, Kooperation und indirekte Führung sind.

Folgt man einer Einschätzung des Bonner Instituts für Mittelstandsforschung, dass bereits 2012 weltweit etwa 30 Prozent aller fest angestellten Mitarbeiter virtuell zusammenarbeiten und bald nicht mehr zwischen realen und virtuellen Teams unterschieden wird, ist schnell zu ersehen: Führen auf Distanz wird in naher Zukunft eine immer größere Bedeutung erlangen.

1.2 Virtuelle Kommunikation im Unternehmensalltag

Im Folgenden wird der Begriff „virtuell" als Oberbegriff für alle Formen der Beziehungsgestaltung und Zusammenarbeit verwendet, in denen der Kontakt nicht mehr direkt, d. h. Face to Face stattfindet, sondern über elektronische Medien. Unabhängig davon, ob Unternehmen zentral oder dezentral organisiert sind – virtuelle Kommunikation findet mittlerweile überall im Arbeitsalltag statt.

1.2.1 Virtuelle Kommunikation in standortgebundener Zusammenarbeit

Oft haben wir noch das klassische Bild einer Firma vor Augen und denken an ein abgeschlossenes, integriertes System. Dort sind innen und außen noch klar voneinander getrennt: Auf der einen Seite gibt es den festen Standort mit den Büro- und Fabrikanlagen sowie den erforderlichen Materialien, Betriebsmitteln und Informationen, in denen sich die Mitarbeiter aufhalten. Auf der anderen Seite befinden sich die Zulieferer und der Markt, also die Kunden, die bedient werden sollen.

Auch in diesen noch traditionell organisierten Unternehmen hat der Medieneinsatz den Informationsfluss und das Kommunikationsverhalten nachhaltig verändert. Führungskräfte und Mitarbeiter kommunizieren zu großen Teilen nicht mehr Face to Face, auch wenn sie sich am selben Ort befinden. Die Informationsvermittlung, die Verteilung von Arbeitsaufträgen, ja sogar Abstimmungen untereinander erfolgen zunehmend virtuell.

Der Vorteil, schnell und fast unbegrenzt Informationen zu sammeln, weiterzureichen und auszutauschen, wird immer ausgiebiger genutzt. Die Folgen sind eine starke Beschleunigung des Informationskreislaufes und eine enorme Zunahme der zu bewältigenden Datenmenge. Mussten vor der „digitalen Revolution" Einschätzungen und Entscheidungen oft auf der Basis lückenhaften und ungenauen Wissens getroffen werden, ist man heute umso mehr damit beschäftigt, die Anfrage- und Informationsflut durch Selektion zu bezwingen.

Ein beredtes Beispiel für den „Kommunikationsüberfluss" ist der ausufernde E-Mail-Verkehr, durch den sich viele Führungskräfte und Mitarbeiter immer stärker belastet fühlen. Es lässt sich die These aufstellen, dass durch die computergestützte Kommunikation sogar dort Distanz hergestellt wird, wo dies weder nötig noch zielführend ist. Ned Kock, Professor of Information Systems an der Texas A&M International University, kam in einer spannenden Untersuchung zu dem erstaunlichen Ergebnis, dass Problemlösungen über E-Mail fünf- bis fünfzehnmal mehr Zeit kognitiver Anstrengung erfordern als ein persönliches Zusammentreffen. Trotz dieser Nachteile wird inzwischen vorwiegend per E-Mail kommuniziert. Es geht schnell. Das Thema ist erst einmal vom Tisch. Zudem ist es bequem.

Solange Mitarbeiter und Führungskraft am gleichen Standort tätig sind, lassen sich aber dadurch auftretende Störungen oder entstandene Missverständnisse immer noch recht zeitnah und unkompliziert in einem persönlichen Gespräch am selben

Tisch klären. Bei Bedarf kann also jederzeit von der virtuellen Kommunikation zum Face-to-Face-Kontakt umgestiegen werden, besonders dann, wenn komplexere Probleme zu lösen sind.

Führen auf Distanz findet also längst statt, auch wenn Führungskraft und Mitarbeiter ihren Arbeitsplatz noch am gleichen Standort haben. Dabei sollte allen aber immer bewusst sein, dass der Medieneinsatz im eigenen Haus einen distanzierteren Beziehungsstil bewirken kann, also eine soziale Distanz zwischen Führungskraft und Mitarbeitern bzw. zwischen den Mitarbeitern untereinander entsteht.

> → **Arbeitsblatt 2: Selbstreflexion**
>
> *Wie viele E-Mails bekommen Sie jeden Tag, deren Anliegen wesentlich schneller und effizienter im persönlichen Kontakt hätten beantwortet werden können? Um die persönliche Einschätzung zu verifizieren, kopieren Sie einmal eine Woche lang all diese E-Mails in einen Extra-Ordner. Sie werden am Ende der Woche von ihrer hohen Anzahl selbst überrascht sein und daraufhin vielleicht Ihr eigenes Kommunikationsverhalten und damit natürlich Ihr Führungsverhalten noch einmal überdenken.*

1.2.2 Virtuelle Kommunikation in standortungebundener Zusammenarbeit

Bei einer standortungebundenen Zusammenarbeit kommt der immense Vorteil der elektronischen Medien voll zur Geltung. Die neuen Informations- und Kommunikationstechniken ermöglichen es den Unternehmen, dezentral ausgerichtetes Wissen schnell einzusammeln und/oder die Leistungserbringung räumlich optimal zu verteilen. Unabhängig von Zeit und Raum können also Mitarbeiter zielgerichteter eingesetzt und Funktionen effektiver gebündelt werden.

Zwei Beispiele:
- → *Ein Unternehmen mit mehreren Produktionsstätten in Deutschland löst die Personalabteilungen sämtlicher Standorte auf. Die Leistungen werden auf eine Stelle konzentriert und im weiteren Verlauf auch standardisiert. An den verschiedenen Produktionsstätten selbst muss jeweils nur noch ein Personalberater präsent sein. Geführt aus der Distanz und unterstützt mit Informationen aus der Zentralabteilung kann er die verbleibende individuelle Betreuung der Mitarbeiter bestens sicherstellen.*
- → *Eine Firma entscheidet sich, das Knowhow ihrer europaweit verteilten Fachtrainer besser zu nutzen. Durch dieses Best-Practice-Verfahren soll sichergestellt werden, dass die an den unterschiedlichen Orten stattfindenden Schulungen in ihrer*

Qualität von dem methodisch-didaktischen Wissen aller Trainer profitieren. Zur Optimierung der Schulungen sollen die besten Konzepte gemeinsam weiterentwickelt werden. Mit der Aufgabenstellung befasst sich eine virtuelle Arbeitsgruppe aus Fachtrainern.

Ein genereller Blick in die Praxis verrät, wie weit dieser Prozess inzwischen schon fortgeschritten ist. Beispiele hierfür finden sich

- im Support: Fachexperten unterstützen mit ihrer Dienstleistung die Arbeit der örtlich verteilten Kollegen.
- durch die Einrichtung von Homeoffices: Mitarbeiter entscheiden selbst über ihren Arbeitsort und ihre Arbeitszeit.
- bzgl. der Kundennähe: Mitarbeiter sind mit vergleichbaren Aufträgen an unterschiedlichen Orten tätig und werden dabei zentral geführt.
- bei Projekten: Fachexperten werden aus verschiedenen Bereichen in die Arbeit miteinbezogen, ohne dass diese ihren eigenen Arbeitsplatz verlassen.

→ **Arbeitsblatt 3: Praxisreflexion**

Diskutieren Sie mit Ihren Arbeitskollegen, welche einschneidenden Veränderungen sich in Ihrem Unternehmen durch den verstärkten Einsatz und Gebrauch der elektronischen Medien ergeben haben und welcher Nutzen dadurch generiert wurde.

Veränderungen im eigenen Unternehmen in den letzten Jahren	Generierter Nutzen der Veränderungen

Auch bei diesen sich veränderten Arbeitsverhältnissen und Organisationsstrukturen bleibt die Aufgabe von Führungskräften natürlich gleich: Sie stehen in der Pflicht, für eine optimale Leistungserbringung und Zielerreichung zu sorgen. Die Herausforderung besteht zu gleichen Teilen darin, die physische und die psychische bzw. soziale Distanz zu überwinden.

1.3 Aus den Augen, aus dem Sinn – oder: Wie finde ich zu meinen Mitarbeitern?

Die altbekannte Redewendung „Aus den Augen, aus dem Sinn" veranschaulicht sehr gut, wie schwer es ist, Menschen und die mit ihnen verbundenen Aufträge, Anlässe etc. für sich präsent zu halten, sobald diese aus unserem Sichtfeld rücken.

Es klingt fast schon paradox: Führungskräfte müssen gerade die Aufgaben aus der Ferne bewältigen, für die sie größtmögliche Nähe bräuchten. Sie sollen
- für eine gute Kommunikation sorgen,
- den Mitarbeitern dabei helfen, sich bestmöglich weiterzuentwickeln,
- ein gutes Kooperationsklima schaffen,
- ein tragfähiges Vertrauensverhältnis aufbauen,
- gemeinsame Wert- und Zielvorstellungen vermitteln,
- Gleichgewicht zwischen den Arbeitspartnern herstellen,
- für Abstimmung und Konsensbildung sorgen.

Die grundlegende Problematik dieser Herausforderung lässt sich gut mit dem Konzept der losen Kopplung veranschaulichen. Von loser Kopplung wird dann gesprochen, wenn getrennte Systeme nur durch wenige Variablen miteinander verbunden sind oder ihre gemeinsamen Variablen gegenüber anderen, parallel einwirkenden Variablen eher schwach ausgeprägt sind.

Bei einer Zusammenarbeit auf Distanz kann in mehrfacher Hinsicht von lose gekoppelten Systemen gesprochen werden. Auf verschiedene Orte verteilte Mitarbeiter erleben ihre Führungskraft zum einen meist indirekt, zum anderen werden sie in ihren Handlungen oder Entscheidungen auch stark von ihrer Umgebung (z. B. den Kunden vor Ort) beeinflusst. Ähnliches findet sich bei Projektteams. Mitarbeiter aus verschiedenen Organisationseinheiten richten sich nicht immer nur nach den Vorgaben der virtuellen Projektleitung. Die Einflüsse aus der eigenen „Heimatorganisation" beeinflussen in vielen Fällen die Schwerpunkte in der Arbeitspriorisierung. Auch die direkte Zusammenarbeit der Teammitglieder ist unter dem Blickwinkel der losen Kopplung zu sehen. Das Engagement für die Projektziele steht häufig in Konkurrenz mit der Verfolgung der eigenen Ziele vor Ort.

Angesichts dieser eher losen Kopplung ist bei einer Zusammenarbeit auf Distanz darauf zu achten, dass die virtuelle Führungskraft den Mitarbeitern (und natürlich auch umgekehrt) ständig präsent bleibt. Eine Führung auf Distanz muss eine Balance finden zwischen dem selbstverantwortlichen Handeln der Mitarbeiter vor Ort und deren notwendige Einbindung in die Zielvorgaben des Unternehmens.

Das Konzept der losen Kopplung veranschaulicht gut die tatsächliche Führungsherausforderung und verweist auf den damit einhergehenden, notwendig hohen Koordinationsaufwand. Es macht deutlich, was eine Führung auf Distanz zu leisten hat:
- → Sie muss sicherstellen, dass örtlich verteilte Aufgabenträger zielbezogen arbeiten und miteinander kooperieren.
- → Sie muss innovative Wege unterstützen, um die notwendige Flexibilität vor Ort zu ermöglichen.
- → Sie muss lokale Entscheidungen und Lösungen zulassen, um die Kompetenzen vor Ort optimal zu nutzen.
- → Sie muss direkte Steuerungs- und Kontrollfunktionen aufgeben und trotzdem als bindende und verbindende Kraft fungieren.
- → Sie muss die unter den Mitarbeitern und innerhalb des Unternehmens vorhandenen Gemeinsamkeiten nachvollzieh- und erlebbar machen.

Vergegenwärtigen Sie für sich anhand des Schaubilds einmal, von welchen Variablen ein Mitarbeiter beeinflusst werden kann. Zusätzlich ist immer auch zu berücksichtigen, dass die einzelnen Einflussfaktoren in ihrer Ausprägung sehr unterschiedlich sein können (dargestellt durch unterschiedliche Linien).

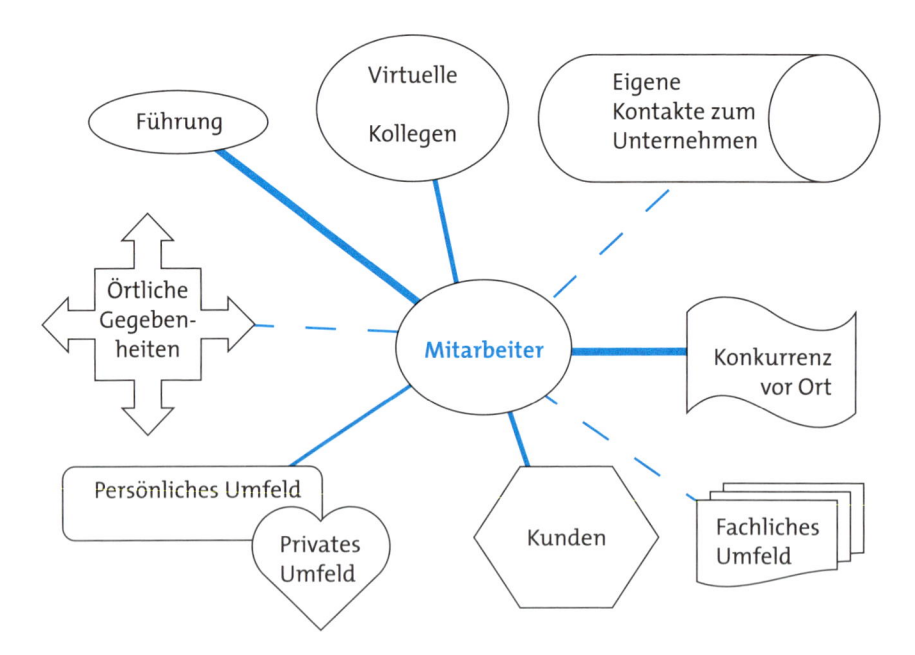

Einflussfaktoren auf Mitarbeiter

> **➜ Arbeitsblatt 4: Praxisreflexion**
>
> *Erstellen Sie ihr eigenes Führungsbild: Platzieren Sie den Mitarbeiter in der Mitte und stellen Sie dar, von welchen Variablen Ihre Mitarbeiter an ihrem Arbeitsplatz vor Ort beeinflusst werden. Vergessen Sie nicht, auch die Einflussstärke der einzelnen Variablen mit aufzunehmen.*

➜ *Praxis*tipp:

Es kann für die Zusammenarbeit sehr hilfreich sein, wenn Sie das erstellte Bild mit Ihren Mitarbeitern besprechen. Es bietet sich sogar an, dass sowohl Sie als auch Ihre Mitarbeiter ein solches Bild getrennt erstellen und Sie diese dann gemeinsam diskutieren.

1.4 Was halten Führungskräfte vom Führen auf Distanz?

Zum Abschluss unserer Einführung möchten wir die Ergebnisse eines Forschungsprojekts von Remdisch und Utsch vorstellen, das mit 131 Führungskräften Interviews zu unserem Buchthema durchführte.

Auf die Frage nach den zentralen Nachteilen bzw. Problemen einer Führung auf Distanz kamen folgende Bereiche auf die ersten vier Plätze:
- erschwerte Kommunikation
- zeitlicher und organisatorischer Mehraufwand
- soziale Distanz
- weniger Kontrollmöglichkeiten

Die vier zentralen Vorteile bzw. Potenziale, die bei einer Führung auf Distanz genannt werden, sind:
- erhöhte Selbstständigkeit der Mitarbeiter
- Möglichkeit neuer Anreize
- intensiveres Arbeitsverhältnis und mehr Vertrauen
- mehr Nähe zum Kunden

Korrespondierend zu den oben angeführten Führungsaufgaben sehen die Befragten die größten Schwierigkeiten darin, eine gemeinsame Kultur zu etablieren und die vorherrschenden Unterschiede zu überwinden. Als problematisch stufen sie auch den Aufbau von Vertrauen und einer guten Kommunikation auf Distanz ein.

> **→ Arbeitsblatt 5: Selbstreflexion**
>
> *Nehmen Sie sich Ihr Führungsbild mit den Einflussgrößen noch einmal zur Hand: Wo sehen Sie die Vor- und Nachteile und welche Herausforderungen ergeben sich dabei für Ihre Führung auf Distanz?*
>
> | Vor- bzw. Nachteile | Herausforderungen |
> |---|---|
> | | |
> | | |
> | | |
> | | |

1.5 Was Sie in diesem Buch erwartet

Die Hinweise und Erfahrungen, Strukturanalysen von Problemen und anstehenden Aufgaben, hilfreichen Techniken und Vorgehensweisen bei den diversen Problemstellungen, die in den folgenden Kapiteln behandelt werden, sollen Sie in Ihrer anspruchsvollen und spannenden Aufgabe als Führungskraft auf Distanz unterstützen. Sie werden Schritt für Schritt auf Widerstände und komplexe Konstellationen vorbereitet, die zwar zunächst oft unübersichtlich erscheinen, sich aber bei genauerer Diagnose entschlüsseln und bewältigen lassen. So bekommen Sie Strategien für ein effizientes und erfolgreiches Vorgehen an die Hand.

Auf diese Problemzonen konzentriert sich dieses Buch. Es zeigt Ihnen, wie Bindung und Beziehung – die beste Basis für eine gute Unternehmensführung – auch auf Distanz erfolgreich aufgebaut werden kann.

2 Ihr Beitrag als Führungskraft auf Distanz

In allen menschlichen Gemeinschaften findet Führung statt. Damit untrennbar verbunden sind die Fragen nach der Qualität von Führung. In der Führungsforschung existieren unzählige Ansätze und Theorien, um zu erfassen, wie Führung funktioniert und um Regeln für den Erfolg von Führung abzuleiten. Ziel ist immer, das außerordentlich komplexe Phänomen Führung in seinen vielfältigen Fassetten zu erfassen und Wege aufzuzeigen, wie Führung vorbildlich gelebt und Führungsaufgaben gut wahrgenommen werden können.

Das Verständnis von Führung befindet sich entsprechend unserer gesellschaftlichen und kulturellen Entwicklung in einem ständigen dynamischen Weiterentwicklungs- und Veränderungsprozess. Unabhängig davon bleibt, so zeigen erste interessante Ergebnisse einer Studie zur Zukunft der Arbeitswelt 2030 der Technischen Universität Darmstadt, ihre grundsätzliche Aufgabe bestehen: Sie nimmt zielorientiert und sozial ausgerichtet Einfluss auf menschliches Arbeitsverhalten.

Wie üben Sie aber nun als Führungskraft diesen notwendigen Einfluss auf Ihre Mitarbeiter aus? Im Folgenden gehen wir zunächst auf die Grundlagen des Führungsverständnisses ein, die besonders für eine Führung auf Distanz von Bedeutung sind.

2.1 Wie Führung stattfindet

Die traditionelle Führungsforschung ging von einer „unidirektionalen" Verhaltensbeeinflussung der Mitarbeiter durch die Führungskraft aus, die sozusagen „in eine Richtung" gehe: Nur die Führungskraft allein bewirke den Führungserfolg. Bei diesem Ansatz fungiert die Führungskraft als „unabhängige Variable" und der Mitarbeiter als „abhängige Variable". Dahinter steckt die eher mechanistische Annahme, dass durch den richtigen Input der Führungskraft quasi automatisch der gewünschte Output des Mitarbeiters erfolgt.

Aus eigener Arbeit wissen Sie selbst am besten, dass eine solche Form der Mitarbeiterbeeinflussung wenig mit der Realität zu tun hat und Ihre Mitarbeiter immer auch „ein Wörtchen mitzureden haben".

Jedes Führungsverhalten von Ihnen steht in einer wechselseitigen Abhängigkeit zu den einzelnen Mitarbeitern, zum Team oder zur Gruppe, zum Unternehmen und dessen Umfeld. Praktisch bedeutet das für Sie: Mit jeder Ihrer Interventionen, Maßnahmen, Vorschläge, Anweisungen, aber auch allen Unterlassungen erzielen Sie bei Ihrem Adressaten eine Wirkung – egal ob diese erwünscht ist oder nicht – und durch seine Reaktion wirkt diese wieder auf Sie zurück. Bei einer Führung auf Distanz kommt hinzu, dass die Reaktion des Mitarbeiters, wie oben schon angesprochen, noch von vielen weiteren, Ihnen nicht zugänglichen Variablen aus seiner örtlichen Umgebung mitbestimmt wird.

> **? Was meinen Sie?**
>
> *Wie viele der Anteile am Mitarbeiterverhalten sind weitestgehend auf Ihr Führungsverhalten zurückzuführen?*

Für die individuelle innere Vorstellung von Führung, von Führungshandeln und -leistung haben die eindimensionalen Führungstheorien einen beachtlichen Stellenwert. Sie heben die eigene Verantwortung besonders hervor. Um sich selbst als einflussreich und wirksam erleben zu können, ist es aus ihrer Sicht unabdingbar, Erfolge und Misserfolge in der eigenen Person und im persönlichen Führungsstil zu verankern. Nur unter dieser Voraussetzung entsteht das Gefühl, handlungsfähig zu sein und die jeweilige Führungssituation zielgerichtet beeinflussen zu können.

Führungswille und Führungsversuch treffen jedoch immer auf die Mitarbeiter, die ebenfalls die jeweilige Führungssituation mitgestalten und beeinflussen wollen. Die Mitarbeiter müssten ja sonst in der Vorstellung leben, der Führungskraft und dem Führungsgeschehen ohnmächtig und hilflos ausgeliefert zu sein (wobei eine solche Einstellung natürlich auch ihre Auswirkungen auf Führung hätte!).

Die neueren Führungstheorien rücken dementsprechend die gemeinsame Beziehungsgestaltung zwischen der Führungskraft und ihren Mitarbeitern in den Mittelpunkt. Einen guten zusammenfassenden Überblick darüber bietet Lührmann. Auch wir verstehen Führung als eine dynamische und jeweils individuell stattfindende Beziehungsgestaltung dieser Art, über die innerhalb eines definierten Rahmens das gewünschte Ziel erreicht wird. In der virtuellen Führungssituation kann sich gerade diese als eine entscheidende Achillesferse erweisen.

Das folgende Beispiel einer überschaubaren Situation soll verdeutlichen, wie bereits eine einzelne Maßnahme positive oder negative Folgen haben kann:

> **Die Ausgangssituation:** Ein Gruppenleiter hat neue Mitarbeiter mit einem Telearbeitsplatz.
>
> **Die Maßnahme:** Der Gruppenleiter führt mit seinen Mitarbeitern wöchentlich ein ausführliches Telefonat.
>
> **Das Ziel:** Er will die Mitarbeiter kennen lernen, sich einen Eindruck über die Einarbeitung verschaffen und Hilfestellung bei Schwierigkeiten leisten.

- → Mitarbeiter Weil fühlt sich in seinem neuen Aufgabengebiet noch unsicher. Grundsätzlich vertraut er jedoch seinen beruflichen Fähigkeiten. Die wöchentlichen Anrufe seines Gruppenleiters Wolf versteht er als Unterstützung, offene Fragen zu klären, und als eine günstige Gelegenheit, sich einen Eindruck über seinen neuen Chef zu machen. Es freut ihn, dass er von seinen Einarbeitungsfortschritten berichten kann. Die neue Tätigkeit geht ihm zunehmend leicht von der Hand.

- → Mitarbeiter Born fühlt sich ebenfalls noch unsicher. Die wöchentlichen Anrufe von Gruppenleiter Wolf, die dieser sehr zielorientiert und sachbezogen führt, verunsichern ihn zusätzlich. Er zieht es grundsätzlich vor, Schwierigkeiten selbst zu lösen. An sich selbst hat er einen sehr hohen Anspruch und neigt dazu, sich zu überfordern. Vor einem Vorgesetzten Probleme anzusprechen, erscheint ihm undenkbar. Sein früherer Chef hat ihn doch auch immer in Ruhe gelassen. Er deutet Wolfs Anrufe als Misstrauen gegenüber seiner Arbeitsleistung und gerät unter inneren Druck. Er fragt sich, ob sein Vorgesetzter unzufrieden mit ihm ist. Sein Stresspegel steigt und es häufen sich Fehlleistungen.

- → Angenommen, Herr Born hat nicht Herrn Wolf als Gruppenleiter, sondern Frau Riem. Auch sie ruft Born wöchentlich an. Im Gegensatz zu Gruppenleiter Wolf erklärt sie jedoch genau die Gründe für ihre Anrufe und teilt mit, dass sie alle ihre Mitarbeiter wöchentlich anruft. Sie bemerkt in den Gesprächen die Anspannung des Mitarbeiters. Indem sie für etwas „Smalltalk" Zeit lässt und immer auch die Fortschritte positiv kommentiert, verliert Born sein Misstrauen und erlebt die telefonische Nachfrage zunehmend als Gewinn.

Das Beispiel zeigt, dass jede einzelne Führungsaktivität innerhalb eines komplexen und vielschichtigen Beziehungsgeschehens stattfindet.

Auf Distanz müssen Sie – auch im virtuellen Raum – bei sich und Ihren Mitarbeitern mit vielen Variablen umgehen:
- → persönlichen Eigenschaften
- → Vorerfahrungen als Mitarbeiter
- → Qualifikationen
- → Rollenverständnis
- → Wertvorstellungen
- → Zielvorstellungen

Diese müssen ständig miteinander abgeglichen werden.

Wenn so viel von so vielem abhängt, könnte man folgende Aussage von Mathieu pessimistisch betrachten: „Was macht effektive Führung aus? Es kommt darauf an."

Wir legen diesen provokanten Satz jedoch positiv aus: Jede Führungskraft muss ein eigenes, ihr angemessenes Führungsverständnis für Ihre Führung auf Distanz entwickeln, das die persönlichen Stärken und Schwächen berücksichtigt. Sie muss ihr Führungsverhalten offen gestalten und dieses im Kontakt zu den Mitarbeitern immer wieder neu überprüfen und modifizieren.

➜ *Praxis*tipp:

Machen Sie Ihren Mitarbeitern aus der Ferne ein Beziehungsangebot, das auch über räumliche Distanzen hinweg tragfähig ist – um sie adäquat steuern, begleiten und unterstützen zu können.

➜ Arbeitsblatt 6: Praxisreflexion

Welche Führungsaktivitäten tragen am besten zu einem tragfähigen Beziehungsangebot bei?

Führungsaktivität	Wirkung auf Beziehungen

2.2 Die persönliche „Grundausstattung"

Das Führungsangebot, das Sie an Ihre Mitarbeiter auf Distanz machen, hängt zu einem großen Teil von Ihren eigenen Vorerfahrungen und Ihrer individuellen Persönlichkeitsstruktur ab. Um mit den Stärken, Schwächen und Eigenheiten Ihres Beziehungsangebots umgehen zu können, ist es notwendig, sich dieser Voraussetzungen bewusst zu sein.

Um Sie zur Selbstreflexion anzuregen, möchten wir im Folgenden anhand von vier typischen Beziehungsangeboten veranschaulichen, wie verschieden Führung sich gestalten und ausgeübt werden kann.

2.2.1 Ich bin immer für meine Mitarbeiter da

Führungskräfte, die das Beziehungsangebot „Ich bin immer für meine Mitarbeiter da" machen, haben einen guten Blick für die Belange ihrer Mitarbeiter. Mit großem Einsatz versuchen sie, für optimale Arbeitsbedingungen zu sorgen und setzen sich im Unternehmen für ihre „Truppe" ein. Ihren Mitarbeitern steht eine solche Führungskraft gerne mit Rat und Tat zur Seite. Es ist ihr sehr wichtig, immer gut über den jeweiligen Arbeitsfortgang informiert zu sein. Vor Ort nimmt sie ihren Mitarbeitern schnell eine Aufgabe ab, wenn sie den Eindruck hat, dass sie diese nicht allein bewältigen könnten. Von ihren Mitarbeitern wünscht sie sich vor allem Anerkennung und Lob für ihr großes Engagement.

Hier kann es problematisch werden:

Führungskräfte mit diesem Beziehungsangebot tendieren dazu, sich für ihre Mitarbeiter zu verausgaben. Weil sie überall „am Ball" sein wollen, reiben sie sich schnell im Tagesgeschäft auf und laufen so Gefahr, dass weiterreichende Führungsaufgaben zu kurz kommen. Notwendige Anforderungen an ihre Mitarbeiter zu stellen, fällt ihnen schwer. Ihre Mitarbeiter klagen oft über die ständige Einmischung des Chefs und fühlen sich entmündigt. Als Reaktion können sie unselbstständig und nachlässig in ihrer Arbeitshaltung werden, was wiederum bei der Führungskraft den Eindruck bestärkt, sich um alles selbst kümmern zu müssen.

Wie funktioniert dieses Beziehungsmuster auf Distanz?

Gerade für diesen Typ ist eine Mitarbeiterführung auf Distanz eine große Herausforderung, um die er sich sicher nicht reißen wird! Seine zentrale Frage lautet: Wie kann ich meinen Mitarbeitern nahe sein, wenn sie in der Ferne sind? Sein Thema ist Loslassen, denn er ist nicht vor Ort, kann sich nicht mehr um alles kümmern und bekommt vieles gar nicht mehr mit. Er neigt dazu, sich zu frühzeitig und zu oft zu melden. Am liebsten würde er viel häufiger Präsenztreffen einberufen. Er muss aushalten lernen, dass seine Mitarbeiter viel unabhängiger von ihm agieren müssen und können, als ihm lieb ist. Seine Aufgabe ist es, Ungewissheiten auszuhalten und Vertrauen in die Fähigkeiten seiner Mitarbeiter zu entwickeln.

Seine Stärke wird in einer kreativen persönlichen Kontaktgestaltung über die elektronischen Medien liegen. Ihm gelingt es, neben der reinen Sachkommunikation auch emotionale und soziale Elemente zu vermitteln. Da es ihm ein Bedürfnis ist, Gemeinschaftssinn und das Miteinander zu fördern, wird er Wege finden, dies auch über Distanz zu ermöglichen. Bei ihm können die Mitarbeiter mit aufmunternden E-Mails, einem engagierten Nachfragen, aber auch persönlich gehaltenen Geburtstagsgrüßen rechnen.

2.2.2 Wer mir folgt, hat Erfolg

Für Führungskräfte, die mit dem Beziehungsangebot „Wer mir folgt, hat Erfolg" arbeiten, hat das Ziel oder die zu erreichende Aufgabe oberste Priorität. Sie stellen an sich und ihre Mitarbeiter hohe Anforderungen und erwarten, dass diese erfüllt werden. In ihrer Begeisterung für die gesteckten Ziele wirken sie auf ihre Mitarbeiter oft mitreißend. Diese Führungskräfte richten ihren Blick auf das große Ganze und für sie zählt in erster Linie der Erfolg. Dementsprechend gewähren sie ihren Mitarbeitern viel Spielraum und Selbstständigkeit – Hauptsache, das Ergebnis stimmt. Von ihren Mitarbeitern wünschen sie sich insgeheim vor allem Bewunderung für ihr Tun.

Hier kann es problematisch werden:

In diesem Beziehungsangebot ist kein großer Platz für Beziehungspflege. Die Führungskraft erwartet, dass gleich „losgelegt" wird. Mit dem großen Ziel vor Augen vernachlässigt sie oft das Alltagsgeschäft. Es fällt ihr schwer, sich um einen Vertrauensaufbau zu den einzelnen Mitarbeitern zu bemühen und Arbeitsleistungen zu würdigen. Sie neigt dazu, die Ideen und Vorstellungen ihrer Mitarbeiter stiefmütterlich zu behandeln oder sie wegzudiskutieren. Die Mitarbeiter fühlen sich dann oft alleingelassen, nicht wichtig genommen und vermissen die notwendige Rückkopplung. Im Extrem fühlen sie sich für den Erfolg ihres Chefs ausgebeutet.

Wie funktioniert dieses Beziehungsmuster auf Distanz?

Führungskräften, die ihre Mitarbeiterbeziehungen in dieser Form gestalten, liegt eine Führung auf Distanz in besonderem Maße. An Aufgabenerfüllung und Zielerreichung orientiert fällt es ihnen leicht, ihre Mitarbeiter selbstverantwortlich in der Ferne agieren zu lassen. Ihre zentrale Frage lautet, wie sie Aufgabenerteilung und Informationsfluss auf Distanz am besten organisieren können. Problematisch kann es werden, wenn ein Mitarbeiter Unterstützung und Anleitung braucht. Hier kann es schnell passieren, dass sich der Mitarbeiter in der Ferne im Stich gelassen fühlt.

Ihre Aufgabe ist es dementsprechend, den Kontakt zu den Mitarbeitern nicht zu vergessen und sich um die Beziehungspflege zu kümmern. Es besteht sonst die Gefahr, dass sich die Mitarbeiter den Unternehmenszielen nicht mehr verpflichtet fühlen, eigene, nicht abgesprochene Wege einschlagen und womöglich die Stelle wechseln. Gelingt ein guter Beziehungsaufbau, ist ein Führen über Ziele die Stärke dieser Führungskräfte.

2.2.3 Wer mir folgt, ist auf der sicheren Seite

Führungskräfte, die das Beziehungsangebot „Wer mir folgt, ist auf der sicheren Seite" machen, legen großen Wert auf reibungslose Arbeitsabläufe. Ihre Stärke liegt in der Strukturierung und Organisation von Aufgaben. Dabei greifen sie gerne auf Bewährtes zurück. Tüchtigkeit hat für sie einen hohen Stellenwert. Sie stellen an sich und ihre Mitarbeiter hohe Erwartungen im Blick auf Zuverlässigkeit und Genauigkeit. Sie legen Wert darauf, dass ihre Anweisungen möglichst buchstabengetreu umgesetzt werden. Mitarbeiter, die mit ihnen „an einem Strang ziehen", erfahren von diesen

Führungskräften persönliches Interesse und Förderung. Sie selbst wünschen sich von ihren Mitarbeitern vor allem Respekt.

Hier kann es problematisch werden:

Das Bedürfnis, alles im Griff haben zu wollen, kann sich ungünstig auf die Arbeitsproduktivität sowohl der Führungskraft als auch der Mitarbeiter auswirken. Es wird zu viel Zeit auf die Organisation der internen Arbeitsabläufe und auf die Kontrolle der Leistungserbringung verwendet. Schnell passiert es solchen Führungskräften, dass sie ihr Augenmerk einseitig auf die einzelnen Arbeitsschritte richten, das „große Ganze" dabei aber aus den Augen verlieren. Es fehlt vor allem an der nötigen Flexibilität und Improvisationsfähigkeit, um mit unvorhersehbaren Entwicklungen, ungenauen Vorgaben oder unüberschaubaren Sachverhalten souverän umgehen zu können.

Ihre Mitarbeiter bemängeln oft den fehlenden Spielraum für eigene Ideen und andere Anschauungen. Damit hängt ein weiterer regelmäßiger Kritikpunkt von Mitarbeitern an ihren Vorgesetzten zusammen: deren übermäßiges Berichts- und Kontrollbedürfnis.

Wie funktioniert dieses Beziehungsmuster auf Distanz?

Führungskräfte, die wie oben beschrieben agieren, sehen eine Führung auf Distanz zunächst eher skeptisch. Sie können sich schwer vorstellen, wie sie aus der Ferne die Fäden in der Hand halten sollen.

Ihre zentrale Frage lautet, wie sie überprüfbare Arbeitsabläufe einführen und die geforderten Arbeitsergebnisse sicherstellen können. Dabei laufen sie Gefahr, dem Kontrollverlust, den sie durch die Distanz zum Mitarbeiter befürchten, mit einem übermäßigen Berichtswesen zu begegnen. Dann kann es allerdings passieren, dass die Mitarbeiter gegensteuern, indem sie z. B. Zeitvorgaben unterlaufen, E-Mails ignorieren oder Berichte unvollständig abgeben. Die Führungskraft fühlt sich dadurch umso stärker aufgefordert, noch mehr Prüfprozesse einzuführen – ein destruktiver Prozess kommt in Gang.

Die Aufgabe solcher Führungskräfte besteht darin, ein gutes Vertrauensverhältnis zu ihren Mitarbeitern auch auf die Distanz aufzubauen – nicht nach dem Motto „Kontrolle ist besser als Vertrauen", sondern umgekehrt. Dies kann ihnen gelingen, wenn sie immer wieder das Gleichgewicht zwischen den Wünschen der Mitarbeiter nach Autonomie und ihrem eigenen Wunsch nach Kontrolle finden. Dann können sie auch ihre Stärke entfalten, gerade der Kommunikation auf Distanz einen verlässlichen und effizienten Rahmen zu geben und sie zu optimieren.

2.2.4 Ich biete meinen Mitarbeitern immer etwas Neues

Führungskräfte mit dem Beziehungsangebot „Ich biete meinen Mitarbeitern immer etwas Neues" zeichnen sich durch Einfallsreichtum, Flexibilität und Spontaneität aus. Traditionen und Konventionen erleben sie eher als hemmend. Von ihren Mitarbeitern erwarten sie Offenheit für ihre vielen Ideen und möchten mit ihnen zusammen immer an der Spitze der neuesten Entwicklungen stehen. So stoßen sie gerne neue Projekte und Prozesse an und brauchen dann Mitarbeiter, die bereit und fähig sind, diese praktisch umzusetzen. Für ihre Motivation suchen sie oft schnelle Erfolgserlebnisse. Der Schwerpunkt ihres Handelns ist mehr von Initiative bestimmt und weniger von der Zielerreichung. Von ihren Mitarbeitern wünschen sie sich vor allem begeisterte Zustimmung und loyale Unterstützung ihrer Pläne.

Hier kann es problematisch werden:

In diesem Beziehungsmuster riskiert die Führungskraft, dass ihre Mitarbeiter „außer Atem" geraten und mit den vielen neuen Ideen nicht mehr Schritt halten können oder wollen. Bewährtes wird oft zu schnell und ohne Not über Bord geworfen. Der Reichtum an Ideen kann dazu verführen, diese nicht wirklich auf ihre Durchführbarkeit zu überprüfen, sodass sich in Folge die Mitarbeiter mit nicht ausgereiften Aufträgen oder Organisationsplänen „herumschlagen" müssen. Bedenken und kritisches Hinterfragen der Mitarbeiter werden in der Begeisterung für das neue Vorhaben gerne ignoriert oder zur Seite geschoben.

Sich anbahnende Konflikte mit und unter Mitarbeitern werden vernachlässigt. Dann besteht die Möglichkeit, dass aus kreativem Chaos reales Chaos wird. Das auch für die Mitarbeiter inspirierende Gefühl „Alles ist möglich" weicht dann der Ernüchterung. Im ungünstigen Fall wird dann vorschnell die nächste scheinbare Lösung aus dem Hut gezaubert und nichts wirklich zu Ende geführt.

Wie funktioniert dieses Beziehungsmuster auf Distanz?

Zunächst werden Führungskräfte sich interessiert und engagiert der neuen Führungsaufgabe widmen. Sie sind dabei, wenn es darum geht, die neuesten Informations- und Kommunikationstechnologien einzusetzen – auch auf die Gefahr hin, dass so manche Kommunikation an nicht ausgereifter Technik oder fehlender Anwendungskompetenz scheitert.

Die zentrale Frage solcher Führungskräfte lautet, wie sie auf Distanz neue Impulse setzen und ihre Mitarbeiter für ihre Ideen begeistern können. Dabei tendieren sie dazu, ihre Mitarbeiter mit zu vielen Änderungswünschen zu überfordern (Rundmails sind schnell verschickt) und ihnen zu wenig eigenen Gestaltungsspielraum zu lassen. Als mögliche Konsequenz schalten die Mitarbeiter auf „Durchzug" und machen ihr „eigenes Ding". Die Distanz nutzen sie dazu, den Kontakt zu ihrer Führungskraft möglichst zu vermeiden. Dann kann es passieren, dass sowohl die Führungskraft als auch ihre Mitarbeiter ihr Leistungssoll nicht erbringen und die ganze Abteilung ineffizient arbeitet. Wechselseitig wird sich dann die Schuld zugeschoben.

Zur Vermeidung einer solchen Situation stellt sich dieser Führungskraft folgende Aufgabe: Sie muss sich mit der Machbarkeit ihrer Ideen auseinandersetzen, sich und den anderen mehr Zeit lassen und Sensibilität für die Anliegen und Probleme ihrer Mitarbeiter entwickeln. Gelingt ihr dies, wird ihre innovative Kraft zu ihrer großen Stärke.

Jedes individuelle Beziehungsangebot trifft auf die individuellen Beziehungswünsche des Mitarbeiters. Beides kann, muss aber nicht miteinander harmonieren.

Im beständigen Kontakt gelingt das in der Regel dann, wenn alle sich aufeinander ein- und sich miteinander abstimmen. Erwartungen, Befürchtungen und Bedürfnisse werden dann wechselseitig abgeglichen. Von daher ist es wichtig, sich mit seiner persönlichen Grundausstattung auseinanderzusetzen. Vielleicht haben Sie sich in einer der hier dargestellten typischen Beziehungsangebote gut wiedererkannt. Meist haben wir es aber mit Mischformen zu tun.

→ **Arbeitsblatt 7: Selbstreflexion**

Welche Ihrer Führungsaktivitäten tragen am besten zu einem tragfähigen Beziehungsangebot bei?

Beziehungsangebot	Ausprägungen im persönlichen Führungshandeln
Ich bin immer für meine Mitarbeiter da	
Wer mir folgt, hat Erfolg	
Wer mir folgt, ist auf der sicheren Seite	
Ich biete meinen Mitarbeitern immer etwas Neues	

2.2.5 ... und die geforderten Kernkompetenzen

Vorerfahrung und Persönlichkeit bilden die Basis des Führungsangebots – sie sind quasi die innere „Grundausstattung". Von außen wird an die Führungskraft der Anspruch gestellt, dass sie für eine erfolgreiche Führung auf Distanz eine Vielzahl von Kernqualifikationen und Kompetenzen mitbringt.

Fernbeziehungen aufnehmen und pflegen können

Die Führungssituation erfordert es, die physische Distanz durch eine höhere psychische Präsenz zu kompensieren. Beziehungen aufzubauen und über Distanzen zu pflegen, gelingt denjenigen Menschen am leichtesten, die generell schnell und unkompliziert Kontakt aufnehmen können.

Wenn Sie – um „warm zu werden" – erst einmal Signale vom Gegenüber brauchen, stehen Sie vor einer größeren Herausforderung, denn von Ihnen wird erwartet, dass

Sie selbst die Impulse zur Kontaktaufnahme und Pflege setzen. Dies gelingt, wenn Sie bereit sind, sich „als Person" einzubringen. Menschen nehmen sehr feinfühlig wahr, ob „Einladungen" ehrlich gemeint sind. Wenn Sie selbst Freude am Kontakt mit anderen Menschen empfinden, kommen diese Signale auch über die elektronischen Medien bei den Mitarbeitern an.

> **? Was meinen Sie?**
>
> *Woran „erkennt" man „gewinnende" Persönlichkeiten?*

Ihr Kontaktangebot soll beim Gegenüber die Bereitschaft wecken, bei Ihnen „anzudocken". Dies fordert von Ihnen hohe Sensibilität für die Resonanz, die Sie auf Ihr Angebot erhalten. Kontaktangebote über Medien sind wie eine Gratwanderung. Wenn Sie zu direkt sind, überschreiten Sie vielleicht die Grenze bei Ihrem Gesprächspartner. Und wenn Sie zu formal sind, regt das nicht zur Annahme der Einladung an. In beiden Fällen besteht die Gefahr, dass die Distanz noch größer wird.

Vergegenwärtigt man sich, wie verschieden Mitarbeiter in ihrer Persönlichkeitsstruktur sein können, kann die Aufgabe, verbindende Worte für den einzelnen Mitarbeiter oder Kooperationspartner zu finden, als fortwährende Herausforderung für die eigene persönliche Weiterentwicklung bei der Gestaltung von Beziehungen verstanden werden. Die soziale Kompetenz, Beziehungen aus der Ferne aufzubauen und zu pflegen, ist zentrale Schlüsselkompetenz für ein Führen auf Distanz.

In die Beziehung zum Mitarbeiter investieren

Um Distanzen zu überwinden, ist ein aktives Informationsverhalten Ihrerseits unabdingbar. Dabei kommt es nicht in erster Linie auf die Häufigkeit an. Entscheidender ist Ihre Bereitschaft, kontextbezogen zu informieren und zu kommunizieren. Bindung entsteht durch Einbindung – in die eigenen Überlegungen, Sichtweisen und die sich daraus ergebenden Schlussfolgerungen. Den Mitarbeiter daran teilhaben zu lassen, bedeutet, Vertrauen in die Beziehung zu investieren.

Ihre Investition ist erfolgreich, wenn Ihr Angebot angenommen wird. Über den dann möglichen weiteren Austausch von Gemeinsamkeiten und Unterschieden lässt sich eine vertrauensvolle Beziehung über räumliche Distanz hinweg aufbauen. Vertrauen entsteht durch zunehmende Vertrautheit.

Die Sozialkompetenz, „Vorschuss"-Vertrauen anzubieten, beinhaltet – das legt schon diese Formulierung nahe – eine Vorleistung Ihrerseits. Sie tragen das damit verbundene Risiko, dass Ihre Erwartungen oder Hoffnungen nicht erfüllt werden. Zu dieser Kompetenz gehört deshalb auch die innere Bereitschaft, Frustrationen in Kauf nehmen zu können und die Investitionen trotzdem nicht einzustellen.

Sich auf die Welt des Mitarbeiters einlassen

Empathie ist die hier geforderte Kernkompetenz – also Ihre Bereitschaft, sich in Ihre Mitarbeiter einzufühlen, und zwar sowohl in deren Denk- und Verhaltensweisen als auch in deren Empfindungen.
Die überwiegend virtuelle Kommunikation mit den Mitarbeitern verführt zu einer vermeintlichen Versachlichung des Kontakts. Einem häufigen, schnellen und knappen Austausch von Informationen und Arbeitsaufträgen steht dann ein Mangel an Hinwendung und Zuwendung zum Kommunikationspartner gegenüber. Eine solch reduzierte Beziehungsgestaltung macht es sehr wahrscheinlich, dass man als Führungskraft nicht wirklich weiß und auch nicht erfahren wird, welche Bedeutung und (Aus-)Wirkung das eigene Führungshandeln beim Mitarbeiter in der Ferne hat.

> **? Was meinen Sie?**
>
> *Wie fühlt sich ein Mitarbeiter, wenn er von Ihnen zum dritten Mal eine Vorlage zur Korrektur zurückerhält?*

Wenn Sie Wert auf einen **vertrauensbasierten Kontakt** zu Ihren Mitarbeitern legen, kommen Sie nicht daran vorbei, sich um ein **Verständnis der subjektiven Realität** Ihrer Mitarbeiter zu bemühen. Versuchen Sie dazu, Ihr Führungshandeln aus der Perspektive Ihrer Mitarbeiter zu betrachten. Dafür ist es notwendig, sich immer wieder im empathischen Dialog von seinen eigenen Angelegenheiten zu lösen, um sich in die Welt des Mitarbeiters hineinversetzen zu können.

→ ***Praxis*tipp:**

Tauschen Sie nicht nur Informationen aus. Laden Sie Ihre Mitarbeiter durch empathisches Nachfragen ein, von sich zu erzählen. Interessieren Sie sich für ihre Beweggründe und Hintergründe. Viele Kommunikationsstörungen können so vermieden werden.

Über physische Distanzen hinweg überzeugen

Indem Sie Ihre Mitarbeiter von Ihren Anliegen und Vorhaben überzeugen, tragen Sie Ihren Anteil dazu bei, dass Ziele erreicht werden. Um dies über Distanzen hinweg bei Mitarbeitern leisten zu können, müssen Sie nicht nur wissen, wie Ihre Mitarbeiter die „Dinge" sehen und bewerten. Sie sind auch gefordert, sich mit deren „Zeugen" auseinanderzusetzen.
Ihre Argumente kommen beim Mitarbeiter in der Ferne nur dann an, wenn Sie diese mit Überzeugung vertreten und den Willen haben, Ihre Vorhaben auch zu realisieren. Dazu ist Ihre Kompetenz gefordert, klar, sinnvermittelnd und transparent über die Medien zu informieren und zu kommunizieren. Mitarbeiter in der Distanz erleben ihre jeweils eigene, andere Wirklichkeit und werden dies Ihnen gegenüber auch über-

zeugend vertreten. Daraus resultierende Widersprüche sind gleichwertig mit Ihrer Sichtweise aufzunehmen und zu akzeptieren.

Die geforderte Kompetenz besteht darin, in Ihren Interaktionen mit den Mitarbeitern verschiedene „Weltsichten" miteinander so zu verbinden, dass Ziele und Aufgaben mit gewonnener Einsicht übernommen werden.

→ **Praxis**tipp:

Reine Faktensprache reicht nicht. Wenn Sie Ihre Mitarbeiter überzeugen wollen, müssen Sie auch Ihre eigenen Beweggründe und Hintergründe kommunizieren.

Mit Ungewissheiten umgehen können

Führung auf Distanz ist eine Führungsarbeit, die durch hohe Komplexität und geringe Erwartungssicherheit gekennzeichnet ist. Von Ihnen wird erwartet, dass Sie Ihr eigenes Kontrollbedürfnis mit der Notwendigkeit, Verantwortung an Ihre Mitarbeiter zu übergeben, kontinuierlich in Einklang bringen. Sie sind aufgefordert, Mitarbeiter in der Ferne aktiv in ihrer Selbstständigkeit zu unterstützen.

Um eine zielführende Zusammenarbeit auf Distanz sicherzustellen, brauchen Sie die Kompetenz, Mitarbeiter zu führen,

- → die in der Ferne ein „Mehr an Eigenleben" an den Tag legen werden und Sie müssen ertragen, dass Sie selbst nicht mehr gänzlich überschauen können, was dort wirklich passiert;
- → die „vor Ort" auch anderen, externen Einflüssen unterliegen. Sie müssen deshalb darauf verzichten können, einen direkten und steuernden Einfluss nehmen zu wollen;
- → die aus eigener Einschätzung heraus Entscheidungen treffen. Sie müssen den damit verbundenen Macht- und Statusverlust akzeptieren können.

→ **Praxis**tipp:

Werden Sie für Ihre Mitarbeiter wichtig. Der Verlust an Kontrolle wird so mehr als wettgemacht.

Die Bereitschaft, Bestehendes infrage zu stellen

Soziale Systeme unterliegen immer der Gefahr, dass sich in der Kooperation „Unwuchten" einstellen, Verhärtungen oder Einseitigkeiten auftreten – kurz gesagt, dass Reibungsverluste entstehen. Wird das System dysfunktional, ist es Zeit, das Bestehende infrage zu stellen.

Die Bereitschaft, auch auf Distanz die Zusammenarbeit mit den Mitarbeitern gemeinsam zu überprüfen, also darüber zu sprechen, wie kommuniziert, koordiniert und kooperiert wird, ist eine entscheidende Voraussetzung für eine gute virtuelle Zusammenarbeit.

Die dazugehörige Kompetenz lässt sich beschreiben als Fähigkeit und Bereitschaft, über die Metakommunikation den Kooperationsprozess zu analysieren, zu reflektieren und, wo erforderlich, jeweils neu auszurichten.

Auch Ihre eigenen Stärken und Schwächen bei der Begleitung der einzelnen Mitarbeiter und bei der Unterstützung der Mannschaft, ihr eigenes Netzwerk aufzubauen und eigene Werte zu entwickeln, sind in diesen Prozess von Reflexion und Optimierung miteinzubeziehen.

→ *Praxis*tipp:

Machen Sie es sich zur Gewohnheit, über den aktuellen Stand der drei „Ks", Kommunikation, Koordination und Kooperation, zu reflektieren. Laden Sie Ihre Mitarbeiter dazu ein.

Neben den genannten wird im Weiteren noch auf folgende Kernkompetenzen eingegangen:

- → Medienkompetenz: Hier kommt es auf Auswahl und Nutzung elektronischer Kommunikationsmedien an.
- → Ergebnisorientierung: Dabei geht es um das Festlegen von Zielen und Aufgaben sowie die Überprüfung der Ergebnisse.
- → Delegation: Sie beinhaltet die Fähigkeit, Aufgaben abzugeben und den Mitarbeitern Entscheidungsbefugnisse zu übertragen.
- → Motivation: Hier handelt es sich speziell um die Unterstützung von Eigeninitiative und Eigenverantwortung.
- → Konfliktmanagement: Klärung und Aufarbeitung von Störungen und Umgang mit Zielkonflikten bilden hier die Schwerpunkte.
- → Integration: Diese findet vor allem durch geeignete Handlungsstrategien im Umgang mit der Teamdynamik statt.

→ **Arbeitsblatt 8: Selbstreflexion**

Ausgehend von den genannten Kernkompetenzen laden wir Sie hier zu einer persönlichen Stärken-/Schwächen-Analyse ein.
(10 = volle Stärke)

Kernkompetenzen	1	2	3	4	5	6	7	8	9	10
Fernbeziehungen aufnehmen und pflegen können										
In die Beziehung zum Mitarbeiter investieren										
Sich auf die Welt des Mitarbeiters einlassen										
Über physische Distanzen hinweg überzeugen										
Mit Ungewissheiten umgehen können										
Die Bereitschaft, Bestehendes infrage zu stellen										
Auswahl und Nutzung elektronischer Medien										
Ergebnisorientierte Führung über Ziele										
Delegationsbereitschaft										
Motivation zur Eigeninitiative und -verantwortung										
Sensibilität für Konflikte und Umgang mit Konflikten										
Teamdynamiken erkennen und zielbezogen beeinflussen										

3 Mit den Medien führen

Die elektronischen Medien sind bei der Zusammenarbeit auf Distanz das entscheidende verbindende Element. Im Unterschied zur Face-to-Face-Kommunikation braucht es immer eine technische Vermittlungs- bzw. Versorgungsleitung, um die vorhandene Distanz zu überwinden und den Kontakt zu ermöglichen. Wenn man sich bewusst macht, dass eine Unterbrechung dieser Leitungen sofort zur Folge hat, dass die Partner völlig von ihrer Kommunikation abgeschnitten sind, wird klar, was das emotional bedeutet. Am besten kann es sicher derjenige nachempfinden, der einmal einen ganzen durchgeplanten Tag mit vollem Terminkalender, aber ohne den eigenen PC oder sein Handy auskommen musste.

→ FÜHRUNG AUF DISTANZ STEHT UND FÄLLT HEUTE MIT DEM EINSATZ DER ELEKTRONISCHEN MEDIEN.

Natürlich werden diese auch in der lokalen Zusammenarbeit für Kommunikation, Koordination und Kooperation genutzt. Medientechnisch spielt es also keine Rolle, ob sich der Mitarbeiter ein Stockwerk tiefer oder 500 Kilometer weiter entfernt aufhält. Die Führungssituation stellt sich dagegen entscheidend anders dar. In der lokalen Zusammenarbeit ist man nicht auf das perfekte Funktionieren und die optimale Verwendung der Vermittlungsleistung angewiesen. Schließlich lassen sich im Störungsfall – sowohl im technischen als auch im persönlichen Sinne – unproblematisch andere Kommunikationsmöglichkeiten nutzen. Face-to-Face-Kontakt und virtuelle Kommunikation greifen ineinander und ergänzen sich.

> Dazu ein Beispiel: Sicher sind Sie schon einmal gefragt worden, ob Sie eine spezielle E-Mail bekommen haben. Sie und der Fragesteller wissen sofort, dass dies keine technische Frage ist. Ein Zustellungsproblem wäre über den Postmaster automatisch zurückgemeldet worden.
>
> Der Hintergrund einer solchen Frage ist vielmehr sozialer, genauer interaktiver Natur. Der Fragesteller will nicht in Erfahrung bringen, ob, sondern wie Sie die Information aufgenommen haben. Zum Beispiel, ob Sie bemerkt haben, dass Ihre Anfrage sehr zügig bearbeitet wurde oder ob Sie beim Lesen der E-Mail bemerkt haben, dass etwas von Ihnen erwartet wird oder ob Sie sich bereits eine erste Meinung gebildet haben, oder, oder, oder …
>
> Unabhängig davon, was das konkrete Anliegen ist, gibt der Fragesteller zu erkennen, dass er im Arbeitskontakt mit Ihnen mehr Orientierung braucht. Er will wissen, wie Sie mit seinem Beitrag umgehen. Motor für seine Frage ist also das Bedürfnis, eine für ihn noch „offene Gestalt" zu

> schließen. Nach Erkenntnissen der Gestaltpsychologie haben Menschen ein natürliches Bedürfnis, Unvollständiges zum Abschluss zu bringen und damit alles in „offener Gestalt" zur „geschlossenen Gestalt" werden zu lassen.

Im persönlichen Kontakt werden Bedeutung der Frage und Anliegen des Fragers in der Regel schnell erfasst und beantwortet – auch wenn die Begegnung zwischen Tür und Angel stattfindet. Da der situative Kontext geteilt wird, ist beiden oft sofort verständlich, was der Hintergrund der Frage ist. Bei Bedarf lässt sich die Frage auch unkompliziert erläutern. Liegt die erwünschte Antwort vor, kann die „offene Gestalt" geschlossen werden und der Fragesteller kann sich wieder konzentriert seiner weiteren Arbeit zuwenden.

Bei einer Zusammenarbeit auf Distanz ist es dagegen wesentlich schwieriger, „offene Gestalten" zu schließen. Wenn ich, um in unserem Beispiel zu bleiben, wissen möchte, was aus meiner E-Mail geworden ist, werde ich eine andere Fragestellung finden müssen, damit ich nicht einfach nur ein „Ja" erhalte. Ich muss mich entscheiden, welches Medium ich verwende und mir überlegen, wie mein Kommunikationspartner meine Nachfrage auffassen könnte.

Viel Informationsbedarf besteht ausschließlich darin, die inneren Hypothesen über die Wirkung beim anderen zu verifizieren. Da diese oft nicht direkt offengelegt werden sollen, besteht gerade bei einer Zusammenarbeit auf Distanz die Gefahr, dass Gestalten nicht geschlossen werden – sei es aus der Befürchtung heraus, sich dem anderen gegenüber mehr offenbaren zu müssen, als man wirklich will, oder einfach deshalb, weil einem der damit verbundene Aufwand als zu hoch erscheint. Wie sich offene Gestalten auf die Zusammenarbeit über die Distanz auswirken, wird im Weiteren immer wieder zu betrachten sein.

> **? Was meinen Sie?**
>
> *Wie stark beeinflussen vorhandene „offene Gestalten", die sich aus oben genannten Gründen aber nicht so einfach schließen lassen, Ihre Zusammenarbeit auf Distanz?*

Mittlerweile gibt es eine Fülle an verfügbaren IT-Lösungen, um Informationen schnell zu verteilen, asynchron oder synchron zusammenzuarbeiten, gemeinsame Ziele zu verfolgen oder sich auch persönlich auszutauschen. Ob Kommunikationsmedien, Groupware, Meeting-Tools oder integrierte Anwendungen – aus technischer Sicht wird es immer unproblematischer, mithilfe der Medien Distanzen zu überwinden. Dabei sind die in den letzten Jahren zu beobachtenden Entwicklungen beeindruckend und sicher noch lange nicht abgeschlossen. Die Weiterentwicklung der verschiedenen IT-Systeme zur Unterstützung von Führung auf Distanz unter dem Dach der CSCW-Forschung (= Computer Supported Cooperative Work) ist ungebrochen. Wir verzichten hier bewusst auf eine aktuelle Bestandsaufnahme. Sie wäre morgen bereits überholt.

Führungskräfte und ihre Mitarbeiter müssen bei ihrer Zusammenarbeit immer entscheiden, welches Kommunikationsmedium sie in welcher Situation und bei welcher Aufgabenstellung nutzen wollen. Um die verfügbaren elektronischen Kommunikationsmöglichkeiten optimal einzusetzen, braucht es Kriterien für ihre Auswahl. Diese richten sich aus
- am Verwendungszweck,
- an den Anwendern.

3.1 Welche Medien für welchen Zweck?

Unbestritten ist sicher, dass eine Führung auf Distanz nur dann erfolgreich sein kann, wenn die Zusammenarbeit untereinander gut funktioniert. Die Führungskraft ist dafür verantwortlich, dass Kommunikation, Koordination und Kooperation effizient und effektiv erfolgen können. Dies wirft die Frage auf, nach welchen Gesichtspunkten die Auswahl der einzusetzenden Medien erfolgen soll.

Im ersten Schritt ist zu überlegen, welche Medien denn wirklich benötigt werden. Die zielführende Frage lautet:
- Welche Arbeitsschwerpunkte gibt es und welche Medien unterstützen die Erledigung der anfallenden Aufgaben am besten?
- Muss in erster Linie viel kommuniziert werden, bedarf es vor allem der Koordination untereinander oder steht vielleicht die Kooperation im Vordergrund?

In jeder Zusammenarbeit gibt es sicher immer auch verschiedene Aufgaben mit unterschiedlichen Schwerpunkten. Das macht die Auswahl nicht immer leicht. Am besten ist es, sich an den wesentlichen Arbeitsprozessen zu orientieren und dann aus dem vorhandenen Medienangebot im Unternehmen das geeignete Medienportfolio zusammenzustellen. Falls es noch wenig Angebote gibt, haben Sie vielleicht ja die Möglichkeit, sich bei der Beschaffung gedanklich mit einzubringen und zu einer adäquaten medialen Unterstützung beizutragen.

Bei den Überlegungen zur richtigen Medienwahl fällt der Blick natürlich auch auf das Angebot integrierter Anwendungen. Die hohe Anzahl von Funktionen bei einer Groupware mag zwar auf den ersten Blick suggerieren, dass diese die beste Lösung zu sein scheint. Aber hier ist Vorsicht geboten. Es gilt immer auch auf Funktionalität und vor allem auf einfache Bedienbarkeit zu achten. Funktionalitäten, die nicht gebraucht werden, sind nutzlos. Vorher sollte man sich auf jeden Fall im Unternehmen erkundigen, welche Tools schon im Einsatz waren bzw. sind und welche Erfahrungen mit ihnen bisher gemacht wurden.

Oft ist es auch eine Frage der Gewöhnung, ob vorhandene Funktionalitäten tatsächlich genutzt werden. Falls Ihre Mitarbeiter noch wenig Erfahrung in der mediengestützten Zusammenarbeit haben, bietet es sich an, zunächst erst einmal mit einzelnen zentralen Modulen zu starten und weitere Funktionalitäten erst später hinzuzuschalten. So können Sie Schritt für Schritt das gemeinsame virtuelle Büro aufbauen. Auf jeden Fall sollten Sie bei Ihrer Entscheidung über die Auswahl der Funktionalitäten Ihre Mitarbeiter beratend miteinbeziehen. Wenn sich Einzelne mit der aktiven Nutzung bestimmter Module noch etwas überfordert fühlen, werden sie diese auch nicht wirklich nutzen. Störungen in der Zusammenarbeit sind die Folge.

3.1.1 Die zentralen Anforderungen stehen im Vordergrund

Bei der Suche nach dem geeigneten Medienportfolio bietet sich als grobe Orientierung die häufig verwendete Klassifizierung von IT-Lösungen nach dem 3-K-Modell (Kommunikation, Koordination, Kooperation) von Teufel, Sauter u. a. an. Das Modell erlaubt eine Einteilung der Medien nach Aufgabenstellung in Verbindung mit der damit verbundenen zentralen Anforderung an die Zusammenarbeit.

Bei der Einteilung geht es um das Ausmaß der Kommunikation untereinander, wie viel Platz die gemeinsame Planung (z. B. Koordination von Terminen und Aufgaben) darin einnimmt und wie viel Kooperation (um gemeinsam auf ein Ziel hinarbeiten zu können) dabei nötig ist.

Folgende Tabelle liefert einen groben Überblick über die Medien. Eine strikte, eindeutige Zuordnung von Anwendungen ist kaum mehr möglich, da viele der neueren IT-Lösungen in ihrer Funktionalität oft so umfassend ausgelegt sind, dass sie, allerdings in verschiedenem Umfang und je unterschiedlicher Qualität, bereits alle drei Prozesse unterstützen können.

Kommunikation	Koordination	Kooperation
Telefon	Terminkalender	Dokumentenmanagement
E-Mail	Aufgabenlisten	Datenkonferenzen
Diskussionsforen	Workflowmanagement	Meetingmanagement
Instant Messaging	Projektmanagement	Whiteboard
Voice / Video Chat		Voice / Video Chat
Konferenz (Audio / Video)	Instant Messaging (durch An- bzw. Abwesenheitsanzeige)	Konferenz (Audio / Video)
SMS / MMS		
Twitter, Blogs		

→ **Arbeitsblatt 9: Praxisreflexion**

Stellen Sie das geeignete Medienportfolio zusammen.

Zentrale Aufgabenstellungen im eigenen Arbeitsbereich	Hauptanforderungen in diesem Arbeitsbereich	Geeignetes Medium

→ ***Praxis*tipp:**

Die Entscheidung, welches Medium sich am besten für eine konkrete Arbeitssituation bzw. Aufgabenstellung eignet, sollte in der Praxis häufiger bewusst getroffen werden. Denn bei Einsatz des falschen Mediums bleibt eine aktuelle Aufgabenstellung oft länger als nötig auf dem Schreibtisch liegen.

Ein alltägliches Beispiel aus eigener Erfahrung: Statt selbst zum Telefon zu greifen, lassen Vorgesetzte die Terminvereinbarungen mit ihren Geschäftspartnern immer häufiger per E-Mail arrangieren. Wenn aber z. B. die drei von der Sekretärin angebotenen Terminoptionen bei dem Partner nicht zu realisieren sind und dieser dann seinerseits einige Termine vorschlägt, die ihr Chef nicht wahrnehmen kann, sind mindestens fünf Mailwechsel nötig, bis letztlich eine Vereinbarung zustande gekommen ist.

Im Vergleich zu der Alternative, dass ihr Vorgesetzter sich kurz Zeit für ein Telefonat mit seinem Kunden hätte nehmen können, war der investierte Aufwand, sich per E-Mail abzustimmen, insgesamt für beide sicher wesentlich größer. Darüber hinaus wurden sie wahrscheinlich fünfmal bei anderen Aktivitäten unterbrochen. Ganz zu schweigen davon, dass die Sekretärin vielleicht mit anderen Tätigkeiten besser eingesetzt gewesen wäre.

Nach welchen Kriterien die situationsbezogene Auswahl eines Mediums erfolgen sollte, will die „Media-Choice-Forschung" herausfinden. Es gibt eine ganze Reihe von Ansätzen mit jeweils leicht unterschiedlichem Zugang zur Fragestellung. Mit der Auswahl der hier kurz vorgestellten Ansätze wollen wir Sie für diese Fragestellung sensibilisieren und laden Sie ein, Ihr aktuelles Nutzungsverhalten zu hinterfragen.

3.1.2 Der Informationsreichtum steht im Vordergrund

Daft und Engel treffen in ihrem sehr bekannten Media-Richness-Modell Aussagen darüber, wie sich die Informationsreichhaltigkeit der Medien (z. B. persönlicher/unpersönlicher Kontakt, Rückkopplungsmöglichkeit, Art der Sprache – auch Körpersprache) zur Komplexität des zu bewältigenden Inhalts (z. B. wie viel Wissen zur Lösung der Aufgabe bereits vorhanden ist bzw. noch fehlt und wie viel Interpretationsmöglichkeiten durch Mehrdeutigkeit der Informationen gegeben sind) in Bezug auf ihren Einsatz verhält. Sie postulieren, dass reichhaltige Medien bei komplexen Aufgaben effektiver sind und arme Medien zweckdienlicher bei gut strukturierten Aufgaben. Anders gesagt: Je vielschichtiger und weniger leicht übertragbar der zu übermittelnde Sachverhalt ist, desto reichhaltiger muss das gewählte Medium ausgestattet sein und umgekehrt.

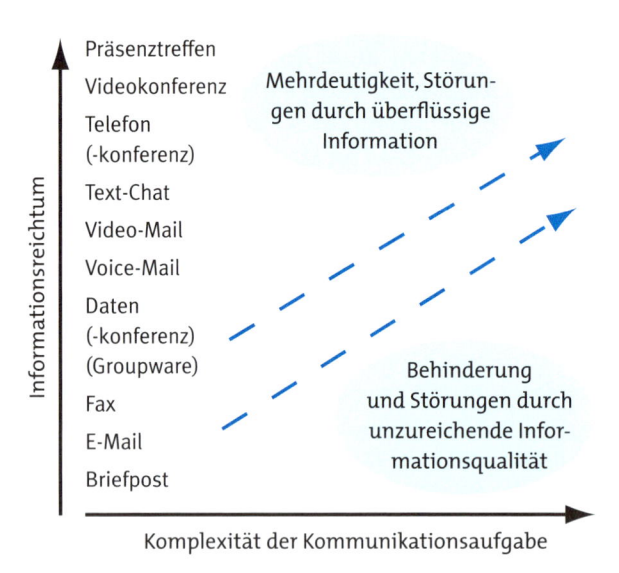

Das Media-Richness-Modell teilt Medien nach ihrem Informationsreichtum in Verbindung mit Aussagen zur Nutzung ein.

Somit lautet also die Kernaussage des Modells, dass die Verwendung von reichhaltigen Medien bei einfach strukturierten Informationen genauso unpassend ist wie die Verwendung von armen Medien bei komplexen Aufgabenstellungen.

→ Im ersten Fall kann es zu Störungen kommen, wenn neben der Kerninformation zusätzliche (überflüssige) Informationen vermittelt werden, die entweder nur ablenken oder sogar zu weiteren zusätzlichen Interpretationen der Information führen.
→ Im zweiten Fall kommt es zu Störungen, wenn zur Erfassung der Problemstellung nicht genügend Informationen vorliegen bzw. vermittelt werden.

> Ein Beispiel: Zur Klärung einer Frage brauchen Sie ganz dringend einige Informationen von einem Ihrer Mitarbeiter. Sie senden ihm eine E-Mail und fügen wegen der Dringlichkeit das Ausrufezeichen hinzu. Sie wissen, dass der Mitarbeiter selbst gerade voll ausgelastet ist und eigentlich keine Zeit hat. Ihre E-Mail wird beim Mitarbeiter sicher nicht gut ankommen, da er, um Ihrer Anfrage gerecht zu werden, einiges hintanstellen muss. Die Entscheidung darüber, wie priorisiert werden soll, müsste eigentlich zwischen Ihnen beiden ausgehandelt werden. Insofern war die E-Mail nicht das geeignete Medium.

Zur besten Mediennutzung können Aufgaben nach folgenden Gesichtspunkten grob eingeteilt werden:
→ Aufgaben, bei denen es um den reinen Austausch von Informationen (Mitteilungen) zwischen zwei oder mehreren Personen geht,
→ Aufgaben, die arbeitsteilig zu bewältigen sind und eine kooperative Koordination erfordern,
→ Aufgaben, die zur Bewältigung einer hohen Interaktion untereinander bedürfen.

Wir möchten an dieser Stelle darauf hinweisen, dass arme Medien nicht automatisch schlechter sind als reiche Medien. Es kommt auf die Problemstellung an. So einfach und wenig aufwändig wie möglich bzw. so vielfältig und aufwändig wie nötig lautet die grundsätzliche Devise bei der Auswahl.

Dabei sollte aber nicht vergessen werden, dass es sich auch manchmal lohnt, auf ein reicheres Medium zurückzugreifen, wenn mit der sachlichen Information zugleich eine Beziehungspflege intendiert ist.

> → **Arbeitsblatt 10: Praxisreflexion**
>
> *Erörtern Sie den bisherigen praktischen Einsatz der Medien aus kritischer Distanz. Diskutieren Sie Beispiele, bei denen das gewählte Medium zu viele (überflüssige) Informationen mittransportiert hat und Beispiele, bei denen das gewählte Medium zu arm war, um alle notwendigen Informationen direkt zu vermitteln.*

Praxis-beispiel	Verwendetes Medium	Zu arm, weil ...	Zu reich, weil ...	Zusätzliche Aufwände, weil ...

3.1.3 Der Kommunikationsprozess steht im Vordergrund

Ergänzende Anregungen zur Auswahl des Mediums bietet die Media-Synchronicity-Theorie von Dennis und Valacich. Sie stellt den Kommunikationsprozess in den Vordergrund und unterscheidet dabei zwischen divergenten und konvergenten Prozessen.

Beim divergenten Prozess werden Informationen gesammelt, übermittelt, verteilt bzw. Personen zur Verfügung gestellt. In den konvergenten Phasen des Kommunikationsprozesses geht es darum, die Mehrdeutigkeit der Information (Sichtweisen, Bewertungen, Interpretationen) zu reduzieren. Mit anderen Worten, im konvergenten Prozess werden die Informationen so verdichtet, dass ein gemeinsames Verständnis erreicht wird. Im praktischen Sinne heißt das: Divergent gehe ich vor, wenn ich alle aktuellen Informationen zum Projektverlauf an die Projektmitarbeiter verteile. Konvergent handele ich, wenn aus all den vorliegenden Informationen zusammen ein Projektstatusbericht erstellt werden soll.

Je nachdem, in welchem Stadium sich der Kommunikationsprozess befindet, sind unterschiedliche Medien verschieden gut geeignet. In den divergenten Phasen sind Medien mit geringer Synchronizität – also z. B. Faxe, E-Mails oder SMS – besser geeignet, in konvergenten Phasen sind Medien mit hoher Synchronizität – also z. B. Telefon- oder Videokonferenz, die bessere Wahl.

→ NACH DIESEM ANSATZ IST NICHT DER REICHTUM EINES MEDIUMS AUSSCHLAGGEBEND, SONDERN DIE SYNCHRONIZITÄT, HIER VERSTANDEN ALS DAS AUSMASS, IN DEM MEHRERE PERSONEN GLEICHZEITIG EINE AUFGABE ZUSAMMEN ZU BEWÄLTIGEN HABEN.

Das Potenzial von Medien kann an fünf Fragestellungen festgemacht werden:
- → Schnelle Rückkopplung: Wie schnell soll auf eine Nachricht geantwortet werden bzw. wie schnell soll der Sender ein Feedback erhalten können?
- → Symbolvarietät: Auf welche Weise (Schrift, Sprache, Mimik) sollen Informationen zu einem Kommunikationsvorgang übermittelt werden?
- → Gleichzeitigkeit: Wie viele unterschiedliche Kommunikationsvorgänge sollen gleichzeitig ablaufen können? Auf wie vielen Kanälen sollen Personen gleichzeitig kooperieren und kommunizieren können?
- → Änderbarkeit: Wie umfangreich soll ein Beitrag überarbeitet werden können, bevor er anderen zur Kenntnis gelangt?
- → Wiederverwendbarkeit bzw. Weiterverarbeitung: Wie gut soll ein Beitrag vom Empfänger weiter verwendet/verarbeitet werden können?

Für die Praxis bietet dieser Ansatz eine gute Anregung, da er dazu einlädt, sich bereits im Vorfeld ausgiebiger Gedanken über den zielführenden Kommunikationsprozess zu machen, um dann eine gut begründete Medienentscheidung zu treffen.

Folgende Überlegungen können z. B. hilfreich sein:
- → Ich will mit meinen Mitarbeitern ein gemeinsames Verständnis (konvergenter Prozess) von einer Problem- oder Aufgabenstellung erarbeiten. Dazu brauche ich ein Medium mit schneller Rückkopplungsmöglichkeit und geringer Gleichzeitigkeit. Das geht am besten über eine Video- oder Telefonkonferenz oder, wenn möglich, warte ich das nächste gemeinsame Treffen ab (Face to Face).
- → Beim Stand der jetzigen Aufgabenbearbeitung geht es nur darum, Daten zur Kenntnis zu bringen. Dazu reicht ein reiner Informationsaustausch (divergenter Prozess). Dieser Kommunikationsprozess kann mit Medien wie E-Mail, Voice-Mail oder auch asynchroner Groupware effizient erfolgen. Weitere noch erforderliche Kommunikation kann parallel stattfinden – eine schnelle Rückkopplung ist nicht nötig.
- → Vor der Weiterversendung einer inhaltlichen Stellungnahme muss in mehreren Schritten eine qualitätssichernde Überarbeitung der Formulierungen erfolgen. Änderbarkeit und Wiederverwendbarkeit müssen gegeben sein. Das elektronische Medium E-Mail ist hier am besten geeignet.
- → Eine Besprechung des Projektplans mit einem internen Kunden liegt an. Hier dürfte die soziale Präsenz und auch die Symbolvarietät erfolgsrelevant sein. Zu überlegen ist, ob ein persönliches Treffen unabdingbar ist oder ob sich die Verhandlung auch über eine Video- oder Telefonkonferenz mit zusätzlicher Nutzung spezieller Funktionalitäten der vorhandenen Groupware führen lässt.
- → Entscheidungen sind an die Mitarbeiter weiterzugeben. Es herrscht ein sehr gutes Arbeitsklima und alle warten bereits auf die Entscheidungen. In diesem Fall ist ein Medium mit geringer Synchronizität ausreichend.

→ **Arbeitsblatt 11: Praxisreflexion**

Listen Sie Ihre wichtigsten Führungsaufgaben auf und prüfen Sie, ob eher ein divergenter oder ein konvergenter Prozess zielführend ist. Prüfen Sie anschließend, ob die bisher getroffene Medienwahl einer Veränderung bedarf.

Führungsaufgabe	Divergent oder konvergent?	Geeignetes Medium

3.1.4 Die Aufgabe steht im Vordergrund

Der zweckmäßige Einsatz eines Kommunikationsmediums kann auch explizit von der zu bewältigenden Aufgabe abhängig gemacht werden. Diesen Ansatz verfolgt das Modell der aufgabenorientierten Medienwahl. Leitlinien sind die effektive Aufgabenerfüllung und die ungestörte Verständigung bei der Bearbeitung. Die Zweckmäßigkeit eines Kommunikationsmittels wird davon abhängig gemacht, welche Gewichtung einzelne Aspekte eines Kommunikationsvorgangs bei der Erfüllung der Aufgabenstellung haben.

Die aufgabenorientierte Medienauswahl orientiert sich an den vier Grundanforderungen der Kommunikation in Organisationen: Genauigkeit, Schnelligkeit/Bequemlichkeit, Vertraulichkeit und Komplexität. Die nachfolgende Zusammenstellung gibt einen Überblick.

Genauigkeit	Schnelligkeit/ Bequemlichkeit	Vertraulichkeit	Komplexität
Exaktheit	Kurze Erstellungszeit	Übertragung vertraulicher Inhalte	Eindeutiges Verstehen der Inhalte
Dokumentierbarkeit	Schnelle Übermittlung	Schutz vor Fälschungen	Übermittlung schwieriger Inhalte
Überprüfbarkeit	Schnelle Rückkopplung	Identifizierbarkeit des Absenders	Austragen von Kontroversen
Problemlose Weiterverarbeitung	Einfachheit der Mediennutzung	Interpersonelle Vertrauensbildung	Lösung komplexer Probleme
Zum Beispiel: Formalisiertes Berichtswesen, Austausch von Massendaten	Zum Beispiel: Kurze Anfragen, Reaktion auf überraschende Ereignisse	Zum Beispiel: Infos über Personalangelegenheiten, Vermutungen zu Risiken und Chancen	Zum Beispiel: Arbeitsteilige Lösung, neuartige Probleme oder Verhandlungen

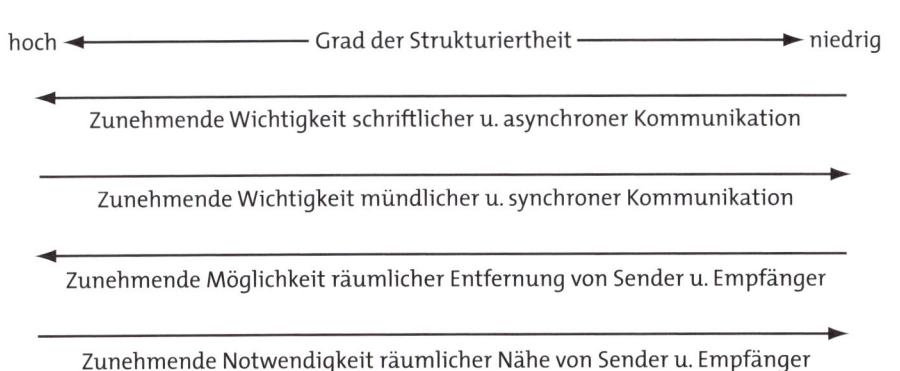

hoch ←——— Grad der Strukturiertheit ———→ niedrig

←——— Zunehmende Wichtigkeit schriftlicher u. asynchroner Kommunikation

Zunehmende Wichtigkeit mündlicher u. synchroner Kommunikation ———→

←——— Zunehmende Möglichkeit räumlicher Entfernung von Sender u. Empfänger

Zunehmende Notwendigkeit räumlicher Nähe von Sender u. Empfänger ———→

Kriterien für die aufgabenorientierte Medienwahl (in Anlehnung an Reichwald et al. und Picot et al.)

Die hier vorgestellten Ansätze zur Medienwahl liefern Ihnen wichtige Kriterien, mit denen Sie herausfinden können, welches das für Sie und Ihre Mitarbeiter geeignete Medienportfolio ist.

Welches elektronische Medium tatsächlich für die Zusammenarbeit auf Distanz eingesetzt wird, hängt jedoch nur bedingt von dem Kommunikationszweck und der technischen Verfügbarkeit ab.

3.2 Die Anwender entscheiden über die Medienwahl

Den ständig wachsenden Kommunikationsmöglichkeiten steht das Nutzungsverhalten der Anwender gegenüber. Über welches Medium miteinander kommuniziert wird, hängt entscheidend von persönlichen und gruppenbezogenen Faktoren ab. Dabei könnte das aktuelle Nutzerverhalten der auf Distanz arbeitenden Gruppen den Verdacht nähren, dass sich die technische Entwicklung von der Praxis abgekoppelt hat.

Befragungen von Führungskräften im Rahmen des Forschungsprojektes „Führung auf Distanz" der Universität Lüneburg und auch unsere Befragung von auf Distanz geführten Mitarbeitern zeigen übereinstimmend, dass Telefon und E-Mail immer noch die bevorzugten Kommunikationswege sind. Andere Kommunikationsmöglichkeiten wie z. B. Netmeeting, Chat oder Weblogs finden kaum Verwendung, Telefon- und Videokonferenzen werden eher selten einberufen.

→ **Arbeitsblatt 12: Praxisreflexion**

Wie sieht Ihre persönliche Hitliste der elektronischen Medien aus – und kennen Sie die Ihrer Mitarbeiter?

Kontaktgrund (Führungskraft)	Präferiertes Medium	Kontaktgrund (Mitarbeiter)	Präferiertes Medium

3.2.1 Die individuellen Medienpräferenzen müssen besprochen werden

Die Entscheidung, in welchem Zusammenhang Sie und Ihre Mitarbeiter zu welchen Kommunikationsmitteln greifen, hängt von den persönlichen Vorlieben und Abneigungen jedes Einzelnen ab. Unterschiedliche Präferenzen können sich dabei im Arbeitsalltag ausgesprochen negativ auswirken.

So kann z. B. die Neigung eines Mitarbeiters, offene Fragen über E-Mail zu klären, beim Gegenüber auf Ablehnung stoßen („Soll er doch anrufen, wenn er was will!")

und dazu führen, dass der Kommunikationspartner hinhaltend, verzögert oder im Extremfall gar nicht reagiert, sich sozusagen in „virtuelles Schweigen" hüllt.

Andere Mitarbeiter hingegen werden vielleicht „Chat-Anwendungen" ablehnend gegenüberstehen, weil sie Ihre Anwesenheitsmeldung ständig vor Augen haben und Ablenkung fürchten oder weil sie sich dadurch kontrolliert fühlen.

Die individuelle Medienpräferenz ist auch immer von der persönlichen Kontaktgestaltung beeinflusst. Menschen, die ungeplante, spontane und unmittelbare Kontakterlebnisse suchen und brauchen, werden die synchronen Kommunikationsmöglichkeiten (sei es schriftlich im Chat und mündlich über Internet-(Telefonie)) gerne in der Zusammenarbeit verwenden. Menschen, die Zeit für ihre Antworten brauchen, Kontakte lieber bewusst planen und vorbereiten, werden mit asynchronen Medien besonders gut kommunizieren können. Eine gut vorbereitete Telefonkonferenz könnte beiden liegen.

Darüber hinaus ist die individuelle Mediennutzung von den bestehenden Mediengewohnheiten und der Medienkompetenz beeinflusst. Es wird immer Mitarbeiter geben, die sich schwertun, neue Kommunikationswege zu erschließen und lieber auf vertraute Kommunikationsmöglichkeiten zurückgreifen. Nicht jeder verspürt den „Reiz des Neuen", sondern findet es vielmehr anstrengend und aufwändig, neue Medienkompetenzen im Alltag zu erwerben und anzuwenden.

→ **Praxis**tipp:

Manche Missverständnisse und Störungen im virtuellen Kontakt lassen sich vermeiden, wenn Medienvorlieben und -abneigungen untereinander bekannt sind.

3.2.2 Die Kommunikationspartner brauchen eine gemeinsame Medienakzeptanz

Individuelle Medienvorlieben entwickeln sich immer auch in Abhängigkeit von den Kommunikationspartnern. Komme ich z. B. in ein bestehendes Team, das „Instant Messaging" intensiv nutzt, werde ich mich mit diesem Medium auseinandersetzen, es anwenden und es hoffentlich schätzen lernen, vielleicht sogar weiterempfehlen. E-Mail-Kommunikation kann z. B. eine hohe Akzeptanz besitzen, wenn die Kollegen untereinander erleben, dass die Mails situationsbezogen adäquat verwendet und zuverlässig beantwortet werden.

→ **Arbeitsblatt 13: Thema für einen Workshop**

Stellen Sie die wichtigsten Anlässe zur Kontaktaufnahme über die Distanz zusammen und besprechen Sie mit Ihren Mitarbeitern, welche Medien dafür am besten geeignet sind.

Anlass zur Kontaktaufnahme	Geeignete Medien

In welchem Maße die Mediennutzung innerhalb einer Gruppe oder eines Teams akzeptiert ist, hängt sehr davon ab, ob sie gemeinsam reflektiert und ausgehandelt wird. Auch der Austausch über Medienerfahrungen und die einvernehmliche Integration neuer Medien kann die Einigkeit über die Kommunikationswege fördern.

→ *Praxis*tipp:

Erfolgreiches mediales Kommunikationsverhalten braucht nicht nur die individuelle Medienkompetenz, sondern eine sich dynamisch ständig fortentwickelnde Kommunikations- und Mediennutzungskultur.

3.2.3 Die Führungskraft spielt bei der Medienwahl eine führende Rolle

Die Meinung der Führung über die Eigenschaften der verfügbaren Medien, über deren Qualität zur Erledigung bestimmter Aufgaben und über die Medienwahl selbst beeinflusst die Präferenzen der Mitarbeiter. In der Regel passen sich die Mitarbeiter den Vorlieben ihrer Vorgesetzten an. Sie weisen diesen also eine Vorreiterrolle zu. Das gibt Ihnen als Führungskraft die Chance, Impulse zu setzen und die Qualität der virtuellen Kommunikation voranzutreiben. Das bedeutet allerdings auch, dass Sie sich selbst um eine hohe aktuelle Medienkompetenz bemühen sowie gemeinsamen „Medienexperimenten" gegenüber aufgeschlossen sein müssen und dazu bereit sein sollten, die Mediennutzung Ihres Teams aktiv mitzugestalten.

→ *Praxis*tipp:

Es sollte Ihnen immer bewusst sein, dass die virtuellen Kommunikationskanäle, anders als bei einer lokalen Führung, der alles entscheidende Kontaktstrang sind.

3.3 Der Einsatz der Medien im beruflichen Alltag

Vorab ein typisches Alltagsbeispiel, das zeigt, wie schwierig die richtige Mediennutzung oft ist und wie kontraproduktiv eine falsche Wahl sein kann:

> In einem Entwicklungsprojekt arbeiteten acht, auf vier verschiedene Standorte verteilte Entwickler zusammen. Das Ziel war zwar definiert, aber der Weg dorthin vollkommen offen. Um die Entwicklungsschritte aufeinander abzustimmen, veranlasste die Führungskraft jede Woche zweimal eine Telefonkonferenz.
>
> Nach einiger Zeit monierten die Teammitglieder den zeitlichen Aufwand für die Konferenzen. Man einigte sich darauf, die Agenda sehr stark auszudifferenzieren. Jedes Teammitglied konnte daraus ersehen, wann die eigenen Themen „an der Reihe waren" und die restliche Zeit durfte sich jeder offiziell aus dem Gespräch ausklinken. Vorher war immer wieder aufgefallen, dass einige Teammitglieder dies schon heimlich taten. Wegen des großen Unmuts über die zeitliche Belastung stimmte die Führungskraft dem Verfahren zu. Sie sah aber auch, dass der eigentliche Zweck der Telefonkonferenzen, sich gemeinsam über die Fortschritte an den einzelnen Standorten zu informieren und das weitere Vorgehen zu diskutieren sowie festzulegen, damit verloren gegangen war.
>
> Was war passiert? In Sorge, dass das anspruchsvolle Ziel nicht erreicht wird, dominierte die Führungskraft die Telefonkonferenz. Sie übernahm es, die Einzelheiten aus den verschiedenen Standorten abzufragen und zu analysieren. Auch die fachlichen Verknüpfungen zwischen den einzelnen Themengebieten wurden von ihr hergestellt. Die Mitarbeiter fanden sich in der Position wieder, dass sie der Sichtweise ihrer Führungskraft nur noch „abnickend" zustimmen konnten. Nach den langwierigen Informationsabfragen bestand auch nur noch geringes Interesse, in eine Diskussion einzutreten.
>
> Bei der kritischen Reflexion des Prozesses wurde der Führungskraft deutlich, dass sie das Medium falsch eingesetzt hatte. Um die Analyse des Zwischenstandes durchzuführen, hätte es ausgereicht, mit jedem Standort einzeln zu telefonieren. In der erlebten Rolle als reine Informationslieferanten war es deshalb naheliegend, dass die Teilnehmer darum gebeten hatten, nur noch dann anwesend sein zu müssen, wenn ihr Input gefragt war.
>
> Folgendes Vorgehen wurde mit der Führungskraft erarbeitet: Sie übernahm die Informationsbeschaffung und Aufbereitung der Daten für eine wöchentliche Telefonkonferenz. Allen Teammitgliedern standen die

> neuen Infos am Tag zuvor schriftlich zur Verfügung. Die Telefonkonferenz bekam so wieder ihre eigentliche Funktion – Plattform für eine offene Diskussion über die möglichen Vorgehensweisen auf dem Weg zum Ziel.
>
> Neben einer deutlich erhöhten Arbeitseffizienz und einem Zeitgewinn zeigten sich noch weitere wichtige positive Effekte: Das Team hielt immer besser zusammen und übernahm zunehmend Verantwortung dafür, das gesetzte Ziel zu erreichen. Die Mitarbeiter nahmen auch zwischendurch mehr Kontakt zueinander auf, holten sich selbst notwendige Informationen und Unterstützungen und äußerten sich insgesamt zufriedener über die Zusammenarbeit im Projekt.

Das Beispiel macht auch deutlich, dass es sinnvoll ist, vor dem Einsatz eines Kommunikationsmittels genauer einzuschätzen, inwieweit Lokomotions- und Kohäsionsfunktionen erfüllt werden (müssen). Was ist damit gemeint?

- → Führungskräfte erfüllen dann die Lokomotionsfunktion, wenn sie die Ziel- und Aufgabenerfüllung der Mitarbeiter durch geeignete Führungsaktivitäten sichern. Vorrangige Führungsaufgaben sind hier die Bereitstellung der notwendigen Ordnungsstrukturen, die Vermittlung und der Austausch aller notwendigen Daten, Fakten und Entscheidungen. Lokomotion zielt auf die Leistungsfähigkeit der Mitarbeiter und unterstützt das „Können". In unserem Beispiel stimmen Führungskraft und Mitarbeiter darin überein, dass diese Aufgabe erfüllt wurde. Es entspricht auch den Ergebnissen der Führungsforschung, dass die aufgaben- und zielorientierte Kommunikation auf Distanz mithilfe der Medien in der Regel zufrieden stellend funktioniert.

- → In Bezug auf die Kohäsionsfunktion von Führung aber, also auf alle Führungsaktivitäten, die die Attraktivität der Zusammenarbeit, das Gefühl der Zugehörigkeit zur Gruppe und auch die Arbeitszufriedenheit unterstützen und fördern, zeigen sich Defizite.

  In unserem Beispiel haben die Mitarbeiter mit ihrem „Teilausstieg" aus den Telefonkonferenzen ihrer Führungskraft signalisiert, dass ihr Gefühl der Zusammengehörigkeit ebenso wie ihre Arbeitszufriedenheit abnimmt.

  Die Tendenz, dass auf Distanz geführte Mitarbeiter vor allem das Eingebundensein vermissen, zeigt sich in der Praxis immer wieder. Dies bestätigt auch eine Studie der Akademie für Führungskräfte der Wirtschaft. Im Vergleich zu Präsenzteams fiel die Zufriedenheit der Mitarbeiter in virtuellen Teams deutlich schlechter aus.

Als Führungskraft sollten Sie in Ihrer täglichen virtuellen Kommunikation darauf achten, dass Sie Ihrer Lokomotions- und Kohäsionsfunktion gerecht werden. Sicher fällt die Beziehungsgestaltung in Präsenztreffen oder über „reiche" Medien wie dem Telefon am leichtesten. So erstaunt in diesem Zusammenhang auch ein Ergebnis des bereits genannten Forschungsprojektes „Führung auf Distanz" nicht, nämlich dass die Reisetätigkeit von Führungskräften trotz der vielfältigen virtuellen Kommunikationsmöglichkeiten noch recht umfangreich ist und der Hauptgrund dafür in der Förderung des sozialen Kontaktes gesehen wird.

Aber auch über E-Mails lässt sich neben der sachlich-fachlichen Ebene ein Beziehungsangebot machen. Beispielsweise können ein paar Zeilen mit ergänzenden Kontextinformationen (Einschätzungen, Ziele, Meinungen) das Bedürfnis nach Orientierung befriedigen. Eine persönlich gehaltene Stellungnahme zu manchen Informationen vermittelt das Gefühl, direkt angesprochen, mitbeteiligt und eingebunden zu sein.

→ **Arbeitsblatt 14: Selbstreflexion**

Prüfen Sie, inwieweit Sie bei der medialen Kontaktaufnahme zu Ihren Mitarbeitern sowohl die Lokomotionsfunktion als auch die Kohäsionsfunktion angemessen berücksichtigen.

Typische Arbeitssituation der Kontaktaufnahme	Gewähltes Medium	Lokomotionsfunktion erfüllt?	Kohäsionsfunktion erfüllt?

→ *Praxis*tipp:

Bedienen Sie unabhängig von der Wahl des Mediums immer auch die persönliche Ebene mit.

Wenn Sie sich bei jeder Kontaktaufnahme vornehmen, dass Sie Ihren Mitarbeiter für sich gewinnen wollen, dann wird sich diese Botschaft in Ihrem Kommunikations- und Kontaktverhalten niederschlagen (auch in der Textform) und von Ihren Mitarbeitern sicher auch so wahrgenommen. Sie werden es an den Antworten bemerken.

Muss es immer eine E-Mail sein?

Zweifelsohne ist die E-Mail heute das zentrale asynchrone Kommunikationsmedium. Die Vorteile sind enorm. Mitteilungen jeder Art können mit hoher Geschwindigkeit an viele Adressaten gleichzeitig problemlos verschickt werden. Auch zur Führung auf Distanz ist die E-Mail zur Aufgabenbewältigung unangefochten die Nummer eins.

Die große Beliebtheit der E-Mail ist aber auch damit zu erklären, dass es sich dabei um ein kontaktvermeidendes Medium handelt. Informationen, Arbeitsaufträge, Termine usw. lassen sich einfach weiterreichen, ohne dass man sich mit der spontanen Reaktion des Kontaktpartners auseinandersetzen muss. Man braucht sich nicht anzuhören, wie schwierig es etwa ist, die angeforderten Informationen zusammenzutragen oder wie viele andere Tätigkeiten noch auf der Prioritätenliste stehen. Fast wie selbstverständlich wird davon ausgegangen, dass die eigene E-Mail sicherlich umgehend bearbeitet wird. Der Sender muss also auch nicht begründen, warum das eigene Anliegen wichtig ist und keinen Aufschub erlaubt. Kurz gesagt, die fehlende direkte Rückkopplung schützt davor, sich mit seinen Arbeitskollegen direkt auseinandersetzen zu müssen.

Informationen und Aufträge über E-Mail greifen oft auch zu kurz. Sie sind häufig zu knapp gehalten und lassen die notwendigen Kontextinformationen vermissen (man ist ja selbst in der „Sache drin"). So produzieren sie gerne Missverständnisse, die dann auch noch zu spät auffallen.

> Ein typisches Beispiel dazu: Für einen Bericht benötigte der Bereichsleiter aufgearbeitete Zahlen aus der Vergangenheit. Spontan schrieb er kurz eine E-Mail an den Abteilungsleiter Controlling mit der Bitte, bestimmte Daten aus den letzten zehn Jahren zusammenzustellen. Die Antwort ließ länger auf sich warten.
>
> Die Nachfrage ergab, dass der gewünschte Zeitraum von zehn Jahren problematisch sei, aber ein Mitarbeiter der IT bereits damit beauftragt sei, ein kleines Auswertungsprogramm zu erstellen. Dies werde allerdings einige Zeit in Anspruch nehmen.
>
> In diesem Gespräch erfuhr der Bereichsleiter, dass es bei einem Zeitraum von sieben Jahren kein Problem gewesen wäre, die Daten binnen einer Stunde zur Verfügung zu stellen. Dies hätte dem Bereichsleiter auch vollkommen ausgereicht.
>
> In seinem Ärger machte er den Abteilungsleiter dafür verantwortlich, dass ihm diese Variante nicht sofort vorgeschlagen worden war. Dabei übersah er allerdings, dass ein direkter Rückkopplungsprozess bisher nicht vorgesehen war. Kein Wunder, dass der Abteilungsleiter sich ausgesprochen ungerecht behandelt fühlte.

So wertvoll die E-Mail zur Versendung von Informationen ist, so unbrauchbar ist sie zur Problembearbeitung. Obwohl hinlänglich bekannt, wird auf Grund der schnellen und problemlosen Verfügbarkeit weiter unreflektiert darauf zurückgegriffen. Als Sender hat man die Angelegenheit schnell vom Tisch, als Empfänger stöhnt man gleichzeitig über die Unsitten beim E-Mail-Verkehr, sei es die Datenflut oder den Erhalt von Informationen, bei denen man nicht erkennen kann, ob und was jetzt eigentlich zu tun ist etc.

Ein weiterer wichtiger Grund für die Beliebtheit von E-Mails besteht darin, dass die Kommunikation schriftlich und damit nachweisbar ist.
Im Tagesgeschäft gibt es immer wieder Auseinandersetzungen und Klärungsprozesse, die im direkten Kontakt, z. B. über ein Telefongespräch oder auch über einen kurzen Chat, schnell „aus der Welt" zu schaffen wären. Im Austausch der Argumente und dem direkten Eingehen auf die Gegenargumente würde auch das Vertrauensverhältnis gestärkt. Ein weiterer Vorteil: Mit jedem persönlicher gestalteten Kontakt über ein reicheres Medium lernt man sich näher kennen, erfährt mehr über die Arbeitswelt des anderen und kann dann auch überraschendes Verhalten entsprechend einordnen. Die Kooperation gewinnt an Qualität. Wieso wird in der Regel dann nicht auch so vorgegangen?

Es ist sicher nicht übertrieben zu behaupten, dass sehr viele E-Mails nur deshalb geschrieben werden, um im Fall des Falles Beweise für das eigene, korrekte Verhalten in der Hand zu haben. Aus derselben Motivation heraus werden alle eingehenden E-Mails sicherheitshalber auch gleich mit aufbewahrt, oft mit dem Hintergedanken: „Man weiß ja nie"!

Vielleicht nicht uninteressant ist in diesem Zusammenhang die Erkenntnis, dass die E-Mail hervorragend dazu missbraucht werden kann, Politik zu betreiben. Die Möglichkeiten der Verbreitung, Verfälschung und Manipulation von Informationen in der E-Mail-Kommunikation haben sich für die Beeinflussung von politischen Prozessen als sehr erfolgreich erwiesen. Im Arbeitsalltag aber birgt dieser Vorteil die Gefahr der raschen Eskalation und nicht mehr steuerbaren Ausdehnung von Problemen – sicher ein Grund mehr, synchroner Kommunikation in der direkten Zusammenarbeit den Vorzug zu geben.

➜ *Praxis*tipp:

Informeller und sozialer Austausch ist für den Zusammenhalt untereinander und die Arbeitszufriedenheit unerlässlich.

Telefon und Instant Messaging als synchrone Medien sind dazu besonders geeignet. Um den Austausch zu fördern, ist es sinnvoll, vorab zu regeln, wie mit Missverständnissen, unterschiedlichen Wahrnehmungen und Erinnerungen umgegangen wird. Gehen Sie dabei immer vom Grundsatz aus, dass alle gemeinsam das Problem verursacht haben.

Angesichts der zunehmenden Verbreitung der standortverteilten Zusammenarbeit oder anders ausgedrückt, angesichts der zunehmenden Unabhängigkeit der Wertschöpfungskette von zeitlichen, regionalen und organisatorischen Barrieren, ist ein qualifizierter sinnvoller Umgang mit den computerunterstützten Kommunikationsmitteln für die erfolgreiche Zusammenarbeit unerlässlich.

Nehmen Sie sich die Zeit, Ihre verfügbaren Kommunikationsmedien auf ihren Anwendungszweck zu überprüfen. Testen Sie neue Kommunikationsmöglichkeiten für Ihre Aufgaben aus. Das folgende Schema lässt sich für einen schnellen Überblick gut verwenden.

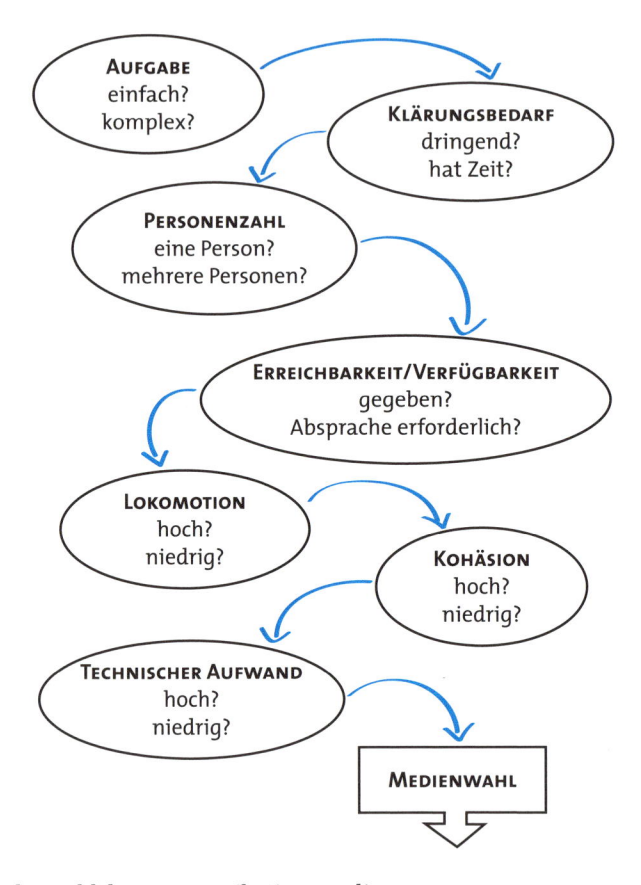

```
AUFGABE              →    KLÄRUNGSBEDARF
einfach?                  dringend?
komplex?                  hat Zeit?
       ↓
PERSONENZAHL
eine Person?
mehrere Personen?
       ↓
ERREICHBARKEIT/VERFÜGBARKEIT
gegeben?
Absprache erforderlich?
       ↓
LOKOMOTION          →    KOHÄSION
hoch?                    hoch?
niedrig?                 niedrig?
       ↓
TECHNISCHER AUFWAND
hoch?
niedrig?
       ↓
MEDIENWAHL
```

Kriterien für die Wahl des Kommunikationsmediums

Ein Blick in die mögliche Zukunft

Bis heute hat noch keine Generation ein ganzes Leben im digitalen Zeitalter verbracht, wie die Internetexperten Palfrey und Gasser bemerken. Sie unterscheiden zwischen „Digital Immigrants", die noch ohne Internet und E-Mail groß geworden sind, und „Digital Natives", die direkt in die digitale Welt hineingeboren wurden.

Derzeit arbeiten diese beiden Gruppen in den Unternehmen zusammen. Also Menschen, die – wie Boris Becker 1999 in einem Werbeslogan nachgestellt – fasziniert das Erlebnis hatten, „drin" (im Internet) zu sein, und Menschen, die gar nicht wissen, wie das ist, „draußen" zu sein.

In zehn bis fünfzehn Jahren wird dann die Generation den Arbeitsmarkt beherrschen, die schon heute E-Mails hoffnungslos altmodisch findet – und mit Skype, Chatforen, MSN und Facebook aufgewachsen sind.

Im privaten Bereich haben sich Sprachverwendung, Kommunikationsstile und Interaktionsformen durch die Verwendung der neuen Medien schon bemerkenswert verändert. Akronyme, Emoticons, Aktions- und Soundwörter, eine dem mündlichen Sprachgebrauch angepasste Schreibweise und parallele Schreibkommunikation mit Gesprächspartnern im Netz sind Elemente, die die Internetkommunikation direkt, emotional, unkompliziert und beziehungsfördernd gestalten.

Es wird spannend sein, zu beobachten, wie die private virtuelle Kommunikations- und Kontaktgestaltung in den nächsten Jahren in den beruflichen Alltag ihren Eingang finden wird. Wir gehen davon aus, dass sie auf jeden Fall den als mangelhaft erlebten informellen und sozialen Austausch in virtuell zusammenarbeitenden Gruppen oder Teams beleben und bereichern wird.

4 Eine virtuelle Gruppe führen

> Zum Einstieg ein kleines Gedankenexperiment:
>
> Vorstellung 1
>
> Sie führen mehrere Mitarbeiter auf Distanz. Jeder Einzelne kann seinen Beitrag zur Erreichung des gemeinsamen Ziels vollkommen unabhängig von seinen Kollegen leisten. Worauf würden Sie sich in Ihrer Führungsarbeit konzentrieren?
>
> 1. ...
>   ...
>
> Vorstellung 2
>
> Sie führen mehrere Mitarbeiter auf Distanz. Jeder Einzelne ist in seiner Leistungserbringung von der Arbeit der anderen abhängig. Das Ziel kann nur erreicht werden, wenn sich jeder mit jedem intensiv austauscht und abstimmt. Worauf konzentrieren Sie sich jetzt in Ihrer Führungsarbeit?
>
> 1. ...
>   ...
>
> Ihre Schwerpunkte dürften sich erheblich unterscheiden. Die Erklärung ist einfach: Im ersten Fall führen Sie eine virtuelle Gruppe, im zweiten Fall steuern Sie ein virtuelles Team.

4.1 Gruppe oder Team – der kleine, aber entscheidende Unterschied

Die Unterscheidung, ob Sie auf Distanz eine virtuelle Gruppe oder ein virtuelles Team führen, ist für Ihre Führungsarbeit alles andere als nur eine formale Frage und damit keineswegs nebensächlich. Wir folgen daher nicht der in der Führungsliteratur zur Führung auf Distanz häufig vorgenommenen Gleichsetzung von Gruppe und Team. Aus Sicht der Praxis verwischt diese Gleichsetzung den Unterschied, dass Sie bei einer virtuellen Gruppe vorrangig einzelne Mitarbeiter führen, während Sie bei einem Team sowohl den einzelnen Mitarbeiter als auch das Team als Ganzes zu führen haben.

Wir gehen daher kurz auf den grundsätzlichen Unterschied von Gruppe und Team ein und diskutieren dann ausführlich die Konsequenzen für Ihre Führungsarbeit.

→ **SIE FÜHREN EINE GRUPPE, WENN IHRE MITARBEITER UNTEREINANDER IN KEINER ARBEITSBEZOGENEN ABHÄNGIGKEIT ZUEINANDER STEHEN.**

Jeder Mitarbeiter erstellt seine Arbeitsergebnisse unabhängig von den Beiträgen seiner Kollegen und arbeitsrelevante Informationen müssen nicht ausgetauscht werden. Arbeitsbedingt ist eine direkte Interaktion also nicht erforderlich.

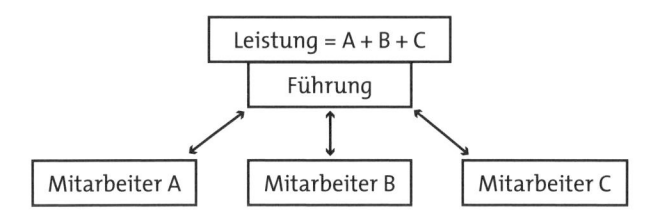

```
        Leistung = A + B + C
              Führung
        ↙       ↕       ↘
Mitarbeiter A  Mitarbeiter B  Mitarbeiter C
```

Jeder einzelne Mitarbeiter berichtet direkt an Sie und wird auch einzeln „ausgesteuert", d.h. von Ihnen wird er informiert und bekommt seine Aufgaben und Ziele zugewiesen. Im Arbeitsprozess wird er individuell begleitet und beurteilt. Das Ziel wird erreicht, wenn jeder seine Aufgaben den Vorgaben gemäß erledigt. Die Zusammenführung der Ergebnisse erfolgt ausschließlich über Sie.

Die Gruppe erzeugt über informellen Austausch und soziale Aktivitäten das Gefühl der Zugehörigkeit zu einer Einheit und schafft so Gemeinsamkeiten.

→ **SIE FÜHREN EIN TEAM, WENN DIE MITARBEITER VONEINANDER ABHÄNGIG BZW. AUFEINANDER ANGEWIESEN SIND.**

Jedes Teammitglied braucht die Zuarbeit der Kollegen (z.B. Informationen, Zwischenergebnisse etc.). Das Ziel wird erreicht, wenn die Koordination und Kooperation untereinander gut funktioniert und der Teamauftrag gemeinsam erledigt ist.

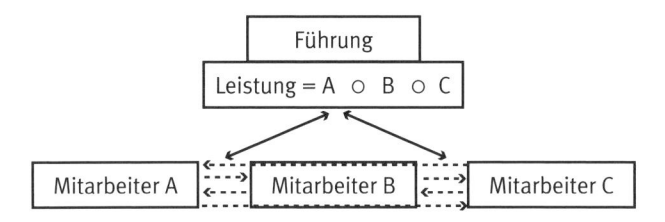

```
              Führung
        Leistung = A ○ B ○ C
         ↖        ↑        ↗
Mitarbeiter A ⇄ Mitarbeiter B ⇄ Mitarbeiter C
```

Bei der Abwicklung der Arbeitsvorgänge übernimmt das Team selbst Führungsaufgaben. Der enge Kontakt untereinander ermöglicht viel direkte Rückmeldung, motivierende Ermutigung und Unterstützung durch die Kollegen. Ihre Aufgabe ist es, das Teammanagement sicherzustellen.

Statt des beliebten „Toll, ein anderer macht's" möchten wir Ihnen eine andere Interpretation dieser Formel anbieten: TEAM = Total Engagiert Abhängigkeiten Managen

Das Kontinuum Gruppe – Team

Das Ausmaß der notwendigen Kooperation und Koordination zwischen den Mitarbeitern bestimmt den Grad der Abhängigkeit untereinander, der, je nach Aufgabenstellung, sehr unterschiedlich sein kann. Zunehmende Abhängigkeit bedeutet wachsende Teamanteile.

> Ein Beispiel: Ein Wartungsservice für Bürohardware wirbt damit, dass er für seine Kunden telefonisch „rund um die Uhr" zuverlässig erreichbar ist. Um das zu gewährleisten, müssen sich die Mitglieder der Servicegruppe u.a. bei den Arbeitszeiten, der Urlaubsregelung und bei kurzfristig anfallenden Vertretungen verständigen und abstimmen. Das sind die Teamanteile in der Zusammenarbeit.

Steigen die Anforderungen an Koordination und Kooperation, ist zunehmend Teamarbeit angesagt. In Bezug auf den Wartungsservice heißt dies: Wird dem Kunden neben der „Rund-um-die-Uhr"-Erreichbarkeit auch noch die konkurrenzlos beste und schnellste Qualitätsarbeit versprochen (mit einer „Geld-zurück-Garantie!"), müssen sich alle Mitarbeiter zunehmend gegenseitig und tagesaktuell über neu entdeckte Produktmängel informieren und sich auf den bestschnellsten Lösungsweg einigen. Folgende Abbildung verdeutlicht das Kontinuum:

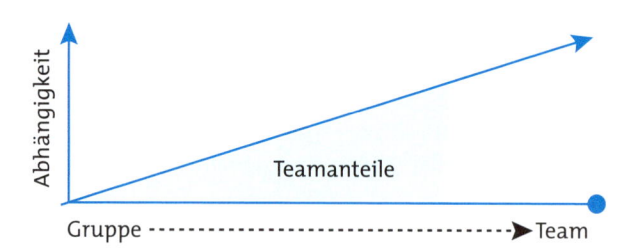

Von der Gruppe zum Team

Die meisten Führungskräfte haben es in ihrer Arbeit mit Mischformen zu tun. Um deutlich herauszuarbeiten, worauf es insbesondere beim Führen auf Distanz ankommt, werden wir die beiden Pole im Folgenden getrennt behandeln.

→ **Arbeitsblatt 15: Praxisreflexion**

Führen Sie eher eine Gruppe oder ein Team? Listen Sie kurz die Gruppen- und Teamanteile in Ihrer jetzigen gemeinsamen Arbeit auf.

Aufgaben/Ziele	Gruppenanteile	Teamanteile

4.2 Grundsätzliches zur Führung von Mitarbeitern in einer virtuellen Gruppe

Wenn Sie eine Gruppe führen, liegt Ihr Arbeitsschwerpunkt auf der Kontaktpflege mit dem einzelnen Mitarbeiter. Für den Mitarbeiter in der Ferne sind Sie das tragende Bindeglied zwischen ihm und „seiner" Firma.

→ **Arbeitsblatt 16: Praxisreflexion**

Wie eng fühlen sich Ihre Mitarbeiter an die Firma gebunden? Mit welchen Führungsaktivitäten unterstützen Sie die Bindung Ihrer Mitarbeiter an das Unternehmen?

Führungsaktivitäten	Bindungswirkung

Die Dezentralität der Mitarbeiter hat zwei gravierende Folgen für die Zusammenarbeit:
- → Der Mitarbeiter ist in seiner Arbeit weitgehend auf sich alleine gestellt.
- → Die Führungskraft hat nur begrenzte Möglichkeiten, direkt und persönlich auf Arbeitsorganisation, Arbeitsdurchführung und Arbeitseinstellung Einfluss zu nehmen.

Als Konsequenz ist Führung auf Distanz mit einer deutlichen Zunahme an Unsicherheit auf beiden Seiten verbunden.

Führungskräfte, die nicht mehr vor Ort sind, um bei aktuellen Fragestellungen dem Mitarbeiter unmittelbar zur Seite zu stehen oder auf die Arbeitserledigung direkt korrigierend einzuwirken, haben es schwerer, sich über den aktuellen Stand kurzfristig zu informieren und sich über das Geschehen zu orientieren. Im Rahmen ihrer Führungsverantwortung befürchten sie den Verlust von Macht, Kontrolle und Kompetenz.

Auf Distanz lässt es sich vorrangig nur über Ergebnisse führen. Wenn Sie eine solche Führungskraft sind, müssen Sie Ihren Mitarbeitern zutrauen, dass sie die aufgetragene Arbeit erfolgreich erledigen – meist ohne wirklich zu wissen, auf welche Art und Weise die Mitarbeiter die Ergebnisse erarbeiten.

Virtuell geführte Mitarbeiter sind von der Tatsache, weitgehend auf sich alleine gestellt zu sein, oft verunsichert. Freiheit bei der Gestaltung der eigenen Arbeit kann Ungewissheit zur Folge haben, z.B. ob man den Erwartungen des Vorgesetzten entspricht. Missverständnisse, fehlende sofortige Rücksprachemöglichkeiten bei aufkommenden Fragen sowie der Mangel an Gelegenheiten, sich abzustimmen, werden von den Mitarbeitern in unserer Befragung als typische Nachteile von Arbeit auf Distanz genannt.

- → DIE VORRANGIGE AUFGABE DER FÜHRUNGSKRAFT IST ES, DEN „OFFENEN RAUM", DEN EINE VIRTUELLE ARBEITSORGANISATION MIT SICH BRINGT, SO FÜR DIE MITARBEITER ZU STRUKTURIEREN, DASS ER IHNEN HALT GIBT.

Wird ihnen auf Grund der Distanz für die Zielerreichung an sich weitgehende Autonomie erteilt, brauchen sie erst recht einen verbindlichen Rahmen, in dem sie sich bewegen können.

Sehr bewusst und gezielt eingesetzte Führungsinstrumente bieten die notwendige Orientierung und Struktur, um den beschriebenen Unsicherheiten zu begegnen.

Führen über Ziele, Delegation, das Mitarbeitergespräch und Motivieren haben in der virtuellen Zusammenarbeit deshalb einen besonderen Stellenwert.

Eine intensive Beziehungspflege über die sachlichen Anlässe hinaus bildet die Voraussetzung dafür, dass der Handlungsrahmen mit Leben gefüllt werden kann.

4.3 Führen über Ziele

Ergebnisorientiert zu führen bedeutet in erster Linie ein Führen über Ziele. Management by Objectives (MbO) ist heute auch in der lokalen Führung mehr oder weniger selbstverständlich. Insofern stellt der Einsatz dieses Führungsinstruments kein Novum dar. Entscheidend ist, dass bei einer Führung auf Distanz das Führen über Ziele weniger fehlerfreundlich ist. Korrigierendes Eingreifen oder Nachbesserungen sind ungleich schwerer möglich.

Wenn die Mitarbeiter in der Nähe und damit leichter erreichbar sind, verlassen sich Führungskräfte in ihrer Steuerung oft auf den direkten Kontakt „zwischendurch". Ein stringentes Führen über Ziele ist also nicht selbstverständlicher Standard. Dies spiegelt sich u. a. in etwas oberflächlich formulierten Zielformulierungen wider. Entweder werden Ziele zu allgemein beschrieben, was die Zielkontrolle erschwert, oder mit der Zielformulierung werden bereits Wege und Mittel zur Zielerreichung mit auf den Weg gegeben.

→ **Arbeitsblatt 17: Praxisreflexion**

Notieren Sie nachfolgend exemplarisch einige Ziele, die Sie mit Ihren Mitarbeitern vereinbart haben. Prüfen Sie nach der Bearbeitung dieses Kapitels, ob die Ziele den Anforderungen an die Zielformulierung entsprechen.

Zielformulierung	Nachbesserung notwendig?

Bei einer Führung auf Distanz sollten Sie, wenn Sie das Ziel formulieren, immer mit beachten,
- → dass bei ungenauen Zielen Mitarbeiter in ihrem eigenständigen Handeln eventuell auch persönliche Ziele mitverfolgen, also den Interpretationsspielraum nutzen.
- → dass statt einer Zielvereinbarung zu enge Vorgaben bzgl. der einzuschlagenden Wege und zu ergreifenden Maßnahmen ein örtlich und situativ adäquates Handeln behindern können.

> **? Was meinen Sie?**
>
> *Neigen Sie dazu, zum formulierten Ziel auch Wege und Mittel zur Zielerreichung mitzugeben?*

Die richtige Umsetzung eines Führens über Ziele hat für eine Führung auf Distanz entscheidende Vorteile:

- **Die Entscheidungs- und Handlungsspielräume des Mitarbeiters werden erweitert,** was eine wichtige Voraussetzung für die dezentrale Zusammenarbeit zwischen Führungskraft und Mitarbeiter ist.
- **Die Selbststeuerung der Mitarbeiter wird erhöht** – worauf letztlich der Erfolg einer virtuellen Zusammenarbeit und somit auch einer Führung auf Distanz beruht.
- **Die erlebte Autonomie stärkt den Mitarbeiter** in seinem Gefühl der Selbstwirksamkeit und erhöht die Bereitschaft, Verantwortung zu übernehmen.
- **Die richtungs- und arbeitslenkende Wirkung von Zielen leistet einen eigenen Beitrag zur Führung.** Sie reduziert den direkten Führungsbedarf und entlastet somit die Führungskraft.

Um dies zu gewährleisten, bedarf es erheblicher Sorgfalt bei der Zielformulierung. Ein Führen über Ziele kann weiterhin nur dann wirklich erfolgreich sein, wenn es ein klares und gegenseitiges Commitment gegenüber den getroffenen Zielvereinbarungen gibt. Dieses erfolgt über einen Zielvereinbarungsprozess auf der Grundlage eines partizipativen Führungsverständnisses.

Die Selbststeuerung innerhalb des gesetzten Rahmens bedeutet aber nicht, dass die Führungskraft den Mitarbeiter in der Ferne nun in seinem Wirken alleine lassen kann und soll. Zielsetzungen und -vereinbarungen an sich bewirken keine Leistungssteigerung. Sie erfordern einen stetigen und zeitnahen Rückmeldeprozess. Nur in regelmäßigen Abständen stattfindende Besprechungen verhelfen zum gewünschten Maß an Selbststeuerung und Selbstmotivation. Dort werden erreichte Zwischenziele, das weitere Vorgehen und die Bewertung der Leistung besprochen.

- **Kontinuierliche Rückmeldungen** haben neben der informativen auch eine motivierende Funktion. Der Mitarbeiter kann zielrelevante Vorkommnisse und die eingeleiteten Maßnahmen schildern, die dann gemeinsam interpretiert werden. So fördert die Rückmeldung die Vertiefung der Kommunikation, was wiederum die Beziehung stärkt.
- **Fest terminierte Besprechungen** über das Erreichen der Zwischenergebnisse ermöglichen es dem Mitarbeiter, sich auf ein solches Treffen vorzubereiten und für sich selbst daraufhin eine Zwischenbilanz zu erstellen: über seine Selbstorganisation, das daraus resultierende Arbeitsverhalten und seine Leistungsausrichtung.

4.3.1 Die SMART-Kriterien

Damit Ihre Zielformulierung zielführend ist, können Sie deren Qualität anhand der so genannten SMART-Kriterien überprüfen. Mithilfe dieser Kriterien lassen sich auch die spezifischen Gesichtspunkte für die Belange einer Führung auf Distanz gut herausschälen. Im Einzelnen stehen die Buchstaben für

S = Simpel und spezifisch Ziele formulieren

Hier geht es um die Forderung nach einer klaren und sofort verständlichen Zielformulierung. Aus der schriftlichen Formulierung muss hervorgehen, welches Ergebnis angestrebt wird, was sich also

- → bei wem bzw. wo was
- → wie verändern soll.

→ ***Praxis*tipp:**

Vermeiden Sie Formulierungen, die Interpretationsspielräume über das zu erreichende Ergebnis zulassen. Sie laufen Gefahr, dass ein eher vage formuliertes Ziel später vom Mitarbeiter und Ihnen unterschiedlich ausgelegt wird.

Eine sehr vage Formulierung, wie z. B. „Unser Ziel ist es, die Kunden noch optimaler zu betreuen", kann zu Ergebnissen führen, die der Mitarbeiter sicherlich unter Berücksichtigung der örtlichen Bedingungen als das Optimale bezeichnet – unabhängig davon, was sich seine Führungskraft als Ergebnis vorgestellt hat. Unstimmigkeiten bei der Bewertung der Zielerreichung sind dann die natürliche Folge. Bei einer Formulierung wie „Betreuen Sie Ihre (und unsere) Kunden so, dass bei der nächsten Kundenbefragung die Zufriedenheit über Ihre Dienstleistung um 20 Prozent gestiegen ist" hingegen wird ein solches Problem nicht auftauchen.

Der gängige Satz „Viele Wege führen zum Ziel" betont die Bedeutung einer einfachen und spezifischen Zielformulierung noch aus einer anderen Sicht. Mit klaren Zielformulierungen kann die richtungslenkende Wirkung von Zielen voll ausgeschöpft werden. Dies ist ein unschätzbarer Vorteil bei einer Führung auf Distanz.

In seinem eigenen Wirkungsfeld hat der Mitarbeiter immer die Freiheit, zwischen sehr unterschiedlichen Handlungsalternativen zu wählen. Die Zielangabe hilft ihm, die vorhandenen Möglichkeiten zu prüfen und sich dann für die beste, d. h. zielführendste Alternative zu entscheiden. Die eigenverantwortlich vorgenommene Ableitung von zielförderlichen Handlungsplänen unterstützt die Wahrnehmung und Überzeugung, das Leistungsziel mit eigenen Mitteln erreichen zu können. Der damit verknüpfte Gewinn an eigenem Zutrauen und Handlungssicherheit ist, wie bereits betont, die Grundlage für ein erfolgreiches Wirken in der Ferne.

Geben Sie im Rückmeldeprozess Ihrem Mitarbeiter deshalb auch die Gelegenheit, sein Vorgehen darzustellen. Nehmen Sie vor allem auch eine kritische Würdigung der Überlegungen vor, die zum Ausschluss gegebener, d. h. möglicher Handlungsalternativen geführt haben.

Wenn Sie dafür sorgen, dass das gewählte Vorgehen für Sie nachvollziehbar (und nicht beurteilbar!) ist, wird Ihnen das Umfeld des Mitarbeiters und seine Einschätzungen der Situation vor Ort vertrauter. Wie offen und ausführlich der Mitarbeiter über sein Tun in seinem Umfeld berichtet, sich mit Ihnen auf einen Dialog einlässt, gibt Ihnen auch wichtige Hinweise über die Qualität Ihrer Beziehung. Bedenken Sie aber auch, dass sich manche Mitarbeiter beim Erzählen schwertun.

Das Bild, das sich aus den Rückmeldungen in der Summe erschließt, erlaubt Ihnen eine fundierte Einschätzung des Arbeits- und Leistungsverhaltens, auch wenn der Mitarbeiter nicht direkt beobachtet werden kann. Sie bekommen nicht nur wertvolle Hinweise über die schon vorhandenen Kompetenzen. Auch ein noch bestehender Qualifizierungsbedarf wird deutlich.

M = Messbar Ziele formulieren

Bei einer ergebnisorientierten Führung auf Distanz muss zum Schluss ganz eindeutig festgestellt werden können, ob das Ziel erreicht wurde oder nicht. Eine sachlich korrekte, objektiv nachvollziehbare Erfolgsbeurteilung gelingt nur, wenn ein Ziel mit klaren bzw. eindeutig vereinbarten Erfolgskriterien ausgestattet ist.

Über die Messkriterien kann sich der Mitarbeiter selbst kontrollieren und Entscheidungen über korrigierende Maßnahmen treffen. Dies gibt Sicherheit auf dem Weg zum Ziel. Insofern unterstützen die Kriterien die geforderte Selbstständigkeit der Mitarbeiter in einem dezentralen Wirkungsfeld.

Gerade wenn überwiegend über elektronische Medien kommuniziert wird, sind klare Kriterien auch für die Führung äußerst hilfreich. Auf dem Weg der Zielverfolgung kann der fachlich-sachliche Austausch auf der Grundlage der gemeinsam vereinbarten Orientierungspunkte erfolgen.

Quantitative Messgrößen sind naturgemäß unproblematisch. Daneben gibt es aber immer auch Ziele qualitativer Art. Hier ist der Anspruch an eindeutige Kriterien zu relativieren. Stattdessen ist bei der Zielvereinbarung genau zu klären, anhand welcher Beobachtungen Mitarbeiter und Führungskraft gemeinsam feststellen können, ob die Ergebnisse (auch Zwischenergebnisse!) den Erwartungen hinsichtlich der Zielerfüllung genügen.

Manche qualitativen Ziele entziehen sich allerdings nur auf den ersten Blick klaren Kriterien. Greifen wir dazu das bereits oben angeführte Beispiel des Personalberaters wieder auf, der alleine an einem Standort verblieb. Es stellt sich die Frage, wie denn festgestellt werden kann, dass der Personalberater die individuelle Betreuung der Mitarbeiter vor Ort bestens sicherstellt.

Hier ließe sich ein Kriterium noch relativ leicht bestimmen. So könnte z. B. vereinbart werden, dass eine zufällige Auswahl von (n) Mitarbeitern, die in den letzten zwei Monaten beraten wurde, nachträglich gefragt wird, ob sie sich bei der persönlichen Beratung bestens betreut gefühlt hat. Wie die Mitarbeiter selbst „bestens" definieren, bleibt bewusst außen vor. Das Ziel ist erreicht, wenn mindestens 90 Prozent der Befragten sich bestens betreut fühlen.

→ **Praxis**tipp:
Versuchen Sie, möglichst auch qualitative Ziele zu quantifizieren. Die damit erreichte Objektivität erhöht das Vertrauen, dass die Mitarbeiter sich fair beurteilt fühlen.

Manche qualitativen Ziele lassen sich durchaus quantifizieren, wenn der damit verbundene zusätzliche Aufwand in Kauf genommen wird. Auf jeden Fall geben die Kenngrößen klare und objektive Hinweise, ob Veränderungen im Vorgehen oder in den Maßnahmen notwendig sind.

Um das Beispiel weiterzuführen: Wenn nur 50 Prozent die Frage positiv beantworten, ist die Annahme berechtigt, dass sich die Mitarbeiter unter „bestens" etwas anderes vorstellen. Und wenn die Zustimmung der Kunden hier als das ausschlaggebende Erfolgskriterium definiert ist, wird deutlich, dass der Personalberater seine Definition diesbezüglich überprüfen muss.

Schwieriger wird es bei noch komplexeren Bedingungen, bei denen eine unmittelbare, kausale Beziehung zwischen den Tätigkeiten des Mitarbeiters und einem Messkriterium nicht mehr gegeben ist. Um beim obigen Beispiel zu bleiben: Die Frage, ob sich die Mitarbeiter insgesamt durch die Personalberatung gut aufgehoben fühlen, wäre für eine Erfolgsmessung des einzelnen Personalmitarbeiters nicht zielführend. Zu viele unbekannte Einflussfaktoren können das Ergebnis mitbestimmen und daher sind Rückschlüsse auf die individuelle Mitwirkung daran nicht möglich.

Manchmal ist der Anspruch an die Messbarkeit also zu relativieren.

> Ein Beispiel: Ein Projektleiter bekommt das persönliche Entwicklungsziel, sich gegenüber dem Linienmanagement stärker für die Belange seines Projektes einzusetzen. Ob das Ziel erreicht ist, soll nach acht Monaten festgestellt werden.
>
> Die Beteiligten, Projektleiter (PL) und Projektmanager (PM), vereinbaren dazu, dass der PM über einen Zeitraum von sieben Monaten in mindestens sechs kurzen Stellungnahmen beschreibt, wie er in Besprechungen (Lenkungsausschuss, Bereichsmeetings) vorgegangen ist, um klare Entscheidungen für sein Projekt zu bekommen. Beschrieben werden soll u.a.,
> → wie er die Problemlage dargestellt hat,
> → wie er linieninterne Zielkonflikte, die zu Verzögerungen in seinem Projekt führen, analysiert und Klärungen eingefordert hat,
> → wie er darauf geachtet hat, dass er keine „versteckten" Risiken mit in sein Projekt nimmt, und
> → wie er das Linienmanagement eingebunden und auf verbindliche Zusagen geachtet hat.

> Da sich PM und PL in diesem Zeitraum nicht sehen werden, wird vereinbart, sich nach den Meetings telefonisch über die vier Berichtspunkte auszutauschen und zu prüfen, wie sie in der Besprechung realisiert wurden. Herausgearbeitet werden soll, was gemeinsam als Stärken angesehen wird und wo sich noch Verbesserungsmöglichkeiten in den Durchsetzungsstrategien zeigen.

Unabhängig davon, welche Messkriterien gewählt werden: Halten Sie immer genau fest, woran Sie und Ihr Mitarbeiter feststellen können, ob die Ergebnisse den Ansprüchen entsprechen. Da sich die Beteiligten meistens an verschiedenen Orten aufhalten, ist es besonders notwendig, sich darüber vorab zu verständigen. Jeder Versuch einer Objektivierung hilft, zu einer einvernehmlichen, gemeinsamen Bewertung zu kommen, ob und in welchem Maß das gesetzte Ziel erreicht wurde. Da viele Ergebnisse „vor Ort" erzielt werden, darf dieser Punkt gerade bei einer Führung auf Distanz nicht vernachlässigt werden.

A = „Als ob schon erreicht" und = Attraktiv Ziele formulieren

Allein ein Ziel so zu formulieren, „als ob es schon erreicht sei", wirkt motivierend. „Sie haben neue Kunden für unsere Dienstleistung gewonnen, von denen Sie mindestens 20 unser Angebot so nahegebracht haben, dass sie einen Auftrag platziert haben", hat eine andere Wirkung als die Formulierung: „Ziel ist es, 20 neue Kunden für unsere Dienstleistungen zu gewinnen."

Mit der „Als-ob"-Formulierung wird ein inneres Erfolgsbild (mit dem dazugehörigen, motivierenden Gefühl) über den Endzustand erzeugt. Die zweite Formulierung stellt dagegen die Last in den Vordergrund, was demotivierend wirken kann.

Besonders attraktiv werden anzustrebende Ziele, wenn sich persönliche Bedürfnisse und Ziele mit der Verfolgung von arbeitsbezogenen Zielen verbinden lassen. Ihr Mitarbeiter auf Distanz braucht motivationsfördernde Ziele, da die Motivationsmöglichkeiten im persönlichen Kontakt begrenzt sind. Machen Sie sich deshalb die Mühe, auch über den persönlichen Nutzen zu sprechen, wenn er sein Ziel erreicht. Prüfen Sie, ob Sie beide Ihre Einschätzungen teilen, z.B. mit folgender Formulierung:

„Mit diesem Ziel erreichen wir eine höhere Marktpräsenz unserer Produkte. Darüber hinaus wird sich Ihr persönliches Leistungspotenzial damit sichtbar steigern."

Ziele mit hohem intrinsischen Motivationsanteil haben immer positiven Einfluss auf das Arbeitsverhalten. Da dies aus der Distanz weder beobachtet noch direkt gesteuert werden kann, ist im Zielvereinbarungsprozess auch die persönliche Attraktivität des Ziels zu besprechen. Zum Beispiel wird für einen Ingenieur das Ziel, eine neue Maschinensteuerung zu entwickeln, sehr wahrscheinlich im Einklang mit dem persönlichen Ziel stehen, sich wieder auf den aktuellen Stand der Technik bringen zu können. Die Verfolgung des primären Ziels erfährt dann einen Motivationsschub.

➜ **Praxis**tipp:

Ziele so zu formulieren „als ob sie schon erreicht seien", erleichtert die Benennung der erlangten Zwischenergebnisse (logische Stufen auf dem Weg zum Ziel). Die Möglichkeiten zur Selbstkontrolle und das Erleben von Autonomie und Selbstständigkeit werden so gefördert.

Definierte Zwischenziele geben Ihnen die Möglichkeit, das bereits Erreichte im Rückmeldeprozess angemessen zu würdigen.

R = Realistische Ziele formulieren

Ist das Ziel erreichbar? Ihre Zielvorstellung orientiert sich an den vorhandenen persönlichen Kompetenzen, den Qualifikationen, zugeordneten Befugnissen und verfügbaren Ressourcen Ihres Mitarbeiters. Vergewissern Sie sich jedoch, ob Ihr Mitarbeiter auch selbst die Ziele als erreichbar einschätzt. Sonst wird er sich kaum innerlich dazu verpflichten!

Was nun nicht heißen soll, dass der Schwierigkeitsgrad von Zielen ausschließlich vom Mitarbeiter festgelegt wird. Ziele müssen immer einen fordernden Charakter haben, dürfen den Mitarbeiter aber nicht überfordern.

Wenn hier unterschiedliche Einschätzungen vorliegen, sind zunächst die vermuteten Hindernisse oder Risiken, die sich u. a. aus den örtlichen Besonderheiten ergeben, herauszuarbeiten. Für das eigenständige Risikomanagement des Mitarbeiters ist in der Zielvereinbarung zu regeln, auf welche Maßnahmen er eigenverantwortlich „vor Ort" zurückgreifen, in welchem Rahmen er eigenständig handeln kann. Solche vorab getroffenen Festlegungen wirken wie ein Sicherungsseil beim Bergsteigen. Vielleicht wird es nie gebraucht. Bei Bedarf kann aber sofort danach gegriffen werden.

Viele Mitarbeiter verbuchen ein anspruchsvolles Ziel implizit als Ausdruck des Vertrauens der Führungskraft in ihre Leistungsfähigkeit und Leistungsbereitschaft. Sie sind auf diesem Gebiet sehr feinfühlig. Das darf aber nicht zu einer überhöhten Risikoneigung führen. Gerade in der Distanz kann sich dies als ausgesprochen kontraproduktiv erweisen. Wenn Risiken nicht kommuniziert werden, reduzieren sich Ihre Möglichkeiten, schon im Zielvereinbarungsprozess gegensteuern zu können.

Die Höhe der Zielsetzung hat entscheidenden Einfluss auf die Anstrengungsbereitschaft der Mitarbeiter. Die meisten richten sich in ihrem Leistungsverhalten und vor allem in ihrer Arbeitsorganisation mit einer gewissen Selbstverständlichkeit nach dem Schwierigkeitsgrad der gestellten Aufgaben.

Ein herausforderndes Niveau wirkt positiv auf die Selbstorganisation. Mit Ihrem Anspruch „zwingen" Sie Ihre Mitarbeiter, sich auf zielgerichtete Aktivitäten zu konzentrieren und unsystematische Vorgehensweisen zu reduzieren.

In der lokalen Zusammenarbeit helfen viele Umfeldfaktoren (Kollegen, generelles Arbeitsklima etc.) bei der persönlichen Arbeitsorganisation. Diese Elemente fehlen in der Ferne. Ausreichend hoch gesteckte Ziele können diese unterstützende Funktion teilweise kompensieren.

Für eine realistische Zielfestlegung müssen Sie darauf achten, implizite Annahmen (z. B. von gleichen Rahmenbedingungen) aus dem Weg zu räumen.

Es wird schnell übersehen, dass sich der Mitarbeiter in einem – Ihnen weniger bekannten – Umfeld bewegt, was eine nicht zu unterschätzende Eigendynamik bekommen kann. Nutzen Sie vor einer Zielvereinbarung jede Gelegenheit, diese Wirkkräfte kennen zu lernen. Wenn z. B. zum Erreichen des Ziels eine Unterstützung durch eine andere Organisationseinheit erforderlich ist, kann nicht selbstverständlich davon ausgegangen werden, dass daraufhin getroffene Zusagen auch wirklich eingehalten werden.

Die örtlichen Besonderheiten gehören als fester Bestandteil mit in die Zielvereinbarung. So kann späteren Erklärungen über die „Unmöglichkeit", das Ziel zu erreichen, ein erster Riegel vorgeschoben werden.

→ *Praxis*tipp:

Je mehr kritische Punkte vorab bekannt und benannt sind, desto leichter ist es, bei Rücksprachen entstehende Probleme „medial" zu klären. Die in der Zielvereinbarung besprochenen Annahmen und Risiken erleichtern die Einschätzung der aktuellen Situation.

Im Sinne des Qualitätsmanagements können Sie immer rückblickend prüfen, welche Annahmen sich als unzutreffend erwiesen haben (z. B. Verhalten der Mitbewerber) oder welche örtlichen Einflussfaktoren unzureichend beachtet bzw. falsch eingeschätzt wurden (z. B. aktuelle, lokale Marktentwicklung oder kulturelle Besonderheiten). Sie nutzen damit eine weitere Chance, sich besser über die Arbeitssituation Ihres Mitarbeiters zu erkundigen.

Die Frage, ob die Vorgaben für ein Ziel realistisch sind, hat immer mit der subjektiv wahrgenommenen Realisierbarkeit von Zielen zu tun. Die persönlichen Einschätzungen des Mitarbeiters sind in diesem Zusammenhang ein Zeugnis seiner Selbstwirksamkeitsüberzeugung. Im Austausch darüber entsteht ein „Mehr" an Kontakt und Bindung. Dies wiederum legt den Grundstein für persönliche und offene Rückmeldegespräche bei der späteren Kommunikation über die elektronischen Medien.

T = Terminiert Ziele erreichen

Ziele mit einem klaren und akzeptierten Start- und Endtermin wecken den Ehrgeiz. Persönliches Engagement, Arbeitsgeschwindigkeit und Ausdauer werden gesteigert – über Selbstkontrolle wird festgestellt, um wie viel. Da mit der Terminierung auch Kontrolle seitens der Führung verbunden ist, wird diese Selbstkontrolle als sinnvoll und Nutzen stiftend erlebt.

Natürlich ist bei der Zielvereinbarung immer auch sorgfältig zu prüfen, ob das formulierte Ziel im definierten Zeitraum wirklich zu erreichen ist. Wenn die obigen Bedingungen sauber herausgearbeitet werden, verweist dieser Punkt zumindest noch auf die Notwendigkeit, eine realistische Zeitplanung vorzunehmen.

Legen Sie bei längerfristigen Zielen oder/und komplexeren Zielen auch einen Terminplan für die Rückmeldekontakte fest. So bleiben Sie und Ihre Mitarbeiter im Kontakt und „böse" Überraschungen werden verhindert. Wählen Sie das für Sie und Ihren Mitarbeiter geeignete Medium gemeinsam aus.

4.3.2 Zieldifferenzierung und Zielkonflikte

Bei aller häufig anzutreffenden „Zieleuphorie" sollte nicht vergessen werden, dass es neben Zielen auch einfach nur Aufgaben gibt, die in einer definierten Qualität abzuarbeiten, sprich zu erledigen sind. Statt sich hier in endlosen Zielformulierungen zu verlieren, sollte besonderer Wert auf die präzise Klärung der zu erledigenden Aufgaben und der geforderten Qualitätsansprüche gelegt werden.

→ **Praxis**tipp:
Auch wenn Ihre Mitarbeiter in der Ferne hauptsächlich mit der Bewältigung von Aufgaben beauftragt sind, prüfen Sie, ob Ansatzpunkte für Verbesserungen bestehen. Je nach gegebenen Umständen kann es schon ein sehr anspruchsvolles Ziel sein, sicherzustellen, dass in einem labilen und sich schnell verändernden Umfeld keine Qualitätseinbrüche eintreten.

Neben den fachlichen Zielen (Leistungs- oder Innovationszielen) sind bei einer virtuellen Zusammenarbeit auch die Kooperationsziele von Bedeutung, z. B. das Informations- und Kontaktverhalten zu Ihnen oder zu Kollegen. Bei den persönlichen Entwicklungszielen sollten immer die Medienkompetenz (sowohl Einsatz als auch Nutzung) und die Selbstorganisation Thema sein.

Hat der Mitarbeiter mehrere Ziele und Aufgaben zu verfolgen, muss er auf jeden Fall deren relative Bedeutung zueinander kennen. Sonst gerät er in einen Zielkonflikt und kann – vor allem bei hoher Arbeitsbelastung – die Prioritäten nicht mehr richtig setzen. Vor allem kann er nicht mehr erkennen, wann er eine Unterstützung durch die Führung anfordern muss.

Die in der lokalen Zusammenarbeit gern geäußerte Feststellung, dass alles gleich wichtig ist und natürlich alles erste Priorität hat, ist bei einer virtuellen Zusammenarbeit völlig unangemessen, da die tagtägliche Fein- und Nachjustierung ohne klare Orientierung nicht möglich ist. Im „Linienalltag" werden die letztlich doch vorhandenen Prioritäten über die informelle Kommunikation zur Kenntnis gebracht. Bei der virtuellen Zusammenarbeit steht dieser Weg nicht zur Verfügung.

Schwerpunkte unter Beachtung der aktuellen Relevanz setzen zu können, ist für einen Mitarbeiter besonders dann wichtig, wenn Mehrfachloyalitäten mit unterschiedlichen Zielsetzungen bestehen. Hier ist sicherzustellen, dass der Mitarbeiter nicht zwischen den Zielkonflikten unterschiedlicher Organisationseinheiten „zerrieben" wird.

Klar vereinbarte Eskalationsstrategien sind hier unbedingt erforderlich. Wenn sie nicht beachtet werden, droht die Handlungsohnmacht des Mitarbeiters, was sowohl die Motivation als auch das Erreichen des Ziels in höchstem Maße gefährdet.

Beim Führen über Ziele verlagert sich die Handlungskompetenz auf den ausführenden Mitarbeiter. Sie legen die Rahmenbedingungen fest und innerhalb dieses Rahmens braucht Ihr Mitarbeiter die notwendigen Handlungsfreiheiten (Befugnisse), um seine Ziele in Eigenverantwortung zu erreichen.

Trotzdem dürfen Sie Ihren eigenen Bedarf an Orientierung und Begleitung nicht vernachlässigen. Dazu gehört z. B., dass
- → Ansprüche an die Zusammenarbeit mit der Führungskraft selbst,
- → Ansprüche der Kollegen oder Teammitglieder,
- → Ansprüche an Rückkopplung,
- → Ansprüche an die Kommunikationshäufigkeit sowie
- → definierte Standards (z. B. Berichtsformen oder Prozesse) eingehalten werden.

Über Ziele erreichen Sie „Führungseinflüsse", die Sie, weitab vom Mitarbeiter, sonst nicht erreichen können. Denn ob Ihre Mitarbeiter „am anderen Ort" systematisch und zielgerichtet vorgehen, ob sie sich im Rahmen ihrer Möglichkeiten wirklich anstrengen oder ob sie mit persönlichem Ehrgeiz bei der Sache sind, können Sie nur indirekt über das Arbeitsergebnis einschätzen. Wenn Ihnen Ihr Mitarbeiter am Telefon versichert, dass er „alles gibt", müssen Sie das glauben – ob Sie wollen oder nicht!
Für eine Führung auf Distanz ist es deshalb von unschätzbarem Vorteil, das Führen über Ziele (Zielformulierung und Zielvereinbarung) konsequent umzusetzen. Sonst hören Sie eher Klagen über unrealistische Zielsetzungen, was zeigt, dass die Verpflichtung des Mitarbeiters gegenüber dem Ziel nur formal gegeben ist.
Und für den Fall, dass ein Ziel nicht erreicht werden konnte, lassen sich immer Erklärungen finden. Vor allem sind es dann Erklärungen, die Sie aus der Ferne garantiert nicht überprüfen können.

→ **Praxis**tipp:

Begleiten Sie Ihre Mitarbeiter auf dem Weg zum Ziel

Bieten Sie sich Ihrem Mitarbeiter als Coach an. Ihre virtuelle Führungspräsenz ist Grundlage für eine gute Arbeitsbeziehung.

Auch hier gilt, dass die räumliche Distanz nicht zu einer Vergrößerung der sozialen Distanz führen darf. Pflegen Sie den persönlichen Kontakt auch über die elektronischen Medien.

→ **Arbeitsblatt 18: Praxisreflexion**

Überprüfen Sie die Ziele, die Sie mit Ihren Mitarbeitern in der Ferne schon vereinbart haben, anhand der für eine Führung auf Distanz besonders relevanten Gütekriterien von Zielen.

Ziele	Spezifisch?	Messbar?	„Als ob erreicht"?	Realistisch?	Terminiert?

4.4 Führen über Delegation

Eine ergebnisorientierte Führung ist ohne Delegation nicht denkbar – und auch nicht umsetzbar. Mitarbeiter, die Ziele oder Aufgaben selbstständig erledigen sollen, brauchen angemessene Handlungs- und damit Entscheidungsfreiheit.

Nicht gemeint ist damit die Delegation einzelner Arbeiten im Alltagsgeschäft. Die Umsetzung des Führungsansatzes Management by Delegation bedeutet die dauerhafte Übertragung
- von Aufgaben (besser: Aufgabenpaketen),
- von Befugnissen (Kompetenzen) für die eigenständige Erledigung und
- der Verantwortung für alle Tätigkeiten im Aufgabenbereich.

Eine Führung auf Distanz ist auf diese Form der Delegation angewiesen. Wie sollen Mitarbeiter sonst an ihrem jeweiligen Standort z. B. ihre Kunden kompetent betreuen, wie sollen Mitarbeiter selbstständig Problemstellungen bearbeiten und diese einer Lösung zuführen, ohne darüber entscheiden zu können, welcher Weg der richtige ist? Die Stärke einer virtuellen Zusammenarbeit liegt in der Möglichkeit, den Mitarbeiter genau dort einzusetzen, wo er die größtmögliche Wirkung erzielen kann.

Mitarbeiter im virtuellen Kontext beklagen oft, dass ihr Chef zu selten da und für sie auch nicht greifbar sei. Geht man den Klagen auf den Grund, verweisen sie jedoch in eine andere Richtung. Oft hat der Wunsch, sich noch einmal rückversichern und/oder abstimmen zu können und die Unsicherheit darüber, ob der eingeschlagene Weg weiterbeschritten oder die Lösungsvorstellung nun so umgesetzt werden soll, meistens dieselbe Ursache: Die Mitarbeiter wissen nicht, ob sie es dürfen. Es ist Ihnen nicht klar, was sie selbst entscheiden können und was nicht. Sie haben die Erfahrung gemacht, dass es – wenn sie nicht „das Richtige" tun – im nachhinein Ärger oder Vorwürfe „hagelt". Was folgt, sind frustrierte Mitarbeiter, die sich im wortwörtlichen Sinn ohnmächtig fühlen. Sie wollen aktiv werden, unterlassen es aber aus Unsicherheit.

Die Klärung der Befugnisse liegt in der alleinigen Verantwortung der Führungskraft. Wenn es nicht zur Unternehmenskultur gehört, mehr Entscheidungsbefugnisse einzufordern, bleibt dem Mitarbeiter nur die kleine Lösung: die Klage über die geringe Verfügbarkeit des Chefs.

4.4.1 Warum Delegation nicht so einfach ist

Führungskräfte haben gelernt, ihrer eigenen Leistungsfähigkeit zu vertrauen. Darauf beruht ihre Karriere! Diese bescheinigt ihnen, dass sie mit ihrer Leistung fachlich und persönlich überzeugt haben. Weniger gelernt haben sie, Vertrauen in die Leistungsfähigkeit anderer zu entwickeln. Als sie selbst noch Mitarbeiter waren, haben sie erfahren, dass sie zu den Leistungsträgern gehörten. Und jetzt sollen sie den „Schwächeren" nicht nur wichtige Aktivitäten überlassen, sondern auch noch Entscheidungskompetenzen (Befugnisse) abgeben? Einerseits bleiben sie in der Verantwortung, andererseits soll der Mitarbeiter selbst entscheiden. Wie soll das funktionieren?

→ **Arbeitsblatt 19: Praxisreflexion**

Vielleicht kennen Sie ja folgende Situation: Sie haben einem Mitarbeiter einen recht anspruchsvollen Arbeitsbereich mit einigen Schnittstellen zu anderen Bereichen (also keine Routinetätigkeit) übergeben und ihn mit den nötigen Befugnissen ausgestattet. Für die Bearbeitung wurden (n) Tage veranschlagt. Ihr Mitarbeiter macht sich auf den Weg ...

Frage	ja	nein
Sind Sie innerlich leicht angespannt, wenn sich der Mitarbeiter „auf den Weg macht"?	❏	❏
Stellen sich Sorgen um mögliche Misserfolge und deren Folgen ein?	❏	❏
Beschäftigt Sie die Frage, was der Mitarbeiter wohl machen wird, wenn plötzlich etwas Unvorhergesehenes eintrifft?	❏	❏
Entwickeln Sie schon einen inneren Plan, was zu tun ist, wenn der Mitarbeiter Ihre Erwartungen nicht erfüllt?	❏	❏

Treibt Sie der Gedanke um, wie Sie selbst davon betroffen sind, wenn der Mitarbeiter unglücklich agiert?	☐	☐
Meinen Sie, dass es eigentlich schneller gegangen wäre, wenn Sie die Aufgabe selbst übernommen hätten?	☐	☐
Sind Sie weiter am Thema dran – mit guten Ideen zur Lösung der Aufgabenstellung?	☐	☐

Wenn Sie eine Frage (ehrlich) mit Ja beantwortet haben, dann plagt Sie sicher oft die Ungewissheit und Sie machen sich Sorgen über den Fortgang der Arbeit. Das ist immerhin auch ein Zeichen des „Sich-Kümmerns".

Viele Führungskräfte umgehen oder reduzieren diese Gefühle auf zwei Wegen:
→ Sie lösen das Delegationsproblem dadurch, dass sie statt Befugnissen nur gut überschaubare Aufgaben „delegieren", oder
→ sie delegieren gerne die Verantwortung – ohne die dazugehörigen Befugnisse zu klären.

(Haben Sie selbst schon einmal den Satz gesagt: „Machen Sie mal, ich habe volles Vertrauen zu Ihnen!" Und haben Sie damit gemeint, dass der Mitarbeiter „freie Hand hat", um die Aufgabe zu erledigen? Oder waren Sie sich einfach nur sicher, dass der Mitarbeiter immer dann auf Sie zukommen wird, wenn es etwas zu entscheiden gibt?)

Unabhängig davon, zu welcher Lösung Führungskräfte greifen: Der Grund ist meistens derselbe. Sie möchten weiterhin „alles im Griff" haben. Dieses Bedürfnis seitens der Führungskraft aber wirkt in der virtuellen Zusammenarbeit wie Sand im Getriebe.

Übertragen Sie Ihren Mitarbeitern für ihre Arbeit in der Ferne keine oder unzureichende Entscheidungskompetenzen, können drei verschiedene Problemsituationen daraus folgen:
→ Der Mitarbeiter nimmt sich die Entscheidungsbefugnis selbst und verheimlicht dies. Die Folge für die Führungskraft: Der Mitarbeiter ist nicht mehr steuerbar.
→ Der Mitarbeiter macht notgedrungen weiter. Um späteren Ärger zu vermeiden, orientiert er sich daran, was wohl aus seiner Sicht für die Führungskraft die angemessene Entscheidung und das angemessene Vorgehen sein könnten und handelt danach. Die Folge für die Führungskraft: Ideen der Mitarbeiter, wie in der Situation auch anders vorgegangen werden könnte, gehen verloren.
→ Der Mitarbeiter informiert über den Entscheidungsbedarf und wartet ab. Was immer passiert (die Welt dreht sich weiter!), der Mitarbeiter wird das Geschehen – vielleicht kopfschüttelnd – verfolgen. Mehr aber auch nicht. Die Folge für die Führungskraft: Der Mitarbeiter wird sich für nichts verantwortlich fühlen.

Führungskräften fällt es oft schwer zu delegieren, da sie sich sowohl in der Führungsverantwortung als auch in der Handlungsverantwortung sehen. Wen die Frage umtreibt, „Stehe ich für alles gerade, was meine Mitarbeiter machen und vor allem verschulden?", geht davon aus, dass Verantwortung nicht delegierbar ist.

Rational weiß jeder, dass es einer Führungskraft nicht möglich ist, jede Handlung eines Mitarbeiters zu kontrollieren oder zu steuern; schon gar nicht, wenn der Mitarbeiter aus der Distanz geführt wird.

Wenn aber etwas passiert, dann wird der Führung schnell die Verantwortung zugeschoben. „Der hat seinen Laden nicht im Griff", lautet das pauschale Urteil. Emotional ist die Frage nach der Verantwortung damit grundlegend geklärt.

Meist ist es dieses Empfinden, das mit dazu beiträgt, dass Führungskräfte schwer loslassen können. Oft ist es aber auch das Verständnis darüber, was Führungsverantwortung wirklich bedeutet. Hier hilft die in von Höhn vorgeschlagene Unterscheidung zwischen Führungsverantwortung und Handlungsverantwortung.

4.4.2 Der Delegationsprozess

Führungsverantwortung besteht darin, dass an den Mitarbeiter die Aufgaben (oder Aufgabenpakete) delegiert werden, für die dieser die Voraussetzungen mitbringt.

Konkret bedeutet dies: Die Führungskraft verantwortet,
- dass sie dem Mitarbeiter die Ziele/Aufgabe(n) überträgt, für die er optimal qualifiziert ist;
- dass sie den Mitarbeiter mit den erforderlichen Befugnissen ausstattet – unter Berücksichtigung seiner Fertigkeiten/Fähigkeiten und indem vorausgesetzt wird, dass er qualifizierte Entscheidungen treffen kann und will;
- dass sie sich vergewissert, ob der Mitarbeiter bereit ist, die Handlungsverantwortung für das gesamte Paket (Ziele/Aufgaben und Befugnisse) zu übernehmen.

Schon die räumliche Entfernung bringt das Thema Delegation zwingend auf den Führungstisch. Sich mit jedem Mitarbeiter über die elektronischen Medien darüber auszutauschen, was dieser jetzt wie und wo unternimmt bzw. unternehmen soll, scheitert alleine schon an der zeitlichen Verfügbarkeit der Beteiligten.

Um Mitarbeiter im virtuellen Arbeitskontext entscheidungs- und damit wirklich handlungsfähig „zu machen" (Handlungsverantwortung), ist für die Führungskraft auf Distanz entscheidend, dass sie erfolgreich delegieren kann.

→ ZUR GESTALTUNG DES DELEGATIONSPROZESSES IST DAS KLÄRUNGSGESPRÄCH IN DIALOGISCHER FORM DAS MITTEL DER WAHL.

Wir wählen hier sehr bewusst den Begriff des Dialoges – in Abgrenzung zur Diskussion. In der Diskussion werden in der Regel Argumente ausgetauscht, wechselseitig aufgeschlagen und verglichen. Zum Schluss gibt es immer Gewinner und Verlierer. Im

Dialog – und das ist das Wesentliche – gibt es Raum und Zeit für eine konstruktive Auseinandersetzung und Betrachtung der zu klärenden Themen. Sichtweisen und deren Bewertung werden differenziert besprochen. Denn nicht die Umstände sind handlungsleitend, sondern deren individuelle Betrachtung und Bewertung. Vertrauen entsteht durch Zutrauen – und in einem solchen Dialog geht es auch darum, herauszuarbeiten, wie viel Zutrauen zwischen Führungskraft und Mitarbeiter aufgebaut und vermittelt werden kann.

→ DIALOG BEDEUTET: GEMEINSAM DENKEN UND GEMEINSAM EINE PERSPEKTIVE ENTWICKELN. IM DIALOG ENTSTEHT IMMER ETWAS NEUES.

Die folgenden Schritte eines Delegationsgespräches beschreiben einen möglichen Ablauf. Wie tief und umfangreich die einzelnen Themen zu beleuchten sind, hängt selbstverständlich davon ab, welche gemeinsamen Erfahrungen bereits vorliegen und welches Vertrauen dadurch schon entstanden ist. Je nach Umfang der Themen kann es also durchaus auch notwendig sein, mehrere Gespräche zu führen.

Erster Schritt: Intensiver Austausch über die angestrebte Zusammenarbeit

Hier klären Sie den Anspruch an eine gute, partizipative Zusammenarbeit auf Distanz. Es geht darum, sich über die Vorstellungen und Erwartungen, die Sie und Ihr Mitarbeiter von einer guten Zusammenarbeit haben, auszutauschen. Dazu gehört nicht nur die zur Erledigung der Arbeit erforderliche Kommunikation, Koordination und Kooperation mit Ihnen und den Kollegen. Auch die persönliche Kontaktpflege sollte thematisiert werden.

Zweiter Schritt: Besprechung der Aufgaben und der damit verbundenen Befugnisse

Besprechen Sie mit Ihrem Mitarbeiter, was die Aufgaben alles beinhalten, welche Ziele angestrebt werden, wie die Ergebnisse auszusehen haben (einschließlich der Qualitätsvorgaben), welche Abweichungen tolerierbar und welche Befugnisse damit verbunden sind.

Klären Sie u.a. folgende Rechte: Entscheidungsrecht (Umfang und Grenzen), Vergaberecht (Auftragsvergabe an andere), Verfügungsrecht (über zusätzliche Ressourcen) und Informationsrecht (Zugangsberechtigungen). Darüber hinaus ist die Einbettung der Aufgaben und Ziele in die übergreifenden Ziele (Gruppen-, Abteilungs- und Unternehmensziele) zu besprechen und deren Nutzen zu bewerten.

Dritter Schritt: Austausch über die Wahrnehmungen zur Qualifikation (Fachkompetenzen)

Nachdem die Aufgabenstellung besprochen und die damit verbundenen Befugnisse geklärt wurden, geht es um die bestehenden Wahrnehmungen und Einschätzungen zum Leistungsvermögen (Fertigkeiten, Fähigkeiten und Potenzial) des Mitarbeiters. Klären Sie, wie sich der Mitarbeiter sieht, welches Bild Sie selbst von ihm haben und wie sich die beiden Bilder begründen. Übereinstimmungen und Unterschiede werden herausgearbeitet und eventuell zudem noch notwendige Qualifizierungen festgeschrieben.

Vierter Schritt: Festlegung der Befugnisse und Klärung der damit verbundenen Verantwortung

Klären Sie, welche Befugnisse gegeben werden können und welche, auf Grund fehlender Qualifikation, noch zurückzustellen sind. Erwartete Schwierigkeiten und Risiken werden analysiert und bewertet. Besprechen Sie auch, wie auf Grenzverletzungen reagiert werden soll (Einmischung des Vorgesetzten, Eindruck der Rückdelegation). Die Verantwortlichkeiten werden festgestellt und vereinbart.

Fünfter Schritt: Intensiver Austausch über den wechselseitigen Bedarf an Information, Unterstützung und Kontrolle

Es geht um die Vorstellung, wie der Arbeitsprozess begleitet werden soll. Klären Sie mit dem Mitarbeiter, wie er sich bei Bedarf Unterstützung holen kann und welche Informationen Sie selbst über das Geschehen vor Ort brauchen. Informations- und Kontaktwege werden abgestimmt. Gemeinsam festgelegt wird auch die Art der Kontrolle (Durchführung und/oder Ergebnis) sowie die Kontrollgenauigkeit und -häufigkeit. Klären Sie auch, wie Sie von Ihrem Mitarbeiter ein Leistungsbild erhalten können. Tauschen Sie sich darüber aus, wie ihre jeweiligen, auch die ganz persönlichen, Belange und Bedürfnisse im virtuellen Kontakt Berücksichtigung finden können.

➜ *Praxis*tipp:

Delegieren auf Distanz ist ein sich entwickelnder Prozess, in dem Zutrauen und Vertrauen wachsen können. Mit der Umsetzung der fünf hier vorgestellten Schritte werden Sie sich eine Basis schaffen, die Ihnen erlaubt, Ihren Mitarbeitern Handlungsverantwortung zu übergeben und selbst in der Führungsverantwortung zu bleiben.

➜ **Arbeitsblatt 20: Praxisreflexion**

Wo sehen Sie den Nutzen der einzelnen Schritte zur Förderung einer stabilen Arbeitsbeziehung über die Distanz?

Schritte im Delegationsprozess	Generierter Nutzen
Intensiver Austausch über die angestrebte virtuelle Zusammenarbeit	
Besprechung der Aufgaben und der damit verbundenen Befugnisse	

Austausch über die Wahrnehmungen zur Qualifikation	
Festlegung der Befugnisse und Klärung der damit verbundenen Verantwortung	
Austausch über den wechselseitigen Bedarf an Information, Unterstützung und Kontrolle	

4.5 Mitarbeitergespräche führen

Der Begriff Mitarbeitergespräch betitelt das meist jährlich stattfindende Gespräch zwischen Führungskraft und Mitarbeiter. Es ist das Gespräch, in dem rückblickend Bilanz gezogen wird und vorwärtsschauend die weiteren Perspektiven besprochen werden. Es geht also nicht um die Gespräche, die Sie als Führungskraft mit Ihren Mitarbeitern bei der Bewältigung der alltäglichen Arbeit führen.

Dieses Führungsinstrument ist in jedem Unternehmen weitgehend Standard. Deshalb wird es im Folgenden nur in Bezug auf das Thema „Führung im virtuellen Kontext" behandelt.

4.5.1 Das Mitarbeitergespräch bei unterschiedlichen Ausgangssituationen

Grundsätzlich lassen sich drei verschiedene Gesprächssituationen unterscheiden:
- das Mitarbeitergespräch mit „eigenen" Mitarbeitern
- das Mitarbeitergespräch mit „entsandten" Mitarbeitern
- das Mitarbeitergespräch mit „fremden" Mitarbeitern

Mitarbeitergespräch mit „eigenen" Mitarbeitern

Gerade wenn Sie sich selten sehen, ist das Mitarbeitergespräch die Gelegenheit, sich Zeit füreinander zu nehmen. Grundsätzlich sollten diese Gespräche trotz des höheren Aufwands in einem Präsenztreffen geführt werden.

Die Leistungsbeurteilung erfolgt auf der Grundlage der zu Beginn getroffenen Vereinbarungen über Ziele, Aufgaben und erwartete Ergebnisse. Da die Leistungen in einem Umfeld erbracht wurden, das Sie weniger kennen und nicht wirklich erlebt haben, sind die äußeren Einflussfaktoren auf die Ergebnisse und die Leistungen auf dem Weg dorthin immer mit zu würdigen. Sonst wird sich Ihr Mitarbeiter überlegen, ob Sie überhaupt wissen, wovon Sie reden. Zu prüfen ist, ob die vorab getroffenen Annahmen über die vorhandenen Qualifikationen (Eigenschaften, Fähigkeiten und Kenntnisse) für die Arbeit in der Ferne auch zutreffend waren.

→ *Praxis*tipp:

Beachten Sie die Tendenz, Leistungen schlechter zu beurteilen, wenn das Arbeitsverhalten nicht direkt beobachtbar ist.

Was Ihre Beurteilung betrifft, darf es keine Überraschungen geben. Im Mitarbeitergespräch geht es darum, das entstandene Gesamtbild zu vermitteln, das sich aus den Kontakten im virtuellen Arbeitsalltag entwickelt hat. Nicht ohne Grund haben wir wiederholt auf die Wichtigkeit einer möglichst häufigen, situativen Rückmeldung hingewiesen. Damit sind alle relevanten Informationen bereits bekannt. Auf Grundlage der erfolgten Rückmeldegespräche muss Ihr Leistungsbild für den Mitarbeiter nachvollziehbar sein – gerade weil Sie sich wohl nur selten direkt „vor Ort" ein Bild machen konnten. Besprechen Sie darauf aufbauend die Entwicklungspotenziale und tragen so dem Förderaspekt Rechnung.

Das Mitarbeitergespräch dient auch der Pflege der Beziehung. Vor allem, wenn Sie zusammen noch einiges vorhaben, sollten Sie es ernst nehmen und nicht unter Zeitdruck durchführen. Viele Randgeschichten, eine etwas differenziertere Nachbetrachtung von kritischen Situationen und auch längerfristige Einschätzungen der weiteren Entwicklung bleiben bei den Kontakten im Tagesgeschäft oft auf der Strecke. Auch manches Verhalten konnte aus der Ferne nicht immer wirklich nachvollzogen werden. Im persönlichen Austausch kann jetzt den noch offenen Fragen nachgegangen werden. Oder anders gesagt: Noch offene Gestalten können geschlossen werden. Mehr Informationen aus dem handlungsleitenden Umfeld und deren Einordnung in das Gesamtgeschehen erhöhen das Verständnis füreinander. Damit ist auch gesagt, dass das Mitarbeitergespräch keine Einbahnstraße ist.

→ *Praxis*tipp:

Nutzen Sie das Mitarbeitergespräch also auch zur Kontakt- und Beziehungspflege. Es sollte nicht so ablaufen, dass Sie Ihre Bewertungen verkünden und Ihr Mitarbeiter das Ergebnis in stoischer Ruhe zur Kenntnis nimmt.

Das für den virtuellen Alltag sehr entscheidende Sozialverhalten in der Zusammenarbeit ist ein weiterer, wichtiger Schwerpunkt in diesem Gespräch.

Wie hat sich Ihr Mitarbeiter bei Kontaktaufnahmen und -initiativen eingebracht? Wie war sein Engagement zur Pflege des Informations- und Kommunikationsflusses? Was war sein Beitrag zur Förderung der Beziehungen der virtuellen Kollegen untereinander? Die Sozialkompetenzen sind das Schmieröl im Getriebe der virtuellen Zusammenarbeit. Und wenn dies gut läuft, kann der Beitrag dazu durchaus noch einmal von Ihnen dick unterstrichen werden.

Wichtig sind auch die Themen zur Selbstorganisation vor Ort und der Umgang mit den Medien. Ihre subjektive Einschätzung darüber muss ebenfalls für den Mitarbeiter nachvollziehbar sein. Natürlich sind auch bemerkte Entwicklungen oder Veränderungen mit einzubeziehen.

→ *Praxis*tipp:

Sprechen Sie mit Ihrem Mitarbeiter auch über seine Zufriedenheit am virtuellen Arbeitsplatz. Vielleicht können Sie noch etwas tun, damit er sich besser eingebunden fühlt – sowohl in Ihrem eigenen Verantwortungsbereich als auch im Unternehmen.

Sprechen Sie alle Themen unabhängig von Beanstandungen an. Nur so erhalten Sie und Ihr Mitarbeiter ein Gesamtbild über die gemeinsame Zusammenarbeit und nur so gelingt eine differenzierte Würdigung der Gesamtleistung des Mitarbeiters vor Ort.

Auf der Grundlage der Ergebnisse richtet sich der Blick dann natürlich nach vorne.
- → Wie wird die zukünftige Arbeitssituation aussehen?
- → Ändern sich die Aufgabenstellungen? Gibt es neue Schwerpunkte?
- → Stimmen die erteilten Befugnisse noch?
- → Was kann und soll beibehalten werden?
- → Was muss sich wie ändern und welche qualifizierenden Maßnahmen können hier unterstützen?
- → Wie sollen die Fortschritte in der Entwicklung beobachtet und kommuniziert werden?
- → Gibt es Vorstellungen zur beruflichen Perspektive?

Mitarbeitergespräch mit „entsandten" Mitarbeitern

Wenn Ihr Mitarbeiter viel mit anderen zusammengearbeitet hat, dann sollten Sie sich vorab von dort die relevanten Informationen zukommen lassen. Wir empfehlen in diesem Fall aber mit Nachdruck, dass sich der Mitarbeiter diese Informationen selbst abholt, also auch mit seinen „Zweitchefs" – in Vorbereitung zum Gespräch mit Ihnen – spricht. Hilfreich ist es, wenn die Aussagen schriftlich vorliegen.

Von der Praxis, sich Beurteilungen von außen direkt zukommen zu lassen und diese dann in die eigene Bewertung mit einzubauen, raten wir dringend ab. Ein solches Vorgehen hat nichts mit Partizipation zu tun.

Diskrepanzen zwischen eigener und Fremdbewertung bringen immer neue Erkenntnisse. Stimmt das externe Bild nicht mit dem eigenen Bild über den Mitarbeiter überein, können Sie mit Ihrem Mitarbeiter gemeinsam herausarbeiten, wie diese verschiedenen Bilder über eine Person entstehen können. Richten Sie Ihre Aufmerksamkeit darauf, ob die Diskrepanzen
- → sich tatsächlich aus einem unterschiedlichem Arbeitsverhalten erklären lassen,

- → eher das Ergebnis unterschiedlich gelungener Arbeitsbeziehungen sind,
- → auf Schwierigkeiten hinweisen, bei denen es vielleicht hilfreich gewesen wäre, wenn sich Ihr Mitarbeiter frühzeitiger an Sie gewandt hätte,
- → sich aus der besonderen Situation erklären. Konnte Ihr Mitarbeiter hier sein ganzes Potenzial in die Waagschale werfen? Erfahren Sie also über Dritte von Fähigkeiten Ihres Mitarbeiters, die im Rahmen Ihrer Zusammenarbeit (noch) nicht zur Geltung kamen?

Beurteilungen sind immer sehr subjektiv. Es wäre und ist müßig, sie als reinen Fakt zu betrachten. Wie gesagt: Viel spannender ist es, die Diskrepanzen zu beleuchten. Im Gespräch darüber erfahren Sie mehr über Ihren Mitarbeiter als aus Checklisten mit definierten Beurteilungskategorien. Hinzu kommt, dass eine externe Beurteilung meist auf einem anderen Werte- und Normensystem aufbaut und eine 1:1-Übernahme sich schon deshalb ausschließt.

Mitarbeitergespräch mit „fremden" Mitarbeitern

In der virtuellen Zusammenarbeit ist es für viele Alltag, mit Mitarbeitern zu arbeiten, die – personalverantwortlich gesehen – woanders „angebunden" sind. Natürlich wird dann der direkte Vorgesetzte das Mitarbeitergespräch führen. Personalverantwortung ist nicht teilbar.

Sie sind hier in der Rolle des „Externen", und sollten – wie oben schon erwähnt – dem Mitarbeiter Ihre Bilanz mitgeben. Viele der oben bereits ausgeführten Punkte treffen deshalb auch hier zu.

Besonders hervorzuheben sind noch folgende Aspekte:
- → Gerade wenn Ihnen der Mitarbeiter nicht zu 100 Prozent zur Verfügung steht, ist zu besprechen, inwieweit andere Ziele oder Aufgaben die erbrachten Leistungen, die kommunikative Präsenz und die aktive Teilnahme an der Kooperation im Team selbst mitbeeinflusst haben.
- → Viele Mitarbeiter „packen" Ressourcenengpässe auf ihre eigene Schulter. Das zeugt zwar von hochgradigem Engagement – manchmal ist aber auch eine Portion Überschätzung dabei. Wenn sich darin Defizite (z. B. Unzuverlässigkeit, fehlende Teampräsenz) begründen, ist zu klären, was den Mitarbeiter daran gehindert hat, sich Unterstützung von Ihnen zu holen. Allerdings müssen Sie sich auch selbst fragen, ob Sie alles getan haben, den Zielkonflikt vorab zu entschärfen.
- → Selbst wenn Ihnen der Mitarbeiter zu 100 Prozent „überlassen" wurde, sollten Sie bedenken, dass Mitarbeiter, die an ihrem Heimatplatz für Sie arbeiten, nie zu 100 Prozent verfügbar sind. Da gibt es vielleicht noch Altlasten, die Kapazitäten abziehen, da sind Kollegen, die sich immer wieder einen Rat (und kleinere Zuarbeiten) holen, da ist der andere (eigentliche) Chef, der ganz dringend etwas benötigt und davon überzeugt ist, dass sein Anliegen schon noch in die 100 Prozent passt.

In Ihrer Bilanz sollte immer auch berücksichtigt werden, wie Ihr „externer Mitarbeiter" in Ihr Team kam. „Mitarbeiterversendende Abteilungen" haben aus nachvollziehbaren Gründen vorrangig ihre eigenen Ziele auf ihrer Agenda.

Abgegeben wird gern, wer abkömmlich erscheint. Nicht immer ist der ausgewählte Mitarbeiter der Spezialist für die angefragten Leistungen.

→ *Praxis*tipp:

Achten Sie immer darauf, dass der Linienvorgesetzte Ihnen die Leistungserbringung zusagt. Er ist und bleibt dafür verantwortlich, dass der von ihm ernannte Mitarbeiter auch in der Lage ist, die Leistung zu erbringen, die Sie benötigen.

4.5.2 Zum Entwicklungsaspekt im Mitarbeitergespräch

Kommen wir zum Schluss noch zum Thema berufliche Entwicklung. Eine kleine Geschichte dazu vorab:

> Ein junger, ehrgeiziger Mitarbeiter vertrat die Belange seiner Firma in den verschiedensten Gremien und Verbänden. Seine Führungskraft war stolz auf ihn. Er leistete wirklich gute Arbeit.
>
> Irgendwann stellte der junge Mann plötzlich fest, dass viele seiner Kollegen, die mit ihm oder sogar nach ihm in der Firma angefangen hatten, Positionen einnahmen, von denen er auch immer geträumt hatte. Sein Resümee lautete sehr ernüchternd: „Wissen Sie, ich habe jetzt erkannt, dass es Leute gibt, die arbeiten, und andere Leute, die Karriere machen. Ich habe leider (zu) lange Zeit zur ersten Gruppe gehört."
>
> Was war passiert? Natürlich hatte ihn die Arbeit selbst fasziniert. Er war tagtäglich ausgelastet, nutzte jede Verbindung, jeden Kontakt und jede Konferenz, um „seine" Firma angemessen repräsentiert zu wissen. Der Job war zwar aufreibend, aber spannend – und seine Erfolge bestätigten ihn immens. Hinzu kam noch das uneingeschränkte Lob seines Vorgesetzten, der sich an diesem Platz keinen anderen Mitarbeiter wünschen konnte.
>
> Bei all diesen Aktivitäten hatte er aber das Geschehen innerhalb der Firma vollkommen ausgeblendet. Er hatte keine einzige Stellenausschreibung gelesen, war auch nicht eingebunden in den Flurfunk. Wenn er in der Firma war, blieb keine Zeit für informelle Pausengespräche. Sein Terminkalender war überfüllt mit offiziellen Meetings.
>
> Die Folge seines gegenüber der Personalpolitik unachtsamen Verhaltens war, dass bei Beförderungen nicht an ihn gedacht wurde.

Als Führungskraft auf Distanz gehört es zu Ihrer Fürsorgepflicht, dass Sie nicht nur die fachliche Entwicklung Ihrer virtuellen Mitarbeiter im Blick behalten. Mitarbeiter im Hause kümmern sich automatisch selbst um ihre Chancen und Möglichkeiten. In den Mittagsgesprächen werden Gerüchte über Umstrukturierungen, personelle Veränderungen etc, ausgetauscht. Wenn sich diese konkretisieren, stehen sie am Spielfeld und machen ihre Ansprüche geltend. Diese Chance hat Ihr virtueller Mitarbeiter nicht.

→ *Praxis*tipp:

Wirken Sie für die berufliche Entwicklung Ihrer Mitarbeiter als Bindeglied zum Unternehmen und halten Sie Ihre Mitarbeiter auf dem Laufenden. Auch wenn es manchmal selbst wehtut!

Gut geeignet dafür sind die Gespräche in den „Sozialzeiten" – am besten natürlich, wenn man sich persönlich trifft. Schwieriger, aber mit Willen trotzdem machbar, gestaltet sich dieser Informationsaustausch, wenn er über elektronische Medien gehen muss. Warum nicht den Punkt „Neues vom Veränderungs- und Personalkarussell" mit auf die Agenda der Telefon- oder Videokonferenz nehmen?

→ **Arbeitsblatt 21: Praxisreflexion**

Die Unterstützung von eigenen Mitarbeitern „in der Ferne" als auch „fremden" Mitarbeitern, die Ihnen zuarbeiten, bedarf erhöhter Wachsamkeit. Diskutieren Sie mit Ihren Führungskollegen, die mit einer vergleichbaren Führungsproblematik konfrontiert sind, welche organisationalen Vereinbarungen auf der Führungsebene dafür hilfreich sein können.

Vereinbarungen für die eigenen Mitarbeiter in der Ferne	Vereinbarungen mit Linienvorgesetzten für die Unterstützung von „fremden" Mitarbeitern

4.6 Motivieren auf Distanz

Wer nach der Motivation eines Menschen fragt, will wissen, wozu eine bestimmte Handlung erbracht bzw. ein bestimmtes Verhalten an den Tag gelegt wird. Wichtig ist neben der Handlungsfähigkeit an sich auch die Motivation, also der Wille zum erfolgreichen Handeln. Im beruflichen Umfeld stellt sich die Motivationsfrage in der Regel als Frage nach der Arbeits- und Leistungsmotivation.

Jede Führungskraft wünscht sich, dass ihre Mitarbeiter in der Ferne die Aufgaben bestens und höchst motiviert erfüllen und so die Ziele erreichen. Dies ist bekanntermaßen nicht immer der Fall! Ihre Mitarbeiter richten sich und ihr Verhalten zielgerichtet nach ihren eigenen persönlichen Bedürfnissen, Wünschen und Zielen aus.

Stimmen die Interessen des Mitarbeiters nicht mit den Zielen der Organisation überein oder widersprechen sich womöglich, entsteht ein Motivationskonflikt. Als Konsequenz wird der Mitarbeiter sich vermehrt seinen persönlichen Anliegen zuwenden.

Als Führungskraft haben Sie den Auftrag, die Erwartungen und Ziele Ihrer Mitarbeiter und die des Unternehmens konstruktiv zu verbinden. Seien Sie sich bewusst, dass Ihre Mitarbeiter immer selbst entscheiden, welche Ziele und Anreize für sie motivierend sind.

Ihnen fällt die Aufgabe zu, für Rahmenbedingungen zu sorgen, durch die Ihre Mitarbeiter in die Lage kommen, ihre Ziele mit Ausdauer, hohem Engagement und persönlicher Zufriedenheit zu verfolgen.

Dabei ist es sinnvoll, sowohl die intrinsische als auch die extrinsische Motivation zu berücksichtigen.

In Bezug auf die intrinsische Motivation stellen sich z. B. folgende Fragen:
→ Sind die Ziele auch unabhängig von externen Anreizen für den Ausführenden attraktiv?
→ Werden die zur Zielerreichung erforderlichen Tätigkeiten an sich als befriedigend und motivierend erlebt?

Auch das persönliche Erfolgserlebnis, einen selbst gesetzten Gütemaßstab erreicht zu haben, und das Erleben von Selbstwirksamkeit gehören zur intrinsischen Motivation.

Die extrinsische Motivation hingegen wirft andere Fragen auf, die lauten können:
→ Sind Anreize, wie z. B. Beförderung oder Gratifikation, aber auch Anerkennung durch andere, als „Belohnung" attraktiv genug, um die Aufgabe zu erfüllen?
→ Hat die Sicherung des eigenen Arbeitsplatzes eine motivierende Funktion?

Um auf Dauer die beruflichen Anforderungen motiviert zu bewältigen, braucht es immer das Zusammenspiel von intrinsischer und extrinsischer Motivation.

→ **Arbeitsblatt 22: Praxisreflexion**

Welche Anteile Ihrer Arbeit motivieren Ihre virtuellen Mitarbeiter intrinsisch und welche extrinsisch?

Intrinsisch motivierend	Extrinsisch motivierend

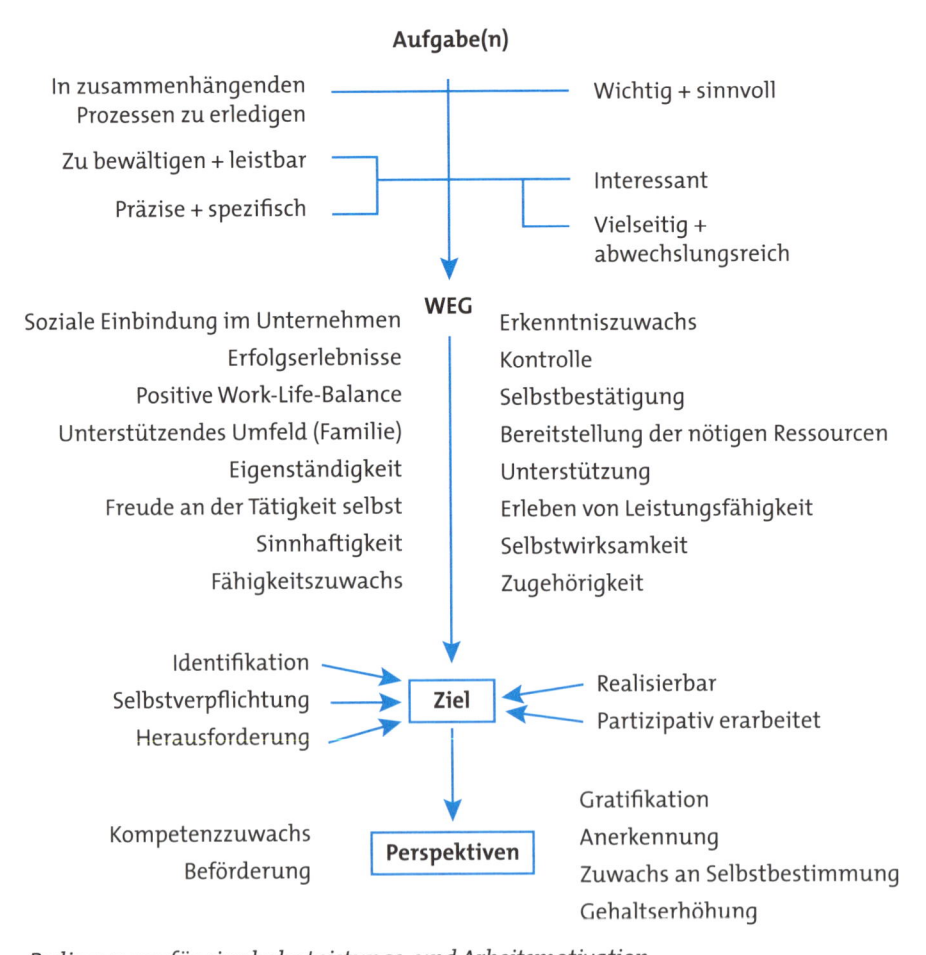

Aufgabe(n)

In zusammenhängenden Prozessen zu erledigen — Wichtig + sinnvoll

Zu bewältigen + leistbar — Interessant

Präzise + spezifisch — Vielseitig + abwechslungsreich

WEG

Soziale Einbindung im Unternehmen — Erkenntniszuwachs
Erfolgserlebnisse — Kontrolle
Positive Work-Life-Balance — Selbstbestätigung
Unterstützendes Umfeld (Familie) — Bereitstellung der nötigen Ressourcen
Eigenständigkeit — Unterstützung
Freude an der Tätigkeit selbst — Erleben von Leistungsfähigkeit
Sinnhaftigkeit — Selbstwirksamkeit
Fähigkeitszuwachs — Zugehörigkeit

Identifikation → **Ziel** ← Realisierbar
Selbstverpflichtung → ← Partizipativ erarbeitet
Herausforderung →

Kompetenzzuwachs — **Perspektiven** — Gratifikation
Beförderung — Anerkennung
— Zuwachs an Selbstbestimmung
— Gehaltserhöhung

Bedingungen für eine hohe Leistungs- und Arbeitsmotivation

Die Abbildung auf der vorigen Seite zeigt wichtige intrinsische und extrinsische Motivatoren, die bei der Aufgabenerfüllung auf dem Weg zum Ziel die Leistungsbereitschaft fördern und steigern.

Ihr Vorhandensein bzw. Nichtvorhandensein wird von Ihren Mitarbeitern eingeschätzt und führt zu der inneren Entscheidung, wie viel Aufwand, Sorgfalt und Einsatz in die Aufgabenerfüllung investiert wird.

Bei der eigenen Motivation fällt die Gewichtung der einzelnen Faktoren von Person zu Person sehr verschieden aus – das hängt oft von Aufgabenstellung und Ziel ab. So kann eine langweilige und anstrengende Routinearbeit durchaus motiviert erledigt werden, wenn z. B. eine hohe Identifikation mit dem Ziel besteht, man sich der Anerkennung des Chefs sicher ist oder bald ein Urlaub winkt. Sie kann ebenso in einer bestimmten Situation temporär durchaus attraktiv erscheinen – und wird als willkommene Abwechslung empfunden, z. B. nach Beendigung eines komplizierten Projektes; dann ist der Mitarbeiter froh, auf diese Weise wieder den Kopf frei zu bekommen. Genauso kann eine als spannend und herausfordernd erlebte Aufgabe frustriert angegangen werden, wenn sich der Mitarbeiter von seinem Chef in seinem Engagement nicht wahrgenommen fühlt.

4.6.1 Motivieren durch Führen

Schon bei einer räumlich nicht getrennten Zusammenarbeit ist es für Führungskräfte oft schwer zu erkennen, was ihre Mitarbeiter motiviert – und entsprechende Anreize zu schaffen.

Auf Distanz individuell Mitarbeiter zu motivieren, ist eine noch größere Herausforderung.

→ *Praxis*tipp:

Nutzen Sie Zielvereinbarungsgespräche, Delegationsgespräche und Mitarbeitergespräche, um mit den Mitarbeitern zu besprechen, was sie motiviert. Nehmen Sie die in vorseitiger Abbildung genannten Motivationsfaktoren als Anregung in die Gespräche mit. Sie können Ihnen helfen, vorhandene Motivationsdefizite aufzuspüren.

Bedenken Sie, Ihre Mitarbeiter werden sich vor allen Dingen dann für die bestehenden Ziele einsetzen, wenn es sich für sie auch persönlich lohnt.

Ihr Interesse an den Bedürfnissen und Erwartungen Ihrer Mitarbeiter ist ein wesentlicher Baustein für eine gute Arbeitsbeziehung im virtuellen Kontext. Diese ist schon für sich selbst genommen recht wichtig, hat aber darüber hinaus auch noch einen großen Einfluss auf die positive Arbeitseinstellung, Selbstverpflichtung und die Leistungshöhe Ihrer Mitarbeiter. Von einer guten Beziehung sind auch Sie abhängig, denn Sie wollen ja Einfluss nehmen. Mitarbeiter klagen selten eine Verbesserung der

Beziehung zu Ihren Vorgesetzten ein. Stattdessen wenden sie sich ihren eigenen Interessen zu und reduzieren den persönlichen Kontakt zu Ihnen.

> Ein Beispiel für eine aus unserer Sicht sehr gelungene motivierende Beziehungspflege lieferte uns ein Abteilungsleiter. Um sich für die Belastungen zu bedanken, die auch im privaten Bereich aufgefangen werden mussten, suchte er nach einem ungewöhnlich anstrengenden, gemeinsam erfolgreich abgeschlossenen Jahr jeden Mitarbeiter persönlich auf und lud ihn samt Ehepartner abends zu einem kleinen Festessen ein.

Ihre Mitarbeiter sind durchaus bereit, Durststrecken durchzuhalten, Anstrengung in Kauf zu nehmen, vielleicht auch persönliche Ziele zurückzustellen, wenn die Beziehung zwischen Ihnen stimmt und im Rahmen einer partizipativen Zusammenarbeit gemeinsam Ziele erreicht werden wollen.

> Wie demotivierend und reich an negativen Konsequenzen eine nicht gemeinsam erarbeitete und getragene Maßnahme sein kann, zeigt das nachfolgende Beispiel:
>
> In einem Schadenaußendienst ließ das Management eine Anwendung entwickeln, die alle Anfragen für den Folgetag dahingehend optimierte, dass jedem Mitarbeiter morgens ein detaillierter Einsatzplan (Fahrtstrecke, zeitlich getaktete Kundentermine etc.) zugeschickt werden konnte. Wer den Plan einhielt, sollte mit einer zusätzlichen Bonifikation belohnt werden.
>
> Die Mitarbeiter vor Ort fühlten sich dadurch jedoch vehement in ihren Entscheidungsspielräumen eingeengt. Ein lautstarker Protest entstand bei ihnen, der sich gegen den Umstand richtete, dass die Planung in keiner Weise mehr ihr spezifisches Wissen über die örtlichen Besonderheiten berücksichtigte. Das waren z. B. Kenntnisse darüber, bei welchen Kunden die Schadenregulierung besser am Morgen erfolgte oder wo mehr Zeit für eine beiderseits akzeptable Schadenregulierung investiert werden musste. Die neue Anwendung bestimmte den erforderlichen Zeitaufwand für die Regulierung dagegen ausschließlich nach dem angegebenen Schaden.
>
> Seit dem Tag der Einführung wurden daher die Regulierungen einfach nur noch abgewickelt, treu nach dem Motto: „Egal was es kostet, Hauptsache der Plan wird eingehalten." Wenn sich zeitliche Verzögerungen ergaben (gute Gründe gab es immer), wurde die Zentrale veranlasst, direkt nachfolgende Termine zu stornieren. Eine mögliche zeitliche Flexibilität beim Kunden wurde erst gar nicht geprüft.

> Nach drei Monaten lagen die ersten Zahlen vor. Daraus ging sowohl eine nicht unwesentliche Kostensteigerung bei der Schadenregulierung als auch eine geringere Besuchsfrequenz pro Tag hervor. Durch diese Zahlen aufgeschreckt, wurde genauer nach den Ursachen geforscht. Das Ergebnis war, dass man die teuer entwickelte Anwendung einstampfen ließ und den Mitarbeitern ihre alte Planungshoheit wieder einräumte.

Zur Setzung von Motivationsanreizen ist es sinnvoll, auch die Zeitdimension mit einzubeziehen. Kurzfristig kann schon einfach Freude an der jeweiligen Tätigkeit selbst oder die Aussicht auf den Feierabend anspornend wirken, mittelfristig das absehbare Erfolgserlebnis über einen erledigten Auftrag, langfristig die Sinnhaftigkeit der eigenen Arbeit, eine erhoffte Gratifikation oder öffentliche Anerkennung.

Gerade bei der kurzfristigen Motivation sind die Unterschiede zwischen einem virtuellen Arbeitsplatz und dem vor Ort besonders hoch. Mitarbeitern, die mit ihren Kollegen und ihrer Führungskraft räumlich zusammenarbeiten, bieten sich aus der alltäglichen Arbeitssituation heraus viele Motivationshilfen an, die den Außendienstmitarbeitern nicht zur Verfügung stehen. Steigt ihr Stress, können sie bei Kollegen mal kurz Dampf ablassen; sind sie über den Fortgang der Arbeit verunsichert, können sie sich über den „kurzen Dienstweg" Rückmeldung abholen; sinkt die Konzentration, hilft oft ein kurzer Austausch mit dem Kollegen – um nur einige Möglichkeiten zu nennen.

Mitarbeiter, die auf sich selbst gestellt auswärts arbeiten, müssen dagegen aus sich heraus viel „Eigenmotivation" leisten. Sie brauchen wesentlich bewusster gesetzte Ankerpunkte, wo sie sich Unterstützung holen oder Kraft tanken können. Als Führungskraft können Sie unterstützend wirken, indem Sie sich für die Arbeitsbedingungen und persönliche Arbeitsorganisation interessieren und mögliche Motivationsbremsen herausarbeiten.

Ein besonderer Fall sind die häuslichen Arbeitsplätze. Das familiäre Umfeld kann – muss aber nicht – motivierende und leistungssteigernde Impulse setzen. Sicher zahlt es sich positiv aus, wenn familiäre Belange mit in die Arbeitsplanung einfließen können. Wenn z. B. Rahmenbedingungen, wie die klare Trennung von Arbeitszeit und Familienzeit oder ein kontrollierter Zugang zum Arbeitsplatz, nicht stimmen, können schnell Probleme auftauchen. Sprechen Sie solche Schwierigkeiten mit der nötigen Sensibilität an, denn Sie kennen die Dynamik im häuslichen Umfeld nicht.

Eine wichtige Motivationsfunktion besteht in der Möglichkeit, sich bei Stress und Arbeitsdruck emotional entlasten zu können. In jeder Organisation gibt es immer wieder nicht zu ändernde Anlässe, die man nicht gut findet, die einen aufregen und bei denen man ein Ventil braucht, um sich abzureagieren. Im klassischen Arbeitsalltag sucht man dann nach gleich gesinnten Kollegen, geht mit ihnen zum Kaffeeautomaten und lästert gemeinsam.

Obwohl oft verpönt, hat ein solches Lästern einen wichtigen psychohygienischen Nutzen. Der affektiv getönte und sachlich sowie politisch vielleicht nicht ganz korrekte Austausch schafft kollegiale Verbundenheit und entlastet innerlich. Dadurch steigt die Bereitschaft, sich mit den Unzulänglichkeiten der Organisation zu versöhnen und sich anschließend wieder für die Arbeit zu motivieren.

Im virtuellen Raum sind solche Entlastungsmöglichkeiten sehr begrenzt und die Gefahr, dass sich Unmut aufstaut, besonders hoch.

→ *Praxis*tipp:

Schaffen Sie eine „elektronische Lästerecke" Die Möglichkeit, auch emotional Belastendes öffentlich auszutauschen, reduziert die Gefahr (schließt aber nicht aus!), dass sich verdeckte Stimmungskoalitionen bilden. Klären Sie aber vorher gut die Regeln ab. Wichtig ist, dass persönliche Verunglimpfungen tabu sind.

4.6.2 Motivationshemmende und -fördernde Faktoren aus Sicht von virtuellen Mitarbeitern

Unsere Befragung hat eine hohe Übereinstimmung bei den Befragten über die Vor- und Nachteile virtueller Führung ergeben. Die genannten Punkte möchten wir Ihnen gerne zur Reflexion mit auf den Weg geben.

Folgende Punkte nennen virtuelle Mitarbeiter als demotivierend:
- mangelnde Kommunikation mit der Führungskraft
- mangelnder Kontakt zur Führungskraft
- zu wenig Rückendeckung/Unterstützung durch die Führungskraft
- nur anlassbezogene Kontaktaufnahme
- Anonymität
- wenig Vertrauen
- fehlende Face-to-Face-Kontakte
- Wenn es brennt, ist keiner erreichbar
- Probleme, Konflikte werden oft ausgesessen
- Kontakt ist zu formal und sachlich
- fehlende individuelle Ansprache
- fehlender Erfahrungsaustausch, die Führungskraft weiß oft gar nicht, was man alles leistet
- anonyme Arbeitszuteilung durch E-Mail
- nicht kalkulierbare Ad-hoc-Aufträge
- zu langwierige Klärungsprozesse über die Medien
- fehlende Einflussnahme z. B. bei Umstrukturierungen
- zu wenig Kontakt zum Unternehmen: Man fühlt sich abgeschnitten
- zu wenig Kontakt zu Kollegen: Man fühlt sich außen vor
- das aktuelle Geschehen wird verpasst
- Karrierechancen werden verpasst

Folgende Punkte nennen virtuelle Mitarbeiter als motivationsfördernd:
- selbstständiges Arbeiten
- größerer Entscheidungsspielraum
- Unabhängigkeit von der Hierarchie
- nicht ständig unter Beobachtung
- größeres Kompetenzerleben
- weniger Druck von oben
- am Wohnort bleiben können
- weniger Ablenkung
- freie Zeiteinteilung
- weitgehend freie Aufgabeneinteilung

Trotz der erlebten Freiheitsgrade, dem Zugewinn an Selbstständigkeit und Autonomie gibt die deutliche Mehrheit der Befragten an, eher kein großes Interesse an einer weiteren Arbeit auf Distanz zu haben. Ein Ergebnis, das Führungskräfte auf Distanz sehr nachdenklich stimmen sollte.

Offensichtlich haben die wahrgenommenen Nachteile eine höhere Wertigkeit. Fehlender sozialer Kontakt, sich vom Unternehmensgeschehen abgeschnitten zu fühlen und unzureichende Kommunikation sind dabei die wesentlichen Problembereiche.

→ **Arbeitsblatt 23: Selbstreflexion**

Prüfen Sie anhand obiger Aufstellung, was Sie bei Ihrer Führung ändern können, um entdeckten „Motivationshemmern" entgegenzuwirken, und wie Sie motivationsfördernde Faktoren in Ihrer Führung noch stärker berücksichtigen können.

Motivationshemmende Faktoren	Motivationsfördernde Faktoren	Unterstützendes Führungshandeln

4.7 Führung im virtuellen Alltag

Die folgenden Anregungen für Ihren Führungsalltag sollen Sie darin unterstützen, die virtuelle Zusammenarbeit für sich und Ihre Mitarbeiter attraktiv zu machen. Der Fokus liegt in diesem Kapitel auf der Führung von Mitarbeitern einer virtuellen Gruppe.

4.7.1 Führen Sie mit viel „Unterhaltung"

Die Brücke zum Mitarbeiter lässt sich am besten über die synchrone Kommunikation schlagen. Für Sie bedeutet das aktive Kommunikationsarbeit. Das verlangt viel Selbstdisziplin, denn meistens ist der Tag voll mit anderen Themen, nicht zuletzt auch dem Austausch mit Kollegen aus der Führungsetage. Zusätzliche Kommunikationsaufgaben werden so oft als belastend empfunden.

Aber der Mitarbeiter in der Ferne hat ein Recht, von Ihnen in das Geschehen in der Firma und um die Firma herum eingebunden zu werden. Ebenso benötigen Sie Wissen darüber, was am Ort des Mitarbeiters passiert. Die Zeit und den Raum für persönlichen Austausch sollte man sich immer nehmen.

→ *Praxis*tipp:

Bedenken Sie: Ihre Mitarbeiter werden sich eher nicht „nur mal so" bei Ihnen melden. Bei einem zu geringem Kontaktangebot werden sie jedoch ihre eigene Sicht der Dinge entwickeln und die Anknüpfungspunkte zu Ihnen reduzieren. Wenn Sie dann doch einmal nachfragen, was es Neues gibt, kommt schnell die Antwort „Nichts!" oder „Alles bestens". Beziehungspflege ist Führungsarbeit. Wie wäre es, wöchentlich „nur mal so" ein Telefonat mit Ihren Mitarbeitern zu führen?

4.7 Bieten Sie eine erlebnisbezogene Begleitung an

In einer Gruppe am gleichen Ort wird im Gespräch mit Kollegen Erlebtes verarbeitet und Zukünftiges emotional vorbereitet. Stress am Arbeitsplatz, Ärger mit den Kollegen aus anderen Abteilungen, allgemeiner Unmut wird besprochen, was die innere Reorganisation fördert.

Auch Ihre Mitarbeiter beschäftigen emotional gefärbte Themen. Für sie stellt sich aber die Frage: Wohin mit dem Ärger über den Kunden, die Empörung oder Verzweiflung über die schon wieder nicht funktionierende Technik?

Menschen sind soziale Wesen und brauchen zur Verarbeitung von Erlebtem und Erfahrenem den persönlichen Kontakt. Sicher – eine Anlaufstelle könnte die eigene Familie sein. Dort kann man zwar von der Arbeitswelt erzählen. Eine emotionale Auseinandersetzung mit der Berufswelt braucht aber das Gespräch in genau dieser Welt – also mit Ihnen.

→ **Praxis**tipp:

Um Ihren Mitarbeiter im Gespräch wirklich abholen zu können, sollten Sie ihn in seiner Besonderheit gefühlsmäßig verankert haben.

Nehmen Sie dazu eine seiner Stärken als Leitmotiv. Machen Sie sich ein Bild: „Herr Meyer ist wie ein Baum, der jedem Sturm trotzt. Er hat in seinem Arbeitsbereich einen sehr anspruchsvollen Kundenstamm. Wenn sich Kunden beschweren, dann lässt er die Böen in Ruhe durchziehen. Wenn der Sturm sich wieder legt, dann steht er da, in voller Pracht und mit guten Argumenten."

Verstehen ist oft viel wichtiger, als Lösungen parat zu haben. Die emotionale Begleitung kann Ihr Beziehungsangebot sein.

4.7.3 Geben Sie Ihren Mitarbeitern in der Ferne viel Orientierung

Mitarbeiter mit virtuellem Arbeitsplatz organisieren sich selbst und treffen viele Entscheidungen situativ. Ein klarer Rahmen (Ziele, Aufgaben, Kompetenzen) unterstützt zwar den Mitarbeiter – ist aber noch lange nicht ausreichend.

Neue Erfahrungen und Informationen müssen verarbeitet und erbrachte Leistungen bewertet werden. Dafür und auch für Problemstellungen am Rande oder Überlegungen zu weiteren Schritten reicht ein Selbstgespräch Ihres Mitarbeiters nicht aus!

Zum Aufbau und Erhalt einer inneren Handlungssicherheit sind Rückmeldungen von außen unabdingbar. Ihre Sichtweisen geben Orientierung. Die eigene Position und bestehende Sichtweisen können damit von Ihrem Mitarbeiter, aber natürlich auch von Ihnen selbst noch einmal überprüft, eventuell neu strukturiert, auf jeden Fall aber besser eingeordnet werden.

→ **Praxis**tipp:

Suchen Sie den fachlichen Austausch. Etablieren Sie dazu einen festen Gesprächstermin. Im Vordergrund steht der Austausch von Meinungen, Ergebnisbewertungen und subjektiven Einschätzungen zur aktuellen Lage. Lassen Sie sich Ergebnisse, die sich verschriftlichen lassen, deshalb schon vor dem Gespräch zukommen. Bereiten Sie sich gut auf das Gespräch vor – das sollte Ihr Leistungsangebot sein!

4.7.4 Sorgen Sie für eine gute Führungsorganisation

Sie müssen gut erreichbar sein. Ab einer gewissen Gruppengröße geht das nur, wenn Sie sich mit Ihrer eigenen Organisation deutlich auf die Belange Ihrer Mitarbeiter einstellen. Dazu gehören z.B. feste Ansprechzeiten und schnelle Reaktionen auf Anfragen.

Angesichts des Papierbergs auf dem eigenem Schreibtisch und der zahlreichen Meetings wird die eigentliche Führungsarbeit schnell vernachlässigt. Erst abends, wenn wieder etwas mehr Ruhe eingekehrt ist, fallen einem die noch offenen Punkte wieder ein. „Meine Güte, Herr M. wollte doch von mir wissen, wie ich ihn bei der kritischen Kundenreklamation am besten unterstützen kann! Und ich habe den Rückruf zugesagt, da ich heute sehr schlecht zu erreichen war." Leider kommt diese Erinnerung zu spät. Herr M. ist morgen beim Kunden und wird wohl alleine zurechtkommen müssen.

Mitarbeiter, die Sie dringend brauchen, bringen wenig Verständnis dafür auf, dass Sie gerade (oder schon wieder!) nicht zur Verfügung stehen. Sie fühlen sich schnell alleine gelassen.

→ *Praxis*tipp:

Seien Sie für Ihre Mitarbeiter erreichbar. Es reicht nicht, wenn Sie es „nur im Kopf behalten", dass Sie draußen Mitarbeiter haben. Führung ist aktive Beziehungspflege!

Visualisieren Sie jeden Mitarbeiter in Ihrem Büro. Eine Pinnwand kann da sehr gute Dienste leisten – auch im Zeitalter der elektronischen Medien. Räumen Sie jedem Mitarbeiter einen „Beziehungsplatz" ein – am besten mit Foto. Notieren Sie sich darauf Ihre Vorhaben, Versprechungen und eingegangenen Verpflichtungen. Wenn Sie morgens ins Büro kommen, reicht ein Blick auf die Wand und Sie wissen, was zu tun ist, um die Verbindung zu Ihren Mitarbeitern nicht abreißen zu lassen. Genau das sollte Ihre eigene Führungsverpflichtung sein!

4.7.5 Achten Sie auf die Nachvollziehbarkeit Ihrer Vorgaben

Oft ist es nicht möglich, bei Vorgaben die spezifischen Gegebenheiten „vor Ort" mitzuberücksichtigen. Trotzdem müssen manche Rahmenbedingungen vorgegeben werden. Aber Vorgaben, die offensichtlich nicht in das Umfeld des Mitarbeiters passen, werden schnell als unsinnige Bevormundung erlebt. Wenn Sie diese Widersprüche nicht berücksichtigen, erst recht, wenn Sie den daraus resultierenden Widerstand nicht bearbeiten, finden Mitarbeiter eigene Wege für ihren Protest.
Wenn Sie sich fragen, wieso Sie bei Herrn Meyer den Wochenbericht immer wieder einfordern müssen und warum er sich nicht besser organisieren kann, könnte die Antwort folgendermaßen lauten: Herr Meyer ist ganz im Gegenteil bestens in der Lage, sich selbst zu organisieren. Er kann es sogar so gut, dass er Sie dazu bringt, zusätzliche Arbeit zu tun. Er hat Ihnen die Erinnerungsfunktion übertragen, was aus seiner Sicht wahrscheinlich nur gerecht ist. Denn Sie verlangen ja auch zusätzliche Arbeit von ihm!

→ *Praxis*tipp:

Sie brauchen keine Zustimmung von Ihrem Mitarbeiter, wohl aber Akzeptanz.

Wenn Ihre Mitarbeiter „nichts auf Sie kommen lassen", werden Sie Ihnen auch bei unwillkommenen Vorgaben zuhören und sich auf Ihr Anliegen einstimmen. Bauen Sie deshalb vor. Investieren Sie in guten Zeiten viel in die Beziehungspflege. Knüpfen Sie ein starkes Beziehungsseil, das auch in unangenehmen Situationen hält.

4.7.6 Lernen Sie die subjektive Welt Ihrer virtuellen Mitarbeiter kennen

Aus der Ferne erscheinen Ihnen vielleicht alle Arbeitsplätze mehr oder weniger gleich. Formal gesehen mag das sogar stimmen.

Aber: Jeder Ihrer Mitarbeiter hat sein persönliches Arbeitsumfeld, seine subjektiven Problemsichten. In seinen Schlussfolgerungen ist seine Welt immer die Grundlage seiner Überlegungen. Auf diesem Hintergrund lassen sich viele Erklärungen des Mitarbeiters nachvollziehen und verstehen.

Schon eine oberflächliche Gleichsetzung mit den Gegebenheiten einer anderen Region kann bei Ihrem Mitarbeiter den Eindruck erwecken, dass Sie gar nichts verstehen. Vermeiden Sie also Quervergleiche wie: „Wieso, beim Schulze in Stuttgart war das doch gar kein Problem!"

➜ *Praxis*tipp:

Jeder Ihrer Mitarbeiter nimmt sein Umfeld als besonders wahr.

Es ist seine Wirklichkeit, die sein Handeln begründet. Kämpfen Sie nicht gegen diese Realität. Wenn Sie eine andere Sicht der Dinge haben, stellen Sie die Meinung Ihres Mitarbeiters der Ihrigen gleichwertig gegenüber.

„Gleiche Augenhöhe" sollte Ihr Führungsleitsatz sein.

4.7.7 Fördern Sie die Zugehörigkeit

Durch unsere Befragung wurde uns deutlich, dass besonders Mitarbeiter, die in einer Gruppe mit geringer oder gar keiner Interdependenz arbeiten, den Kontakt zu den Kollegen vermissen. Wir nehmen an, dass dieser Mangel ein wesentlicher Grund ist, warum die Mehrzahl der Befragten lieber keinen virtuellen Arbeitsplatz mehr will. Die Kommunikation konzentriert sich in der Regel auf die Führungskraft und der alltägliche Austausch im Mitarbeiterkreis fehlt. Gerade diese informellen Kontakte erfüllen jedoch eine wichtige soziale Funktion, sind Informationsbörse und bieten Unterstützung und Anregung.

Elektronische Kommunikation, wie z. B. Chatten, bietet mittlerweile hervorragende Möglichkeiten, den fehlenden „Schwatz" auf dem Flur zu kompensieren.

Als Führungskraft haben Sie den Blick auf die gemeinsame Schnittmenge Ihrer Mitarbeiter. Gleichgerichtete Aufgabenstellungen, die gemeinsame Position der Gruppe innerhalb des Unternehmens, Zusammenführen von innovativen Überlegungen, von denen alle profitieren können – all das sind verbindende Themen.

→ **Praxis**tipp:

Fördern Sie die informelle Kommunikation unter Ihren Gruppenmitgliedern. Stellen Sie verbindende Themen ins Netz und werben Sie für die Diskussion darüber. Laden Sie dazu Ihre Mitarbeiter in größeren Abständen gezielt ein, z. B. zu einer Telefonrunde. Ihre Mitarbeiter lernen sich so auch kennen und werden leichter miteinander in Kontakt treten.

4.7.8 Reflektieren Sie die Qualität der Beziehung zu Ihren einzelnen Mitarbeitern

Nicht jeder Mitarbeiter liegt einem gleichermaßen. Mit manchen kommen Sie leicht ins Gespräch, mit anderen ist es mühselig. Schnell entwickeln sich mit den einen angenehme Beziehungen. Bei anderen ist jeder Kontakt anstrengend.

Aber Sie können eine eher schlechte Beziehung nicht „einfach so hinnehmen". Gute wie schwierigere Beziehungen schlagen sich auf positive wie negative Weise in der Zufriedenheit, Selbstverpflichtung und Arbeitsleistung Ihrer Gruppe nieder.

Sie sind herausgefordert, Ihre „kritischen" Beziehungen und sich selbst immer wieder zu überprüfen. Ein Ihnen unsympathischer oder einfach nur anstrengender Kontakt beeinflusst unbewusst wechselseitig das Verhalten. Ihre Führung gegenüber dem Mitarbeiter, der für Ihre Empfindungen vermutlich kaum etwas kann, darf nicht vorurteilsbeladen sein. Denn was sich richtig anfühlt, muss noch lange nicht angemessen sein!

Sie teilen in einem wichtigen Punkt das Schicksal Ihrer Mitarbeiter – auch Sie sind mehr auf sich alleine gestellt. Im Face-to-Face-Kontakt dient das Feedback des Gegenübers der schnellen Einschätzung der eigenen Reaktionen und ggf. ihrer Korrektur. Bei der Kommunikation über Medien fehlen diese entscheidenden Eindrücke. Es ist wesentlich schwieriger, sich selbst wieder aus einem eingefahrenen Verhaltensmuster zu befreien.

→ **Praxis**tipp:

Achten Sie darauf, dass sich aus Sympathieunterschieden nicht ungleiche Arbeitsbeziehungen ergeben.

Prüfen Sie Ihre Beziehungen und Ihr Verhalten – am besten im Gespräch mit einem Unbeteiligten Ihres Vertrauens. Wenn sich emotionale Barrieren auflösen, kann etwas Neues entstehen: auch ein verändertes Verhalten zu „problematischen" Mitarbeitern.

Ihr professioneller Anspruch als Führungskraft auf Distanz muss lauten, zu ausnahmslos allen Mitarbeitern eine hinreichend gute Arbeitsbeziehungen aufzubauen.

→ Arbeitsblatt 24: Praxisreflexion

Checkliste: Prüfen Sie Ihre Führungsaktivitäten

Mitarbeiter	Ausreichende synchrone Kommunikation	Ausreichende erlebnisbezogene Begleitung	Ausreichende Orientierung	Angepasste eigene Arbeitsorganisation	Sicherung der Nachvollziehbarkeit	Kenntnisse über die subjektive Welt	Sicherung des Zugehörigkeitsgefühls	Eigene Beziehungsreflexion
1								
2								
3								
4								
5								
6								
…								

5   Die Führung eines virtuellen Teams

→ SIE FÜHREN EIN TEAM AUF DISTANZ, WENN DIE MITGLIEDER AUF GRUND AUFGABENBEDINGTER INTERDEPENDENZEN AUFEINANDER ANGEWIESEN SIND UND DAS ZIEL NUR GEMEINSAM ERREICHT WERDEN KANN.

Entscheidender Erfolgsfaktor für ein virtuelles Team ist ein gutes Kooperationsklima, das sich im Teamalltag vor allem im konstruktiven Koordinations- und Abstimmungsverhalten beweist. Die Grundlage dafür wiederum ist, dass sich die Mitarbeiter, obwohl sie dezentral zusammenarbeiten, als ein wirkliches Team verstehen. Dieses Verständnis aufzubauen und vor allem „am Leben" zu erhalten, ist Ihre Führungsaufgabe.

Heutzutage wird der Begriff Team sehr undifferenziert verwendet. Teams sind fast allgegenwärtig. Man kann schon fast von einer Modererscheinung sprechen. Meistens soll damit suggeriert werden, dass hier eine in vielerlei Hinsicht kompetente, in sich geschlossene und leistungsfähige „Kraft" die Leistung erbringt.

Auch in den Unternehmen ist es „modern", zur Bewältigung aller möglichen Fragestellungen gleich ein paar Teams ins Leben zu rufen. Und wenn die Zusammenarbeit einmal ins Schlingern gerät, wird der Teamgeist beschworen, was oft wie eine wie eine unfreiwillige Vereinnahmung wirkt.

→ *Praxis*tipp:

Um Ihrem Führungsauftrag nachzukommen, empfehlen wir Ihnen deshalb, den Teambegriff nicht unüberlegt zu verwenden.

Teamarbeit ist für jedes Teammitglied mit einem hohen zusätzlichen Aufwand verbunden, insbesondere was die Kommunikations- und Abstimmungsprozesse betrifft. Je höher der Teamanteil (= Abhängigkeiten untereinander) ist, desto tiefer greift der Teamgedanke in die individuelle Arbeitsorganisation ein und reduziert somit die individuellen Freiheiten. Jedes Teammitglied muss seine Planungen, Aktivitäten und Entscheidungen daraufhin überprüfen, inwieweit das eigene Handeln die Arbeit der Teamkollegen tangieren wird.

Der mit Teamarbeit verbundene Mehraufwand wird in Kauf genommen, wenn der Sinn und Nutzen, sich als Team zu verstehen, von allen gesehen und auch akzeptiert wird. Damit der Teamgedanke die Zusammenarbeit trägt, muss jedes Teammitglied bei der eigenen Arbeit persönlich davon profitieren und erleben, dass mit dem eigenen Teambeitrag die Zusammenarbeit positiv beeinflusst und die Bewältigung der Aufgaben aktiv unterstützt wird. Dann ist jedes Teammitglied auch bereit, Individualität im notwendigen Maße aufzugeben und sich in das Team zu integrieren.

In einem virtuellen Team ist die Kooperation untereinander immer gefährdet. Oft steht die geforderte Eigenständigkeit und Selbstorganisation der erwünschten Orientierung an den Teambelangen entgegen. Wenn es dadurch zu Störungen in der

Zusammenarbeit kommt, wird jedes Teammitglied für sich prüfen, ob Aufwand und Nutzen noch in einer angemessenen Balance zueinander stehen. Ist dies nicht der Fall, wächst die Gefahr, dass die Verpflichtung gegenüber dem Team generell abnimmt, der Teamgeist sich also „verflüchtigt".

Stiftet der Teamgedanke dagegen Nutzen, werden sich die Teammitglieder auch auf Distanz als Teil des Ganzen erleben und ihr Verhalten danach ausrichten.

5.1 Flieh- und Bindekräfte im virtuellen Team

Bei Ihrer Führungsarbeit haben Sie es also mit zwei Kräften zu tun, die gegenläufig wirken.

- → Von Ihren Mitarbeitern müssen Sie erwarten, dass sie sich selbst organisieren und auch selbstverantwortlich Entscheidungen vorantreiben. Die Gefahr ist, wie bereits ausgeführt, dass die Teamausrichtung vernachlässigt wird. Die Kräfte, die hier wirksam sind, werden im Folgenden als Fliehkräfte bezeichnet.
- → Den Fliehkräften gegenüber stehen die Bindekräfte. Jedes Teammitglied ist sich der Abhängigkeiten untereinander bewusst. Und wenn die Bedingungen dafür gegeben sind, wird es sich dem Teamgedanken verpflichtet fühlen. Die Kräfte, die dies unterstützen, werden hier als Bindekräfte bezeichnet.

Beide Kräfte wirken permanent und sollten deshalb im Fokus Ihrer Führungsarbeit stehen.

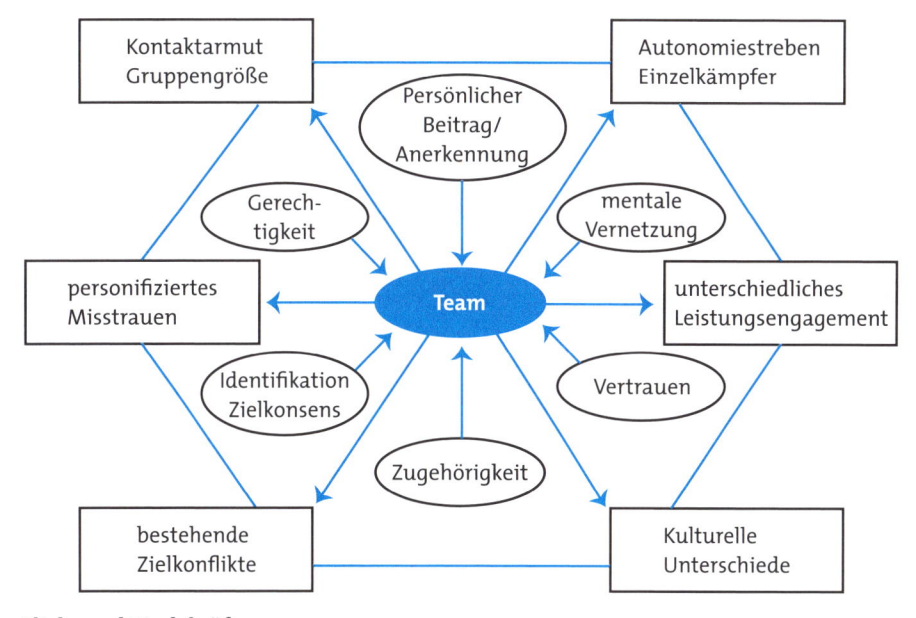

Flieh- und Bindekräfte

Ihre Führungsaufgabe besteht darin,
- → dafür zu sorgen, dass die Fliehkräfte nicht zu groß werden und den Zusammenhalt und damit die teamorientierte Kooperation nicht gefährden;
- → die Bindekräfte so zu unterstützen, dass die fehlende physische Präsenz der Teamkollegen durch eine erhöhte psychische Präsenz kompensiert wird.

5.1.1 Die Fliehkräfte

In der virtuellen Zusammenarbeit wirken die Fliehkräfte kontraproduktiv auf das teambezogene Engagement und das teamorientierte Verhalten. Ob das Team als Team zusammenarbeitet, hängt davon ab, wie Sie als Führungskraft den Fliehkräften begegnen.

Kontaktarmut

Je geringer der Kontakt, desto schwächer die Bindung. Auf diese einfache Formel lässt sich diese Fliehkraft bringen. Die Ursachen für Kontaktarmut sind vielfältig: Gruppengröße, vorrangiges Nutzen von kontaktarmen Medien, reduziertes Kontaktverhalten, aber auch die Qualität der Kommunikation spielen eine Rolle.

Gemeinsame, erfolgreiche Arbeit braucht gute interpersonale Beziehungen. Diese können nur durch eine konsequente Kontaktpflege entstehen und aufrechterhalten werden. Der häufig geäußerte Vorwand, dass für die Kommunikation keine Zeit sei, greift oft zu kurz. Es kostet viel mehr Zeit und einen ungleich höheren Kommunikationsaufwand, Fliehkräfte wieder „einzufangen", besonders wenn sie an Stärke zugenommen haben. Auch unsere Befragung machte uns sehr deutlich, dass Mitarbeiter auf Distanz häufig den Kontakt zur Führungskraft und den Kollegen als nicht ausreichend erleben.

→ *Praxis*tipp:

Fördern Sie den Kontakt zwischen den Mitarbeitern über Aufgaben, die gemeinsam zu bearbeiten sind.

Pflegen Sie den Kontakt mit Ihren Mitarbeitern durch Gespräche über gemeinsame Themen.

Eine interessante und unserer Meinung nach noch zu wenig genutzte Möglichkeit der Kontaktpflege bietet das Chatten und die so genannte „Awarenessfunktion" von elektronischen Kommunikationsmedien. Jeder kann mit jedem, so er online ist, dann Kontakt aufnehmen, wenn er es wünscht. Allein am Bildschirm zu sehen, wer gerade „da ist", wirkt verbindend. Mit eigenen Kontaktaufnahmen können Sie hier Vorbildfunktion übernehmen.

Unabhängig davon, wie häufig und über welches Medium die Kontaktaufnahme stattfindet, ist zudem die Qualität des Kontakterlebens bedeutsam. Man kann auch über ein „armes" Medium eine „reiche" Aussage machen und eine einzelne, intensive Kontaktaufnahme ist oft nachhaltiger und wirksamer als viele kurz gehaltene Kontakte.

> → **Arbeitsblatt 25: Praxisreflexion**
>
> *Wie „reich" ist die Kommunikation in Ihrem Team/Ihrer Gruppe? Welche Möglichkeiten sehen Sie, um der Kontaktarmut entgegenzuwirken?*
>
> | Ideen / Möglichkeiten zur Förderung des Kontaktes untereinander |
> |---|
> | 1 |
> | 2 |
> | 3. |
> | 4 |

Eine Fokussierung der Kommunikation auf die Sachebene dient sicher der Versachlichung, wirkt aber gleichzeitig unverbindlich und stärkt damit die Fliehkräfte.
Soll eine Kontaktaufnahme verbindend wirken, sollte sie neben Sachthemen immer auch persönliche Aussagen enthalten und Interesse am anderen signalisieren.

Besondere Aufmerksamkeit braucht Ihr Mitarbeiter, wenn er zu einer anderen Organisationseinheit gehört. Es gibt einen sehr direkten Weg, ihn stärker an das Team zu binden. Tauschen Sie sich mit ihm darüber aus, dass es für ihn problematisch sein kann, sich in einer teamfernen Arbeitssituation dennoch als Teammitglied zu sehen. Das geht nur über das persönliche „Plaudern" und ist keine Zeitverschwendung, auch wenn dies oft so bewertet wird.

Scheuen Sie sich nicht, gemeinsame Kommunikationszeiten zu vereinbaren. Es kann gut sein, dass Sie hier auf Widerstand stoßen. Nicht immer wird der Nutzen sofort akzeptiert. Hier sind Sie gefordert, Überzeugungsarbeit zu leisten. Sie werden nur erfolgreich sein, wenn Sie selbst es wirklich wollen. Die Entscheidung dafür sollte unabhängig davon getroffen werden, wie viel Kontakt sich aus dem Tagesgeschäft „von selbst" ergibt. Um Leben in solche „Kommunikationstreffen" zu bringen, ist ein Einstiegsthema immer animierend. Wählen Sie Themen, die Sie beschäftigen, die aber auch für Ihre Mitarbeiter von Belang sind. Binden Sie das Thema, mit dem Sie die Kommunikation anstoßen wollen, in eine Geschichte ein. Geschichten bieten Anknüpfungspunkte, um miteinander ins Gespräch zu kommen – im Gegensatz zu Berichten, die man sich meist nur anhört. Wenn der Einstieg gelungen ist, wird sich das Weitere von selbst ergeben. Beispiel: „Ich habe mir mal Gedanken darüber gemacht, wie ich als Kunde die Dienstleistung, die wir anbieten, wohl wahrnehmen würde. Also ..."

Ziehen Sie aus geringen Kontaktwünschen Einzelner nicht den Rückschluss, dass kein Kontakt erwünscht ist. Viele Menschen freuen sich über eine Kontaktaufnahme durch andere, sind aber selbst weniger aktiv.

> **? Was meinen Sie?**
>
> *Wie schätzen Ihre Mitarbeiter Ihr Kontaktangebot ein?*

Autonomiestreben

Eine wohl bekannte Erscheinung ist der Mitarbeiter, der seine Arbeit gut erledigt, dabei aber wenig „gestört" werden will. Oft sind es klassische Einzelkämpfer. Sie haben den inneren Anspruch, alleine zurechtzukommen. Manchmal sind es aber auch Menschen, die sich schwer tun, selbst um Unterstützung zu bitten oder einen Rat anzunehmen.

Auch wenn es Ihrem Verständnis einer guten Zusammenarbeit zuwiderläuft: Grundsätzlich ist das Autonomiestreben zu respektieren. Schließlich müssen die Mitarbeiter ein gehöriges Maß an Eigenständigkeit an den Tag legen.

Suchen Sie die persönliche Ansprache, wenn das Autonomiestreben die Zusammenarbeit behindert. Aber gehen Sie dabei behutsam vor! Ihre Nachfrage darf nicht als versteckte Kontrolle empfunden werden. Laden Sie eher zum Gespräch ein, indem Sie Ihr eigenes Bedürfnis nach Wissen und Orientierung in den Vordergrund stellen. Dann kann sich der Mitarbeiter selbst als der „Gebende" erleben.

Natürlich sind auch Grenzen zu setzen. Wenn Sie merken, dass Sie und die Kollegen Informationen hinterherlaufen müssen, sollten Sie den Mitarbeiter in die Pflicht nehmen. Zeigen Sie konkret auf, welche Risiken sich bei einer zu großen „Abschottung" für das Team und die Zielerreichung auftun. Stoßen Sie ein Teamgespräch an und besprechen Sie die Schwierigkeiten, die bei zu starkem Autonomiestreben für alle entstehen. Ihre Einladung und die Ihrer Kollegen kann die Interaktion in Gang setzen.

➜ ***Praxis*tipp:**

Bei einer starken „Selbstisolierung" eines Teammitglieds können Sie das gemeinsame Anliegen des Teams, zusätzliche Aufwände oder Risiken möglichst zu minimieren, in den Vordergrund stellen. Sie vermeiden damit Kritik an der persönlichen Neigung oder Eigenart.

Unterschiedliches Leistungsengagement

Es brauchen sich nur wenige durch fehlendes Engagement im Team auszuzeichnen – und schon nimmt der Teamgeist Schaden. Wahrnehmbare Unterschiede im Leistungsverhalten, wie z.B. im Einhalten von Verpflichtungen, dürfen Sie daher in keiner Weise nachlässig behandeln.

Ein Thema, das in seiner Bedeutung auf keinen Fall unterschätzt werden darf, ist die Teamöffentlichkeit. Viele Arbeitsergebnisse sind auf dem Teamlaufwerk einzusehen und werden natürlich von den Teammitgliedern auch bewertet. Wichtig ist deshalb, dass der Leistungsgedanke von allen geteilt und auch gelebt wird und der Vergleich untereinander nicht darüber erfolgt, dass alle das gleiche Leistungsniveau erreichen müssen. Stimmt der Teamgeist, werden unterschiedlich gelagerte Stärken und Schwächen toleriert und Unterstützungsangebote gemacht. Aber Trittbrettfahrer sind Gift für jeden Zusammenhalt in einem Team.

Eine Abwendung vom gemeinsam getragenen Leistungsgedanken kann oft darauf zurückgeführt werden, dass die Bedeutung des eigenen Beitrags im Team nicht wirklich wahrgenommen wird. Diese Wahrnehmung ist gerade bei einer Zusammenarbeit auf Distanz nicht selbstverständlich. In einem Team, das wenig anerkennende Wertschätzung füreinander empfindet und auch wenig positive Hervorhebung von Leistungen seitens der Führung erlebt, nimmt oft – als persönliche Reaktion darauf – das Leistungsengagement für das Team ab.

Bevor Sie mit Forderungen reagieren, erkunden Sie sorgfältig, ob und wie der Mitarbeiter die Defizite in seiner Leistungsbereitschaft sieht und erklärt. Wenn keine fachliche Überforderung vorliegt, suchen Sie gemeinsam nach Lösungen aus der Sackgasse.

Wenn Sie vorhaben, das Thema im Team zu besprechen, ist Vorsicht geboten. Es darf nicht zu einem „Tribunal" für Einzelne werden. Begründet sich das Verhalten aus der Interaktion mit den Kollegen, können Sie dafür sensibilisieren, dass das (reaktive) Verhalten der anderen Teammitglieder selbst als Aktion verstanden werden kann. Es muss deshalb noch lange nicht akzeptiert werden, aber verstehen fördert die Toleranz. Wichtig: Eine Veränderung muss glaubhaft in Aussicht gestellt werden.

→ *Praxis*tipp:
Heben Sie die Bedeutung des Engagements jedes Einzelnen für die Zielerreichung durch Ihre persönliche Anerkennung hervor. Die positive Würdigung des Einsatzes bei Schwierigkeiten ist immer ein dankbares Thema.

Kulturelle Unterschiede

Teamgeist in einem kulturell gemischten Team zu etablieren und aufrechtzuerhalten, ist wahrlich keine leichte Aufgabe. Alle Beteiligten sind mit unterschiedlichen Normen, Wertvorstellungen und Verhaltensmustern konfrontiert und müssen lernen, damit umzugehen.

Die größte Gefahr für die Zusammenarbeit in einer kulturell gemischten Mitarbeiterschaft stellt die ethnozentrische Orientierung dar, also wenn Kommunikations- und Umgangsformen, die einem selbst vertraut und selbstverständlich sind, ohne Weiteres auf andere Kulturen übertragen werden. Zur Aufrechterhaltung des eigenen Selbstverständnisses werden dann fremde Kulturmerkmale geringschätzend kommentiert.

Blendlinger hat die wichtigsten Dimensionen kultureller Differenzen in einer Übersicht anschaulich zusammengefasst:

Aussagen über Status, Hierarchie und Macht	Aussagen über die Bedeutung sozialer Beziehungen
→ Machtdistanz → Errungenschaft/Zuschreibung → Unsicherheitsvermeidung → Selbstbestimmung/ Fremdbestimmung	→ Individualismus/Kollektivismus → Universalismus/Partikularismus
Aussagen über Rationalität und Emotionalität	Aussagen über das Verständnis von Zeit
→ maskulin/feminin → spezifisch/diffus → neutral/emotional	→ Vergangenheits- / Gegenwarts- und Zukunftsorientierung → synchrone / sequenzielle Zeit

Eine ausführlichere Darstellung der kulturellen Dimensionen und der kulturbezogenen Unterschiede im Vergleich kann und soll hier nicht erfolgen. Um einen ersten Eindruck über Unterschiede zu vermitteln, sollen hier aber drei wesentliche Differenzierungen im Überblick dargestellt werden.

- → Die Bedeutung der sozialen Beziehungen gegenüber der Arbeitsbeziehung: In manchen Kulturen baut sich z. B. erst dann eine Arbeitsbeziehung auf, wenn auch die soziale Beziehung stimmt.
- → Die Erwartung, wie Macht ausgeübt wird bzw. werden soll: In manchen Kulturen wird der Mitarbeiter keine Position beziehen, solange er nicht weiß, was sein Vorgesetzter meint. Oder die Kommunikation ist nur möglich, wenn beide Gesprächspartner auf der gleichen Hierarchiestufe stehen.
- → Das Verhältnis des Einzelnen zur Gruppe: Manche Kulturen betonen eher das Individuum, fördern also persönlichen Erfolg und Selbstständigkeit. Andere Kulturen hingegen messen den Gruppeninteressen einen höheren Wert bei. Individuelle Interessen werden dagegen nachrangig berücksichtigt.

Bleibt der Hinweis: Wer interkulturell gemischte Teams zu führen hat, kommt nicht darum herum, sich intensiv mit den kulturellen Unterschieden zu beschäftigen. Unterschiedliche Verhaltensweisen und -erwartungen können die Zusammenarbeit nachhaltig stören und als Fliehkräfte wirken.

Einschlägige Literatur zum Vergleich kultureller Unterschiede steht in ausreichendem Maße zur Verfügung. Ein gegenseitiges Verständnis zu den kulturellen Hintergründen kann gut über interkulturelle Trainings gefördert werden. Mit solchen Maßnahmen wird das kritische Erkennen und Akzeptieren des eigenen unvermeidlichen Ethnozentrismus („aufgeklärter Ethnozentrismus") und die Erweiterung der interkulturellen Kompetenzen unterstützt.

Bei der Vorbereitung auf kulturelle Unterschiede steht meistens das Trennende, also der Unterschied, im Vordergrund. Statt nachzulesen oder zu hören, warum die anderen anders sind, können Sie in der Zusammenarbeit stärker die positiven Seiten einer interkulturellen Zusammenarbeit hervorheben.

Ermuntern Sie Ihre Teammitglieder, sich gegenseitig etwas „aus Ihrer Heimat" zu berichten oder zu erzählen. Laden Sie beispielsweise dazu ein, dass jeder etwas aus dem Alltag seines Landes erzählt. Auf diese Weise können auch Unterschiede verbinden.

→ *Praxis*tipp:

Hören Sie genau hin, wenn Arbeitsbeziehungen und vor allem Arbeitsweisen mit negativen Attributen belegt werden. Hier gilt es, sofort zu handeln und die Herausforderung einer interkulturellen Zusammenarbeit für jeden Einzelnen wieder zu thematisieren.

Bestehende Zielkonflikte

Zielkonflikte treten bevorzugt dann auf, wenn die Teammitglieder in anderen Organisationseinheiten beheimatet sind. Das tritt z. B. häufig in der Projektarbeit auf.

Vielfältige teamexterne Einflussfaktoren können dazu führen, dass es in der Zusammenarbeit mit einem „Gast"-Mitarbeiter zu Störungen kommt (wenn dieser etwa zeitweise nicht verfügbar ist – warum auch immer). Da sich solche Störungen nie ganz verhindern lassen, sollten die organisationsbedingten Zielkonflikte allen bekannt sein.

Im Team muss akzeptiert sein, dass die Dynamik in einer Organisation viel zu komplex ist, um verhindern zu können, dass externe Zielkonflikte auch Auswirkungen auf die Kooperation im Team haben.

Auch wenn vorher klare Absprachen getroffen wurden, z. B. über die zeitliche Verfügbarkeit – im Tagesgeschäft werden solche Absprachen entsprechend den aktuellen Erfordernissen „gedehnt". Besprechen Sie in Ihrem Team deshalb immer schon vorab, wie vorzugehen ist, wenn externe Zielkonflikte zu Störungen im Team führen. Ein bestehender Konflikt zwischen persönlichem Ziel und Teamziel kann dazu führen, sich aus einer Verpflichtung zu stehlen. Man kann immer angeben, dass im Moment das andere Ziel „leider" vorrangig zu bedienen sei.

Ein Beispiel: Fünf Niederlassungsleiter an verschiedenen Standorten sollten sich auf Anregung des Geschäftsführers zu einem funktionalen Team zusammenfinden. Ziel war es, die Akquisitionserfolge zu erhöhen. Dazu sollte zukünftig bei jeder aktuellen Geschäftsanbahnung geprüft

> werden, ob sich die Stärken der einzelnen Regionen so zusammenführen ließen, dass zu jeder Zeit ein hochqualifiziertes Angebot erstellt werden konnte.
>
> Einer der Niederlassungsleiter war, was seine Akquisitionserfolge anging, eindeutig der Star in der Mannschaft. Alle hofften, über ihn so wie er groß ins Geschäft zu kommen.
>
> Der betreffende Niederlassungsleiter selber spekulierte aber insgeheim darauf, dass er, wenn er alleine weiter so erfolgreich wäre, in der Zentrale als sicherer Kandidat für die Nachfolge des Geschäftsführers gesehen würde. Dieses persönliche Ziel kommunizierte er natürlich nicht. Um sein persönliches Ziel weiterzuverfolgen, boykottierte er u. a. die Arbeit des Teams dadurch, dass er jeden fest vereinbarten Teamtermin kurzfristig absagte, sobald ein wichtiger Kunde vor der Tür stand.
>
> Die Zusammenarbeit wurde nach etlichen vergeblichen Versuchen eingestellt. Die Geschäftsführung vermied es, den Niederlassungsleiter auf sein „teamfernes" Verhalten anzusprechen. Um selbst in der Zentrale Erfolge nachweisen zu können, brauchte sie den wirtschaftlichen Erfolg des Niederlassungsleiters. Das Restteam verständigte sich, die gescheiterte Zusammenarbeit mit der ausgesprochen starken Persönlichkeit des Niederlassungsleiters zu erklären. Damit konnte jeder leben.

Man sieht: Gerade in einer virtuellen Zusammenarbeit können sich einzelne Mitarbeiter den Verpflichtungen gegenüber dem Team leichter entziehen als in der lokalen Zusammenarbeit vor Ort. Das gilt erst recht dann, wenn in einem Projekt der betreffende Mitarbeiter nicht zu 100 Prozent für das Projekt freigestellt ist.

Die Offenlegung von Zielkonflikten bringt zwar zunächst immer Irritationen mit sich, ist aber letztlich eine vertrauensbildende Maßnahme. Die durch „Handlungszwänge" hervorgerufenen Störungen können richtig eingeordnet werden und wirken dann nicht mehr (oder zumindest weit weniger) als Fliehkräfte.

Fehlende Transparenz führt dagegen oft nur zu Ersatzerklärungen. Schnell kommt es zu psychologischen Interpretationen. „Der ist ...!" Beliebt ist dann etwa, störendes Verhalten als „Profilneurose" zu diagnostizieren. Damit ist dann zwar alles erklärt, aber die Fliehkräfte bekommen umso mehr Nahrung. Wer will schon mit einem „Profilneurotiker" in einem Team zusammenarbeiten?

→ Praxistipp:

Menschen verhalten sich immer nutzenorientiert. Fliehkräfte können entstehen, wenn organisationsbedingte Zielkonflikte oder Unvereinbarkeiten von Teamzielen und persönlichen Interessen nicht besprochen werden. Sie führen zu Verhaltensweisen, die eine gute Kooperation verhindern.

Personifiziertes Misstrauen

Unabhängig von der konkreten Zusammenarbeit gibt es ein Vertrauen in die Organisation, zu der man gehört. Luhmann bezeichnet dies als Systemvertrauen. Ihnen als Führungskraft wird ein grundsätzliches Vertrauen entgegengebracht, weil Sie Mitglied des sozialen Systems (Organisation) sind und man davon ausgeht, dass Sie in der Rolle, die Sie einnehmen, erwartungsgemäß handeln werden. Ihre Mitarbeiter verzichten bewusst darauf, jede Ihrer Aussagen zu überprüfen. Sie glauben Ihnen in Ihrer Rolle als Führungskraft. Das Systemvertrauen trägt so entscheidend sowohl zur Effizienz als auch zur Effektivität der Zusammenarbeit bei.

Allerdings ist dieses Vertrauen nicht grenzenlos. Virtuelle Mitarbeiter fühlen sich oft von ihrer Firma abgeschnitten – auch wenn sie im virtuellen Team zusammenarbeiten. Fällt es der Führungskraft schwer, über die Distanz (bzw. Medienkommunikation) ihre Teammitglieder umfassend in Entscheidungsprozesse einzubinden, folgt auf die physische Distanz schnell die psychische Distanz – der ideale Nährboden für Misstrauen.

Wenn Ihre Mitarbeiter den Eindruck gewinnen, dass Sie Ihrer Rollenerwartung nicht gerecht werden, werden sie ihr Misstrauen personifizieren („Der kümmert sich doch nur um seine eigenen Interessen ..."). Sobald die Teammitglieder Ihnen persönlich Misstrauen entgegenbringen, ist die Akzeptanz Ihrer Führung gefährdet und das Systemvertrauen geschwächt. Mit dem Wegfall der ordnenden Instanz (Führung) werden Fliehkräfte wach, die sehr nachhaltig zerstörerische Wirkung auf das Team haben können.

Wenn Sie also selbst mit Handlungen oder Entscheidungen (vorgegebenen oder eigenen) in das Team hineinwirken, müssen Sie sich ausreichend Zeit nehmen, um Ihre Maßnahmen umfassend zu erklären und deren Nachvollziehbarkeit sicherzustellen. Bedenken Sie immer: Ihre Mitarbeiter arbeiten in einem anderen Umfeld. Auch als Führungskraft teilen Sie nicht deren Wirklichkeit, zumindest nicht in ausreichendem Maße.

➜ *Praxis*tipp:
Erhalten Sie das Systemvertrauen durch Offenheit und Transparenz. Auch wenn für Sie vieles selbstverständlich oder einfach notwendig erscheint: Kommunizieren Sie! Erzählen Sie viel über die Hintergründe Ihres Handelns und geizen Sie nicht mit der Schilderung Ihrer persönlichen Beweggründe.

5.1.2 Die Bindekräfte

Auf die virtuelle Zusammenarbeit wirken die Bindekräfte segensreich. Sie unterstützen die Teamorientierung und wirken sich produktiv auf die Zusammenarbeit aus. Der Verlust an Bindekräften findet oft schleichend statt und kann auf Grund der Distanz lange unbemerkt vor sich gehen. Nehmen Sie den Begriff „Teamgeist" wortwörtlich. Gute Geister bleiben nur so lange, wie sie gepflegt werden. Böse Geister kommen von ganz alleine! Die wichtigsten Bindekräfte sind folgende:

Persönlicher Beitrag / Anerkennung

Wer will schon das fünfte Rad am Wagen sein? Jeder fühlt Stolz, wenn er seine Anstrengung und Leistungen gewürdigt sieht. Wir Menschen sind soziale Wesen und emotional auf positive Rückmeldungen aus der Umwelt angewiesen. Gerade bei einer virtuellen Zusammenarbeit ist es wichtig, dass es eine Resonanz auf die eigenen Beiträge gibt.

Die fehlende (gefühlte) Anerkennung ist ein weit verbreitetes, defizitäres Führungsthema. Die Leistungen der Mitarbeiter werden oft als selbstverständlich angesehen. Zu wenig wird ein Wort darüber verloren.

Bei einer lokalen Zusammenarbeit entwickeln Mitarbeiter filigrane Strategien, um sich über Umwege Rückmeldungen zu holen. Ein kurzer Statusbericht auf dem Flur reicht manchmal, um die gewünschte Würdigung doch noch zu hören.

Bei der virtuellen Führung fallen solche (Ersatz-)Möglichkeiten gänzlich weg. Welcher Mitarbeiter ruft schon an und fragt, ob das abgelieferte Ergebnis auch gut ist? Mit anderen Worten: Um Distanzen zu überwinden, sind Sie viel stärker gefordert, auf die Äußerung von Anerkennung zu achten.

➔ *Praxistipp:*

Sprechen Sie bei jeder Rückmeldung (sowohl zur erbrachten Leistung als auch zum Verhalten im Team) darüber, wie Sie die Leistung wahrnehmen und einschätzen. Heben Sie Leistungen oder besondere Anstrengungen deutlich hervor.

Aber nur, wenn Sie es wirklich meinen! Bei Floskeln wächst die persönliche Distanz. Wenn Sie im Team eine Leistung würdigen wollen, dann muss dies mit den generellen Leistungswerten im Team übereinstimmen, d.h. Ihr Lob muss als angemessen erlebt werden.

Mentale Vernetzung

Mentale Vernetzung in einem Team bedeutet: Jedes Teammitglied denkt, fühlt und handelt in die gleiche Richtung – wie die anderen Teammitglieder.

Jeder im Team hat zu Beginn eigene Vorstellungen, Annahmen und Überzeugungen über die Art und Weise, wie das Ziel verfolgt, wie die kollegiale Zusammenarbeit und auch wie die Führung auszusehen hat. Wenn Sie in Ihrem Team sagen, dass Sie eine gute Zusammenarbeit erwarten – was macht Sie sicher, dass alle Teammitglieder darunter genau das Gleiche verstehen?

In der Vorstellung eines Teammitglieds bedeutet das vielleicht, dass gerade bei einer virtuellen Zusammenarbeit alle auftretenden Unstimmigkeiten und Konflikte sofort zur Sprache zu bringen sind. Das mentale Modell eines anderen Teammitglieds kann dagegen in der Annahme bestehen, dass es bei einer virtuellen Zusammenarbeit vor allem auf höchste Toleranz und auf die Vermeidung jeglicher Konflikte ankommt. Auf Grund der verschiedenen mentalen Modelle werden die Teammitglieder ein unterschiedliches Verhalten an den Tag legen. Die Störung in der Zusammenarbeit ist vorprogrammiert.

Im alltäglichen Miteinander werden solche Störungen schneller wahrgenommen und können (im Idealfall) sofort besprochen und geklärt werden. In einem räumlich verteilten Team sind solche Irritationen nicht so einfach wieder aufzufangen, da sie häufig gar nicht kommuniziert werden – allein schon, weil es dazu kaum informelle Gelegenheiten gibt. Der Mitarbeiter denkt sich dann seinen Teil über das befremdende Verhalten eines Kollegen (oder über Ihres!) und die Bindekräfte schwinden.

Eine ausreichende mentale Vernetzung herzustellen ist eine wichtige Aufgabe im Teamentwicklungsprozess, insbesondere bei virtuellen Teams. Im Folgenden wird darauf noch ausführlicher eingegangen. Hier sei darauf hingewiesen, dass die mentale Vernetzung nie abgeschlossen sein wird. Störungen auf Grund unterschiedlicher mentaler Modelle treten immer wieder auf. Die Bemühungen um eine mentale Vernetzung dürfen also nie eingestellt werden, denn sie ist eine wichtige Bindekraft.

→ *Praxis*tipp:

Nutzen Sie Irritationen, um über die mentalen Modelle zu sprechen, die solche Störungen auslösen. Wenn Sie noch verborgene Annahmen ansprechen, ist das ein weiterer Schritt zur besseren, d. h. gemeinsamen mentalen Vernetzung.

Besprechen Sie, warum sich der Einzelne so verhalten und warum der andere es eigentlich anders erwartet hat. Über die Entdeckung der Unterschiede entstehen neue mentale Vernetzungen im Team.

Vertrauen

Ohne Vertrauen geht gar nichts. Oben wurde bereits ausgeführt, dass Vertrauen den Aufwand, der mit zusätzlicher Informationsbeschaffung und/oder Kontrollen einhergeht, reduziert.

In der operativen Teamarbeit kommt es immer wieder zu Missverständnissen und es treten Ungereimtheiten auf. Solche Störungen dürfen nicht dazu führen, Zweifel an der Redlichkeit aufkommen zu lassen. Keinesfalls sollte die Überzeugung abnehmen, dass sich auch wirklich jeder dafür einsetzt, im gemeinsamen Sinne zu handeln – auch wenn er die Möglichkeit hat, sich anders zu verhalten.

Eine stabile Vertrauensbasis in einem virtuellen Team ist immer personengebunden. Man darf nicht übersehen, dass Teams „Zwangsgemeinschaften" bilden. Teammitglieder vertrauen untereinander erst, wenn sie gegenseitig positive Erfahrungen gemacht haben (z.B. Verlässlichkeit oder Zugänglichkeit). Gegenüber fremden Personen gibt es kein blindes Vertrauen. Jeder braucht klare Zeichen, damit er vertrauen kann. Vertrauen entsteht dann, wenn dem anderen auch etwas zugetraut wird.

Bestehendes und bestätigtes Vertrauen erleichtert die Kommunikation. Größere Offenheit sorgt für mehr Ehrlichkeit und jeder kümmert sich dann auch eher darum, dass Informationen schnell weitergereicht werden. Kontaktbereitschaft und Toleranz nehmen zu. Bei einer Kommunikation, die vorrangig über Medien abläuft, ist gerade in einem virtuellen Team Vertrauen unbedingt erforderlich. Allerdings ist es gerade dort auch nur schwer aufzubauen (und aufrechtzuerhalten!). Um dieses Dilemma zu lösen, muss sich jeder Einzelne als Architekt der virtuellen Zusammenarbeit begreifen und mitverantwortlich fühlen.

Heben Sie als Führungskraft deshalb Beiträge, die vertrauensfördernd sind, öffentlich hervor. Bedanken Sie sich für Aktivitäten wie z. B. persönliche Stellungnahmen zu Geschehnissen, die außerhalb des Teams passieren, aber für das Team relevant sein können. Begrüßen Sie die Äußerungen von persönlichen Einschätzungen, bei denen auch das Risiko besteht, dass das Teammitglied dafür in die Kritik geraten kann.

In Ihrer Führungsrolle können Sie hier klare Zeichen setzen. Gehen Sie selbst in Vorleistungen. Sprechen Sie auch über Unausgegorenes. Suchen Sie den kooperativen Dialog. Sie demonstrieren so, dass Vertrauen mit einem Risiko behaftet ist. In diesem Fall besteht ihr Vertrauensvorschub darin, sich sicher zu sein, dass sich später kein Mitarbeiter auf eine in diesem Kontext gemachte Äußerung berufen wird – zu welchem Zweck auch immer.

Auch ein gemeinsamer Austausch über die Bedeutung des Vertrauens in der virtuellen Zusammenarbeit kann vertrauensbildend wirken. So entsteht eine weitere mentale Vernetzung. Denn wie sich Vertrauen konkret im Handeln zeigt, auch darüber gibt es sehr unterschiedliche Vorstellungen.

→ *Praxis*tipp:

Vertrauen entsteht nicht dadurch, dass man es einfach voraussetzt oder reklamiert. Sagen Sie nicht: „Ich bin sicher, dass wir alle vertrauensvoll zusammenarbeiten werden." Keiner weiß, was Sie konkret meinen und jeder fragt sich, was Sie da so sicher macht. So entsteht kein Vertrauen. Vielmehr wird es aufgebaut, indem man vertrauensgebend handelt und darüber spricht: auch über mögliche Fallstricke, die einen Verlust an Vertrauen nach sich ziehen können.

Zugehörigkeit

Sind Sie selbst Mitglied eines Teams? Definieren Sie sich eher als Mitglied des Teams, oder fühlen Sie sich dem Team innerlich verbunden?

Um sich einem Team wirklich zugehörig zu fühlen, muss man sich als Teil des Teams verstehen und erleben. Auch wenn man sich immer wieder darüber im Klaren sein muss, hier einer „Zwangsgemeinschaft" beizuwohnen – in der Rolle als Mitarbeiter hat jedes Teammitglied dennoch den deutlichen Wunsch und das klare Bedürfnis, dazuzugehören. Dafür ist es auch bereit, sich auf die Belange des Teams einzulassen. Greifen Sie solche „Angebote" positiv kommentierend auf. Sie tragen so mit dazu bei, dass dem bestehenden Bedürfnis nach Zugehörigkeit Rechnung getragen wird.

Eine positive Wertigkeit des gemeinsamen Ziels kann die Bindung an das virtuelle Team zwar stärken, ein Gefühl der Zugehörigkeit erzeugt dies allein aber noch nicht. Notwendig ist besonders die emotionale Einbindung in das Team. Dazu gehört die Erfahrung, dass die eigenen Beiträge bei den anderen Teammitgliedern auf Akzeptanz und Wertschätzung stoßen. Dazu bedarf es auch vielfältiger Signale Ihrerseits.

Die reine Mitgliedschaft in einem Team ist eine eher formale Sache und aktiviert kaum Bindekräfte. Solche Teammitgliedschaften finden Sie etwa bei Mitarbeitern, die auf Grund ihres Knowhows Ihrem Projekt zeitweise zuarbeiten. Hier wird die Zugehörigkeit über die gegenseitige Verbindlichkeit getroffener Absprachen hergestellt. Eine innere Zugehörigkeit wird sich kaum entwickeln – und sie ist hier auch nicht nötig.

→ *Praxis*tipp:
Das Gefühl dazuzugehören entwickelt sich über gemeinsam geteilte Erlebnisse. Ab und zu eine kleine Geschichte am Rande, die gar nicht zur Sache gehören muss, kann bereits dazu beitragen. Auch in den E-Mails kann eine kleine persönliche Botschaft große Wirkung erzielen.

Zielkonsens/Identifikation

Bindekräfte entstehen, wenn sich die Mitglieder eines Teams das anfangs gesetzte Ziel auch wirklich zu eigen machen. Ein zu Beginn erarbeitete Zielkonsens bleibt nicht automatisch bestehen und reicht auch bei Weitem nicht aus.

Denn während der Zusammenarbeit treten immer wieder Ereignisse ein, die Zweifel wach werden lassen. Die Mitarbeiter machen sich z. B. Gedanken darüber, ob das Ziel in der angestrebten Qualität überhaupt erreicht werden kann; ob alles in der geplanten Zeit durchführbar ist; ob das Ziel vonseiten des Managements noch wirklich gewollt wird; oder ob das Ziel angesichts der gegebenen Störungen im Team selbst überhaupt zu realisieren ist.

Jedes Teammitglied macht sich seine eigenen Gedanken zum Thema Zielerreichung. Werden die Bedenken nicht im Team besprochen und so miteinander geteilt, bleiben die Teammitglieder buchstäblich auf ihren Gedanken sitzen. Dann besteht die Gefahr, dass die Identifikation mit dem Ziel und somit das eigene Engagement abnimmt. Informationen und auch Gerüchte, die von außerhalb kommen, werden dann gerne aufgegriffen, um den eigenen Sorgen Nahrung zu geben.

Um dies zu verhindern, sollten Sie zulassen, dass der Sinn des Ziels und die damit verbundenen Aufgaben immer wieder kritisch reflektiert werden. Werden auf Grund von Umsetzungsschwierigkeiten, Zeitverzug oder auch unvorhergesehenen, aber zielrelevanten Veränderungen im Umfeld der Mitarbeiter Zweifel geäußert, sind diese immer als Zeichen für eine vorhandene Identifikation mit dem Ziel zu werten. Die Bereitschaft, es erreichen zu wollen, ist ungebrochen.

In der Praxis neigen Führungskräfte dazu, geäußerte Bedenken als Ausdruck mangelnder Motivation zu bewerten und schnell dagegen zu reden. Es kommt dann zu Belehrungen, die meistens so anfangen: „Das müssen Sie so sehen ...!"

Ob der Mitarbeiter dann seine Sicht verändert hat, wird nicht mehr hinterfragt. Natürlich äußert er sich dann auch nicht mehr. Über elektronische Medien ist eine weitere Diskussion in dem Fall erst recht wenig Erfolg versprechend.

Wenn kritische Sichtweisen nicht gemeinsam erörtert werden (weil sie oft nicht erörtert werden dürfen), kann es zu einer schleichenden Verabschiedung vom Zielkonsens und vom gesamten Team kommen: Die Bindekräfte schwinden. Aus der Ferne werden solche Entwicklungen meist sehr spät bemerkt. Ein wichtiger Indikator ist, dass sich wahrnehmbare Nachlässigkeiten oder Qualitätsminderungen zeigen.

→ **Praxis**tipp:

„Sinn kann nicht gegeben werden, sondern muss gefunden werden." Nehmen Sie diesen Gedanken des bedeutenden Psychologen Viktor Frankl als anregende Herausforderung, Zweifel und Bedenken Ihrer Teammitglieder konstruktiv aufzugreifen. Besprechen Sie die oft dahinter liegenden Sinnfragen über den Nutzen der gemeinsamen Anstrengungen.

Gerechtigkeit

Das Thema Gerechtigkeit ist ein grundlegendes, menschliches Thema – es wird viel darüber diskutiert, wenn es auch nie vollkommen zu verwirklichen ist. Auf persönlicher Ebene aber weiß jeder, wie es sich anfühlt, Ungerechtigkeit zu erfahren – und auch, was nötig ist, um empfundene Ungerechtigkeiten „ad acta" legen zu können. Das Problem ist nur, dass die jeweilige Wahrnehmung des Unrechts nicht unbedingt von den anderen geteilt wird.

Für den Zusammenhalt eines virtuellen Teams spielt das Erleben von Gerechtigkeit eine zentrale Rolle. Erlebte Ungerechtigkeit geht immer mit belastenden Emotionen einher, z.B. mit Ärger, Entrüstung oder Enttäuschung. Da wahrgenommene Ungerechtigkeit ein subjektives und individuelles Empfinden ist, fällt es meistens sehr schwer, anderen dieses Gefühl mitzuteilen. Neben der persönlichen „Barriere" stellt in solchen Fällen die Kommunikation über elektronische Medien ein noch größeres Hindernis dar.

Mit der Problematik selbst erlebter Ungerechtigkeit lässt sich am besten umgehen, wenn man miteinander vorab klare Vereinbarungen trifft. Deren wichtigste Funktion ist, dass sie das Einklagen legitimieren. Mit anderen Worten: Über Vereinbarungen werden Teamnormen geschaffen, deren Einhaltung öffentlich eingefordert werden darf.

Der psychologische Nutzen: Der Kläger muss sich nicht in seiner persönlichen Verletzlichkeit präsentieren. Dies ist eine grundlegende Voraussetzung für eine gute Zusammenarbeit im Arbeitsalltag. Wenn man sich ungerecht behandelt fühlt, steht dahinter meist die Idee, dass andere bevorzugt werden.

→ **Praxis**tipp:

Betonen Sie Ihre Absicht, sich für erlebbare, teamrelevante Gerechtigkeit einzusetzen. Laden Sie Ihre Teammitglieder dazu ein, sich bei erlebter Ungerechtigkeit an Sie zu wenden. Verweisen Sie auf die Schwierigkeit, dieses Thema in einem virtuellen Team anzugehen. Bitten Sie als Führungskraft Ihre Mitarbeiter dabei um Unterstützung. Bieten Sie ihnen für jeden Fall verlässlich Ihre Hilfe an.

Welche Ausprägungen die verschiedenen Flieh- und Bindekräfte im einzelnen virtuellen Team haben, ist von Team zu Team unterschiedlich. Die verschiedenen Persönlichkeiten die teamspezifische Dynamik sowie die Art und das Ausmaß der Abhängigkeiten untereinander spielen dabei eine wichtige Rolle.

→ **Arbeitsblatt 26: Praxisreflexion**

Welche Flieh- und Bindekräfte wirken in Ihrem Team?

Fliehkräfte	Erscheinungsform in der Praxis	Handlungsbedarf?
Kontaktarmut/ Gruppengröße		
Autonomiestreben		
Leistungsengagement		
Kulturelle Unterschiede		
Zielkonflikte		
Personifiziertes Misstrauen		

Bindekräfte	Erscheinungsform in der Praxis	Handlungsbedarf?
Persönlicher Beitrag/Anerkennung		
Mentale Vernetzung		
Vertrauen		
Zugehörigkeit		
Identifikation/ Zielkonsens		
Gerechtigkeit		

5.2 Virtuelles Linien- und virtuelles Projektteam

Ausmaß und Auftreten der Binde- und Fliehkräfte, die auf ein Team wirken, hängen auch maßgeblich von der Art des virtuellen Teams ab.

Sie führen ein virtuelles Linienteam, wenn Ihr Team
- auf Dauer besteht,
- fest zugehörige Mitglieder hat,
- Ihnen die Mitarbeiter direkt unterstellt sind,
- ein relativ fest definiertes Aufgabengebiet hat und
- die Mitglieder in ihren Arbeitsaufgaben aufeinander angewiesen sind.

Sie führen ein virtuelles Projektteam, wenn
- Ihre Teammitglieder aus unterschiedlichen Organisationseinheiten oder sogar von externen Firmen kommen,
- die Zusammenstellung des Teams nach den Kriterien Fachexpertise und Verfügbarkeit erfolgt ist,
- das Team sich mit dem Erreichen des Ziels wieder auflöst,
- das Team keine stabile Zusammensetzung hat (während der Laufzeit können weitere Fachexperten dazustoßen und andere das Team verlassen),
- die Mitglieder an ihrem Arbeitsplatz verbleiben und weiterhin ihrer dortigen Führungskraft unterstellt sind,
- dessen Mitglieder nur manchmal oder auch nur zu einem gewissen Anteil in Ihrem Team mitarbeiten, somit auch noch andere Aufgaben wahrnehmen,
- Sie nur die Verantwortung für das Erreichen des gesetzten Ziels haben, also die Mitarbeiter nur fachlich führen.

Je nachdem, ob Sie ein virtuelles Linienteam oder ein Projektteam führen – im Umgang mit Flieh- und Bindekräften werden Sie unterschiedliche Schwerpunkte setzen müssen. Wir möchten die Führungsarbeit in diesem Zusammenhang von drei verschiedenen Führungsebenen aus betrachten:

Auf der Ebene der strukturellen Führung wird der handlungsleitende Rahmen vorgegeben. Dazu zählen:
- Leitlinien (wie Grundsätze zur Zusammenarbeit in einem virtuellen Team oder Kommunikationsmanagement) und/oder
- direkte Handlungsrichtlinien (wie Ziele, Prozesse, Berichtswesen).

Auf der Ebene der interaktionellen Führung bestehen drei Führungsaufgaben:
- die Begleitung und Steuerung der fachlichen Arbeit und des Leistungsverhaltens der einzelnen Teammitglieder
- die Einflussnahme auf das Verhalten der Mitarbeiter als Teammitglied und dessen Interaktion mit den Teamkollegen
- die Begleitung und Steuerung des gruppendynamischen Prozesses im Team selbst

Auf der Ebene der teambasierten Führung werden bestimmte Führungsaufgaben vom Team gemeinsam oder auf Einzelne verteilt wahrgenommen. Diese sind vorrangig:
- → die Gestaltung der Prozesse von: Koordination, aufgabenbezogener und kollegialer Kommunikation und Kooperation
- → die fachliche Unterstützung der Mitglieder untereinander
- → die wechselseitige Einflussnahme auf das soziale Teamverhalten zur Sicherung einer kooperativen und zufrieden stellenden Team- und Arbeitskultur

5.2.1 Ein virtuelles Linienteam führen

Ein Linienteam umgibt ein tragender Rahmen, auch wenn die Mitarbeiter an unterschiedlichen Standorten tätig sind. Ziele und Aufgaben werden weitgehend in konstanter Zusammensetzung verfolgt.

Ein solches Team sammelt kontinuierlich Erfahrungen im Miteinander, aus denen sich im positiven Verlauf starke Bindekräfte wie Zugehörigkeit, Vertrauen und Identifikation entfalten können. Gemeinsam erarbeitete Regeln, Normen und Umgangsformen erleichtern die Zusammenarbeit. Hier kann die Arbeit auf Distanz sogar den Vorteil haben, dass sich der Einzelne nicht tagtäglich mit den speziellen Eigenarten seiner Kollegen auseinandersetzen muss.

Liegt außerdem ein abgestimmter Entscheidungsrahmen für die Mitarbeiter vor, gewinnt jeder durch die bestehende strukturelle Stabilität eine hohe Handlungssicherheit.

Ist das Team erst einmal so organisiert, wächst allerdings die Gefahr, dass das Autonomiestreben einzelner Mitarbeiter mehr Raum bekommt und sich zur Fliehkraft entwickelt. Durch die notwendige und geforderte Eigenständigkeit am eigenen Arbeitsplatz in der Ferne richten sich die Mitarbeiter jeweils darin ein und beginnen, verstärkt Eigenwelten aufzubauen. Auch wenn die Schnittstellen (Berichte etc.) „sauber" bedient werden, kann mit der Zeit das Verantwortungsgefühl gegenüber dem Team abnehmen. Dies wird vielleicht erst bei Veränderungen deutlich, die Auswirkungen auf die etablierte Eigenwelt haben. Solche Einflussnahmen werden dann, wenn sie anstehen, mitunter heftig abgewehrt, da sie nicht in die Eigenorganisation passen. Um solchen Entwicklungen vorzubeugen, sollten Sie besonders den Bindekräften Ihre Aufmerksamkeit schenken. Vor allem auch dann, wenn scheinbar alles gut läuft. Wir können es nicht oft genug betonen: Viele Fliehkräfte wirken gerade in virtuellen Teams lange Zeit im Verborgenen.

Virtuelle Linienteams brauchen zur Etablierung und Stabilisierung der Bindekräfte vor allem interaktionelle Führung. Dabei geht es immer darum, die zielbezogene Zusammenarbeit im Team führend zu begleiten. Lassen Sie sich dabei von folgendem Grundsatz leiten:
- → Wenn die Zusammenarbeit untereinander gut klappt, liegt das an der Qualität der Interaktion zwischen den Teammitgliedern. Es ist nie der Einzelne, der eine gute Zusammenarbeit sicherstellen kann.

→ Im umgekehrten Fall ist das Verhalten Einzelner zunächst immer als Folge einer missglückten Interaktion zu verstehen. Wenn also Probleme auftreten, sollten Sie immer mit allen direkt daran Beteiligten eine Lösung suchen und nur in gut begründeten Fällen beim Einzelnen ansetzen.

Die Pflege des Teamgedankens sollte immer im Vordergrund stehen. Mit der Stärkung der Bindungen untereinander bauen Sie individuellen Verselbstständigungen vor.

Die Früchte Ihrer Bemühungen ernten Sie, wenn durch Impulse von außen das Team in Unruhe kommt bzw. kommen muss und es auf den Zusammenhalt im Team ankommt. Eine Möglichkeit, den Teamgedanken immer frisch zu halten, ist beispielsweise, Zusatzaufgaben von mehreren Mitgliedern bearbeiten zu lassen.

→ **Praxis**tipp:

Fragen Sie sich jeden Tag, was Sie heute für den Zusammenhalt des Teams unternommen haben.

Wie eng bei virtuellen Linienteams der strukturelle Rahmen zu setzen ist, ist u. a. davon abhängig, wie viel Kreativität und Flexibilität die gemeinsame Aufgabenbewältigung benötigt. Um fehlende Bindekräfte (z. B. fehlende Vernetzung, mangelndes Vertrauen oder kein gemeinsamer Zielkonsens) zu kompensieren, ist man als Führungskraft manchmal zu schnell dabei, sich auf eine enge strukturelle Führung zurückzuziehen.

Andererseits: Je eher es Ihnen und Ihrem Team gelingt, ein hohes Maß an Verbindlichkeit und gemeinsamer Verantwortung zu etablieren, desto mehr teambasierte Führungsanteile können Sie an Ihr Team abgeben. Im Idealfall stehen Sie Ihrem Team als ein Coach oder Berater zur Verfügung.

→ **Arbeitsblatt 27: Praxisreflexion**

Wie können Sie die Teamarbeit Ihres virtuellen Linienteams aktiv weiter fördern?

Strukturelle Führung	Interaktionelle Führung	Teambasierte Führung

5.2.2 Ein virtuelles Projektteam führen

Das virtuelle Projektteam hat im Vergleich zum Linienteam einen anderen tragenden Rahmen. In Verbindung mit dem zu erreichenden Ziel erfolgt über die Projektplanung eine hohe strukturelle Führung. Eingebunden in einen von der Organisation vorgegebenen Leitprozess gibt die projektspezifische Planung dem einzelnen Teammitglied vor, welche Arbeiten es bis wann mit welcher Qualität zu erledigen hat. Je nach Detailtiefe des Prozesses und der Projektplanung sind die individuellen Freiheitsgrade mehr oder weniger stark reduziert.

Die Handlungssteuerung geschieht somit weitgehend über die strukturelle Führung. Wenn sich alle exakt an die Planungsvorgaben halten würden, könnte sogar viel der verbleibenden Koordination und Kooperation über die teambasierte Führung erfolgen. Die interaktionelle Führung würde sich dann auf eine generelle Überwachungsfunktion beschränken.

Virtuelle Projektteams gehen ihren eigenen Geschäftsinteressen in einem organisatorischen Umfeld nach, die oft dem Projektziel manchmal sogar konträr gegenüberstehen. Zwar hilft eine miteinander beschlossene Projektplanung, diesen Einflüssen zu begegnen, aber Papier ist oft sehr geduldig. Hinzu kommt, dass sich auch ein virtuelles Projektteammitglied nie ganz aus der Dynamik des Tagesgeschäfts herausziehen kann, auch wenn es sich in der Verfolgung des eigenen Ziels auf die einmal erstellte Planung beruft.

Wie bedeutsam diese strukturelle Führung für ein virtuelles Projektteam ist, zeigt sich dann, wenn sie zum Spielball der Außeninteressen werden, weil trotz Zielfestlegung ihre Planung von Anfang an nicht ausreichend war. Nicht wenige Teams scheitern daran.

In einem virtuellen Projektteam ist interaktionelle Führung dann besonders gefordert, wenn jedes Teammitglied für sich und das Team gemeinsam Bewältigungsstrategien entwickeln muss, um zu verhindern, dass die Außeneinflüsse (Ansprüche des Heimatstützpunktes, andere Ziele der Führungskraft, denen der Mitarbeiter unterstellt ist) nicht zu einer gewichtigen Fliehkraft werden. Die Gefahr ist dann besonders groß, wenn die Teammitglieder – und das ist oft die Regel – mit ihrer Arbeit auch noch in andere Einheiten eingebunden sind.

Auch die fachliche Vielfalt bei den Mitarbeitern kann sich im virtuellen Projektteam als Fliehkraft erweisen, umso mehr, wenn es auf dem Weg zum Ziel keine eindeutigen Zwischenlösungen gibt, in der alle fachspezifischen Interessen gleichberechtigt integriert werden können.

Die organisationsbedingten Ziel- und Interessenkonflikte machen es der Führungskraft schwer, Bindekräfte wie Zugehörigkeit, Vertrauen und mentale Vernetzung aufzubauen. Die Bereitschaft, sich mental aus dem Heimatumfeld zu lösen und auf das Team einzulassen, ist angesichts der zeitlich befristeten Verweildauer im Projektteam nicht immer gegeben. Entsprechend fehlt dann oft das notwendige Engagement der Teammitglieder, Mitverantwortung für das Erreichen des Projektziels zu übernehmen.

Als Führungskraft eines virtuellen Projektteams liegt der Schwerpunkt Ihrer Arbeit deshalb vor allem darin, Fliehkräfte einzufangen. Konkret bedeutet dies, dass Sie mit Ihren Teammitgliedern immer wieder neu die aktuell gegebenen Rahmenbedingungen diskutieren und die damit verbundenen Auswirkungen auf die Zusammenarbeit, insbesondere das Schnittstellenmanagement untereinander, betrachten und klären sollten.

Mitglieder virtueller Projektteams geraten schnell in Loyalitätskonflikte, wenn sie z. B. von zwei Seiten (Projekt und Linie) mit Aufgaben betraut werden, die in dem vorgegebenen Zeitrahmen nicht zu bewältigen sind. Um in diesem Fall eine klare Orientierung und Handlungssicherheit vermitteln zu können, ist die strukturelle Führungsebene sehr wichtig (z.B. klare Vereinbarungen mit dem Linienmanagement, ausreichend detaillierte und abgestimmte Planung, Orientierung an den Leitprozessen).

Exkurs:

In der Führungsforschung taucht immer wieder die Frage auf, ob ein virtuelles Team überhaupt eine Führung braucht oder ob nicht bei einer strukturellen Führung (z. B. klares Ziel) die Feinjustierung über die teambasierte Führung ausreichen würde.

Der vollständige Verzicht auf eine interaktionelle Führung würde aus unserer Sicht aber bedeuten, dass die Teammitglieder folgende soziale (Zusatz-)Leistungen erbringen müssten:
- → Entscheidungsprozesse in der Gruppe steuern und gleichzeitig als Experte die eigenen Standpunkte vertreten
- → soziale und gruppendynamische Prozesse steuern, an deren Entstehung sie selbst beteiligt sind
- → auf das eigene Verhalten selbstreflexiv und auf das Verhalten der anderen korrigierend einwirken können und dürfen

Jedes Teammitglied müsste sich also einerseits aktiv in das Geschehen einbringen und andererseits das Gesamtgeschehen steuern, notwendige Klärungsprozesse selbst anstoßen und sie moderierend begleiten.

Mit anderen Worten: Jedes Teammitglied müsste jederzeit in der Lage und bereit sein, selbst die Führung zu übernehmen, und müsste dafür auch von den anderen legitimiert werden. Zusätzlich dürfte bei keinem Teammitglied, das ja Gleicher unter Gleichen ist, der Blick auf das Ganze durch Koalitionen, Rivalitäten oder Interessenunterschiede verstellt sein.

Das verlangt zu viel. Denn in der Praxis würde das zusätzlich bedeuten, dass jedes Teammitglied situationsschnell die Rolle wechseln müsste: heute Teammitglied, morgen Teamführung, übermorgen wieder Teammitglied. Dies könnte bei einer standortverteilten Arbeitsorganisation chaotische Zustände hervorrufen.

> **→ Arbeitsblatt 28: Praxisreflexion**
>
> *Versuchen Sie, für sich die strukturellen, interaktionellen und teambasierten Führungsanteile zu identifizieren:*
> - *Welche helfen Ihnen, Fliehkräfte einzufangen?*
> - *Welche helfen Ihnen, Bindekräfte zu stärken?*
>
> | Strukturelle Führung | Interaktionelle Führung | Teambasierte Führung |
> |---|---|---|
> | | | |
> | | | |
> | | | |
> | | | |

5.3 Der Aufbau der Zusammenarbeit im virtuellen Team

Eine gute Zusammenarbeit in einem Team basiert auf zwei weit reichenden Gemeinsamkeiten.
- Die Teammitglieder sind sich darüber einig, was sie von ihren Kollegen und ihrer Führung erwarten können und dürfen, und
- alle Teammitglieder erklären sich bereit, ihr Verhalten nach den Erwartungen im Team auszurichten.

Die Verständigung darüber ist die tragende Säule in der virtuellen Zusammenarbeit. Diese Einvernehmlichkeit sorgt für Orientierung und vermittelt jedem Teammitglied die notwendige Sicherheit.

Für jedes Teammitglied sollte es selbstverständlich sein, den Verpflichtungen auch dann nachzukommen, wenn die Kollegen physisch nicht präsent sind. Rechtzeitig Informationen weiterzugeben, sich frühzeitig miteinander abzustimmen und vor allem zuverlässig die Belange der Kollegen bei der eigenen Arbeitsorganisation zu berücksichtigen – alles das erfolgt verlässlich, wenn das Team als Ganzes sowie die einzelnen Kollegen füreinander psychisch präsent sind.

Es ist sehr unwahrscheinlich, dass diese Gemeinsamkeiten zu Beginn schon in ausreichendem Ausmaß gegeben sind. Wie viel noch gemeinsam zu erarbeiten ist, hängt davon ab, was die Personen jeweils mitbringen (beispielsweise persönliche Einstellungen und Sichtweisen, soziale Kompetenzen) und welche Anforderungen das Ziel an die Zusammenarbeit im Team stellt.

Unwahrscheinlich ist allerdings auch, dass Sie ganz bei Null anfangen müssen. Meist kann auf einem schon vorhandenen gemeinsamen Hintergrund aufgebaut werden, den alle Teammitglieder teilen. Dazu gehören z. B. gemeinsam geteilte, übergreifende kulturelle Werte und Normen, die spezifische Unternehmenskultur und auch das systembedingte Vertrauen, das der Einzelne in die Kooperation mit einbringt.

Trotzdem kann die Differenz aber auch durchaus groß sein.
- → Die geringste Übereinstimmung werden Sie sicher vorfinden, wenn Sie mit einem interkulturellen Team arbeiten.
- → Nicht zu unterschätzen sind auch virtuelle Teams, bei denen die Teilnehmer aus unterschiedlichen Organisationen kommen. Geprägt von der jeweiligen Unternehmenskultur können da sehr unterschiedliche Erwartungen und auch Verhaltensweisen aufeinandertreffen.
- → Selbst wenn die Teilnehmer aus gleichem Hause kommen, ist noch lange nicht gesagt, dass sie viele Gemeinsamkeiten haben werden. Interne Organisationseinheiten, die im Alltag weit gehend getrennt voneinander agieren, haben meist „ihr Eigenleben" entwickelt. Man denke nur an die unterschiedlichen Welten von Außendienst und Innendienst oder die Differenz zwischen der Welt der kaufmännischen Zunft und der Welt der Entwicklungsingenieure. In diesen sehr verschiedenen Welten sind auch die Erwartungen an andere und eigene Verhaltensweisen in einer Teamarbeit meist sehr unterschiedlich.
- → Die Teammitglieder sind immer auch Individuen, die ihre ganz eigenen Vorstellungen und Erwartungen darüber haben, wie eine virtuelle Zusammenarbeit im Alltag konkret auszusehen hat.

Welche Führungskraft wünscht sich nicht, ihre Mitstreiter persönlich aussuchen zu können – meist aus der Erfahrung heraus, dass Teamarbeit immer von Störungen und Reibungsverlusten begleitet wird. Deshalb möchte sie gern selbst die Eintrittskarten für ihre Teammitglieder verteilen. Aber sie können üblicherweise nur selten Einfluss auf die Zusammensetzung nehmen. In solchen Fällen stehen auch Sie also vor der bestimmt nicht einfachen Aufgabe, Ihre zugewiesenen Mitarbeiter zu einem arbeitsfähigen Team zu entwickeln.

In der Praxis wird ein virtuelles Team oft zusammengestellt, ohne dass man sich über den Aufbau des Teams viele Gedanken macht. Der Auftrag wird erteilt und die Arbeit soll beginnen. Dabei wird davon ausgegangen, dass alles so laufen wird, wie es „eigentlich" selbstverständlich ist. Gern wird auch dafür plädiert, dass jeder positiv denken sollte: „Wenn man sich schon vorher Gedanken über die Zusammenarbeit macht, dann redet man die Probleme nur herbei."

In der Praxis dauert es dann allerdings nicht lange, bis die ersten Ungereimtheiten auftreten. Zum Beispiel bekommt ein Teamkollege dann zu hören, „dass nicht davon ausgegangen werden kann, dass ein mitgeteilter Terminvorschlag dann Gültigkeit erlangt, wenn die E-Mail nicht beantwortet wird". Unterschiedliche Vorstellungen über die beste Praxis stoßen aufeinander und müssen miteinander „ausgefochten" werden – leider ist das nicht selten wortwörtlich zu verstehen.

Das Aufarbeiten solcher Störungen wird das Team bald mehr beschäftigen als die eigentliche Arbeit. Da dies im virtuellen Raum kaum richtig gelingen kann, suchen die einen Teammitglieder eigene Wege „um die Störung herum". Bei den anderen wird der Ruf nach Führung lauter – Regeln werden eingefordert und eingeführt.

Mitarbeiter, die die eingeführten Regeln einfordern, übernehmen dann nicht selten die Rolle des Regelwächters. Sie machen sich zum Aufpasser, wollen aber auch, dass Sie als Führungsperson die Rolle des (An-)Klägers übernehmen. Mitarbeiter, die manchen Regeln ablehnend gegenüberstehen, werden zu Pfadfindern. Gesucht werden nicht mehr nur Wege um die Störung herum, sondern auch um die Regeln herum.

Die Zusammenarbeit im Team wird in einem solchen Fall zunehmend weniger zielfördernd. Koordinationen und Kooperationen untereinander leiden. Man wartet ab, wie Sie das Problem lösen. Die Verantwortung für die Steuerung des Teams wird spätestens jetzt voll in Ihre Hände gelegt.

Dieses kleine Szenario einer misslungenen Teamentwicklung soll eines verdeutlichen: Ein Team entwickelt sich immer – die Frage ist nur, wohin.

In einem virtuellen Team stellen sich „Unwuchten" in der Teamarbeit besonders schnell ein. Zum einen, weil die Klärung von anfangs oft kleinen Störungen über die elektronischen Medien schlechter erfolgen kann.

Zum anderen (und gerade das ist ein oft entscheidender Punkt), weil die Legitimation fehlt (bzw. von den entfernten Kollegen nicht eingeräumt wird), Kritik aus der Ferne zu äußern – zumal gegenüber Teamkollegen, die man persönlich nicht einmal kennt – und Forderungen an die Zusammenarbeit zu stellen.

Natürlich ist es möglich, eine virtuelle Zusammenarbeit auch über klare Regeln vorab zu organisieren. Der Nutzen, die Zusammenarbeit über vorgegebene Strukturen in geregelte Bahnen zu lenken, sollte auf keinen Fall unterschätzt werden.

Aber das ist nur die halbe Miete. Vereinbarungen werden – besonders in der Ferne – nur dann handlungsleitend, wenn sie wirklich akzeptiert sind, d.h. wenn sie aus individueller Sicht Sinn machen und vor allem Nutzen stiften. Und der stellt sich nur bei einer inneren Verpflichtung gegenüber dem Team und dem Teamziel ein.

Darüber hinaus kann eine gute Zusammenarbeit nicht vollständig in einem Regelwerk abgebildet werden. Zum Beispiel wäre eine Vereinbarung darüber, dass jeder im Team sein Wissen und seine Erfahrung zur Verfügung stellt, als festgeschriebene Regel wirkungslos. Ohne eine entsprechende innere Verpflichtung gegenüber den Kollegen würde überhaupt nichts passieren.

Wenn Sie das fachliche und soziale Kapital Ihres Teams optimal nutzen wollen, empfehlen wir Ihnen, sich im Rahmen Ihrer Führungsarbeit auch Zeit zu nehmen, um den Entwicklungsprozess Ihres virtuellen Teams optimal unterstützen zu können.

Wie viel Zeit Sie und Ihr Team in die „Entwicklungsarbeit" investieren sollten, hängt natürlich davon ab, was gemeinsam zu besprechen, wie viel zu klären oder was zu entscheiden ist.

Das Ausmaß dieser Investition hängt wiederum davon ab, um was für ein Team es sich handelt.

→ Ist es ein Team, das nur zeitlich befristet zusammenarbeitet und ein klar definiertes Ziel zu erreichen hat?
→ Ist es ein Team, das sich aus Mitarbeitern zusammensetzt, die in verschiedenen Organisationseinheiten beheimatet sind?
→ Ist es ein Team mit hohem „Teamanteil", in dem also die Teamarbeit einen besonders hohen Stellenwert hat, oder lässt sich ein gewichtiger Teil der Arbeit auch jeweils unabhängig voneinander erledigen?
→ Ist es ein Team, das feste Mitarbeiter hat, aber immer wieder neue Aufgaben bekommt, oder ist es ein Team, das feste Mitarbeiter hat und in dem sich die Aufgaben nicht sonderlich ändern?

5.3.1 Zur Entwicklung der Zusammenarbeit

In seinem sehr bekannten Modell unterscheidet Tuckmann die vier Teamphasen Forming, Storming, Norming und Performing, die idealtypisch den gruppendynamischen Verlauf eines Teamentwicklungsprozesses in einer stabilen, örtlich präsenten Gruppe darstellen.

Bei einer Zusammenarbeit auf Distanz reduzieren sich naturgemäß die spontanen und direkten teambildenden Interaktionen der Teammitglieder untereinander. Für den Aufbau und die Entwicklung eines virtuellen Teams bedeutet dies, dass zur Kontaktaufnahme wesentlich mehr gezielte Interventionen seitens der Führung erforderlich sind. Mit anderen Worten: Um den Teamgedanken in einem virtuellen Team zu etablieren, muss die Führungskraft die teamfördernden Interaktionen Schritt für Schritt gezielt anstoßen und wachsam begleiten.

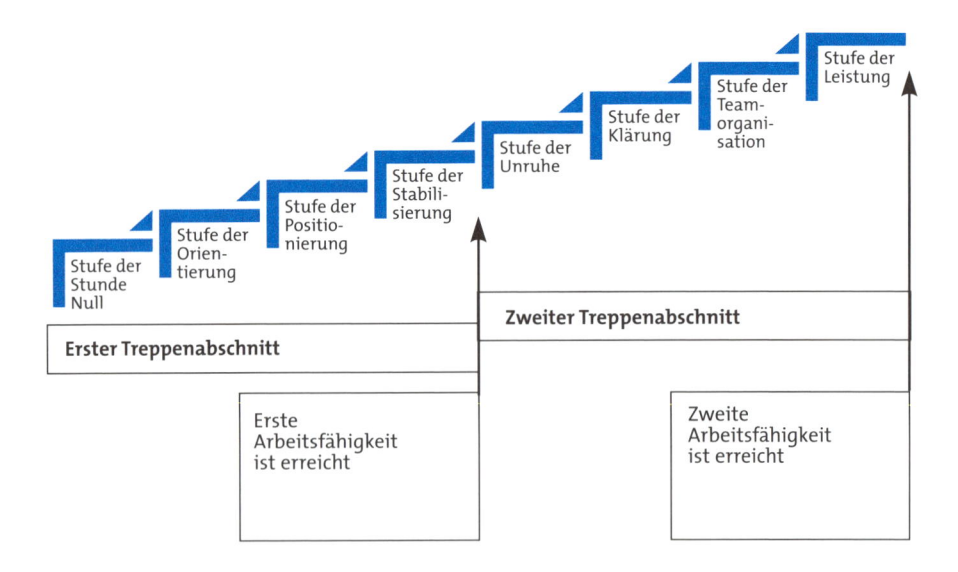

Die Teamentwicklungstreppe

Die auf der vorigen Seite dargestellte Teamentwicklungstreppe soll verdeutlichen, was die Führung im Einzelnen dazu beitragen kann. Ihre differenzierte Einteilung in zwei Treppenabschnitte mit insgesamt acht Entwicklungsstufen kann speziell bei virtueller Teamarbeit ganz konkrete Handlungshinweise geben. Auf den von uns moderierten Teamworkshops hat sich die Arbeit mit ihr sehr bewährt. Es konnte sich so immer schnell ein gemeinsames Verständnis darüber einstellen, auf welcher Stufe sich das Team gerade befindet und welche Führungs- und Teamthemen für die weitere Entwicklung der virtuellen Zusammenarbeit aktuell relevant sind.

5.3.2 Die Treppenabschnitte im Einzelnen

Die Stufe Null: Jeder denkt sich seinen Teil

Die Teamentwicklung beginnt schon vor dem ersten Treffen. Jeder bereitet sich vor „auf das, was da kommen mag". Bei den zukünftigen Teammitgliedern bilden sich Annahmen, Hoffnungen und Bedenken aus, manchmal sind es sogar Gewissheiten. Erste Bewertungen des Ziels oder der Aufgaben und der damit verbundenen Herausforderungen werden gedanklich vorweggenommen.

Berücksichtigen Sie bei Ihrer Vorbereitung, wie Sie Ihre Teammitglieder auf die kommende Situation einstimmen können. Vergegenwärtigen Sie sich dazu, aus welchem Umfeld die Mitarbeiter „herausgerissen" werden.

Fragen, denen Sie dabei nachgehen können, sind:
- Bleibt die Arbeit bzw. der Arbeitsort für den Mitarbeiter gleich und ändert sich nur die Distanz zur Führung?
- Wird es für das Teammitglied neue Kollegen geben?
- Ist die Zuordnung zum Team nur teilweise gegeben – bleibt also auch die bisherige Führungskonstellation?
- Entsteht ein neuer „virtueller" Arbeitsplatz?
- Ist die „virtuelle" Zusammenarbeit für das neue Teammitglied attraktiv?
- Wie ist das Ziel der virtuellen Zusammenarbeit mit dem bisherigen Arbeitskontext der Teammitglieder verknüpft?

Da Sie vorrangig über elektronische Medien kommunizieren werden, können Sie auf dieser Stufe schon erste Zeichen setzen. Es ist sicher eine angenehme Überraschung, wenn Sie Ihre zukünftigen Mitarbeiter vorab schon telefonisch willkommen heißen. Für die Teammitglieder ist immer von Interesse, Ihre Sicht zur anstehenden Aufgabe und neuen Arbeitssituation dargestellt zu bekommen und auch Sie erhalten einen ersten Eindruck sowie im Voraus einige Informationen.

Wenn möglich, laden Sie alle dazu ein, im Intranet einen kleinen Steckbrief (mit Foto) auf die (eingerichtete) Teamseite zu stellen. Das Muster dafür geben Sie mit Ihrem eigenen Steckbrief vor, den Sie dort schon vorab platziert haben sollten. Auf diese Weise liefern Sie Ihren zukünftigen Mitarbeitern erste Impulse, sich bereits ein wenig mit der neuen Situation auseinanderzusetzen. Während des Nachdenkens bilden sich dann auch die persönlichen Fragen heraus, die es zu Beginn der offiziellen Zusammenarbeit zu klären gilt.

Auf jeden Fall ist es hilfreich, wenn die Mitglieder schon erste Informationen von Ihnen erhalten, z. B. über Ziele, Aufgabenbeschreibungen, Planungen, Rollen, die Einbindung in die Organisation, die Hard- und Softwareausstattung sowie die schon vorhandenen Zugangskennungen zur Groupware oder dem Projektlaufwerk.

Für Ihre fachliche Vorbereitung stellen Sie die Themen zusammen, die aus Ihrer Sicht für eine Klärung bedeutsam sind:
- Ziel und mögliche Zielkonflikte
- Planung und erkannte Risiken
- Kommunikationsmittel und deren Verwendung
- Dokumentationsformate
- gegebene Abhängigkeiten
- denkbare Einflüsse aus dem Umfeld der Mitarbeiter auf die Teamarbeit

→ *Praxis*tipp:

Die Vorabinformationen sind gut animiert, wohl dosiert und übersichtlich strukturiert anzubieten. Folgen Sie hier Ihrem eigenen Gespür!

Die Kontrollfrage lautet: Wie viele Informationen nehme ich selbst freiwillig zur Kenntnis, wenn ich noch nicht unmittelbar betroffen bin?

Die Stufe der Orientierung: Jeder sucht nach vertrauten Anknüpfungspunkten

Zahlen, Daten, Fakten stehen im Vordergrund. Indem Sie den Ansprüchen nach Orientierung gerecht werden, machen Sie ein erstes Beziehungsangebot. Vor allem, dass und wie Sie auf Bedenken oder Risikosichten eingehen, ist für Ihre Mitarbeiter ein wichtiges Zeichen Ihrer Kooperationsbereitschaft.

Auf dieser Stufe besteht ihre erste Hauptaufgabe darin, zu informieren, zu strukturieren und den Handlungsrahmen aufzuzeigen (Ziele, Rahmenbedingungen, Organisation, Hilfsmittel, Umfeldkräfte). Stellen Sie Ihre eigenen Überlegungen zum Ziel und zu den Herausforderungen immer vorne an.

Ihre zweite Hauptaufgabe ist es, die fachliche Sicht der Teammitglieder aufzunehmen. Die Meinungen dazu sind einzusammeln, zu ordnen und es gilt, eine gemeinsame Bewertung zu erarbeiten. Wenn Sie die Teilnehmer vorab schon gut eingebunden haben, werden sie sich dafür engagieren, ihre Verständnisfragen geklärt zu bekommen und bestehende Unsicherheiten aufzulösen. Von Ihnen wird erwartet, dass Sie darauf zufrieden stellend eingehen.

Viele Erfahrungsberichte und Feldforschungen legen nahe, virtuelle Zusammenarbeit mit einem Präsenztreffen zu starten. Im Präsenztreffen können die vorhandenen Unklarheiten (inhaltliches Verständnis), die bestehenden Ungewissheiten (persönlicher Bezug zu den Inhalten) und vor allem die Risikosichten wesentlich besser beleuchtet werden.

Die Erarbeitung von gemeinsamen Sichtweisen trägt entscheidend zur Stabilität der weiteren virtuellen Zusammenarbeit bei. Zugehörigkeit und Teamidentität sind im Face-to-Face-Kontakt besser herstellbar und intensiver. Wenn sich alle zu Beginn wenigstens einmal persönlich kennen lernen konnten, ist es wesentlich leichter, virtuell miteinander in Kontakt zu treten. Der ständige Druck, Kosten einzusparen, sollte bei einem solchen Treffen keine Rolle spielen.

Wenn Sie kein Präsenztreffen veranstalten können, verabschieden Sie sich von dem Gedanken, schnell ein stabiles Team aufbauen zu können. Die Vermittlung der Informationen stellt das geringere Problem dar. Schwieriger ist der Austausch der Sichtweisen dazu.

Hierfür ist die Videokonferenz das zweitbeste Medium. Vorteilhaft ist es, wenn große Bildschirme (Telepresence) zur Verfügung stehen.

Bei einem „mediengestützten" Start sind die Inhalte wesentlich konzentrierter zu strukturieren. Dieses Vorgehen regt zu Nachfragen und Stellungnahmen an.

→ *Praxis*tipp:

Nicht die Menge des Wissens ist entscheidend, sondern die Höhe des gemeinsamen Verständnisses!

Dieses Verständnis entwickelt sich besser, wenn die Mitarbeiter die dargebotenen Inhalte anhand ihrer mitgebrachten, eigenen Vorstellungen überprüfen können.

Die Stufe der Positionierung: Jeder übernimmt den Platz, den er bekommt

In dieser Phase steht die Begegnung mit den anderen im Vordergrund. Bedenken Sie, dass Sie der Einzige sind, der schon einen festen Platz im Team hat. Über die inhaltlichen Beiträge während der Orientierungsphase erfolgt zwar schon eine erste Positionierung, vorwiegend aber im Kontakt zu Ihnen.

In den ersten Kontaktaufnahmen greifen erwartetes Rollenverhalten und persönliche Verhaltenspräferenzen ineinander. Damit sich die Mitglieder im Team selbst und zueinander positionieren können, sind Angebote zum intensiven, auch informellen Austausch hilfreich. Sie bauen möglicher Stereotypenbildung vor, wie z. B. „junge Draufgänger" oder „unbewegliche ältere Mitarbeiter".

Um sich persönlich zu positionieren, sind auch komprimierte, themenzentrierte Diskussionszirkel gut geeignet. Fragen zur zukünftigen Zusammenarbeit können in kleineren Gruppen besprochen und Vorschläge erarbeitet werden.

Mögliche Themen für einen Diskussionszirkel zur Mediennutzung
- → Welche Medien nutze ich am liebsten – welche lieber gar nicht?
- → Welche positiven/negativen Erfahrungen gibt es schon und was können wir für unsere Arbeit daraus ableiten?
- → In welchen Situationen sollten wir auf jeden Fall das XY-Medium nutzen (nicht nutzen)?

Inhaltlich sollen in der Positionierungsphase vor allem die Erwartungen über die virtuelle Zusammenarbeit geklärt werden. Es ist zudem eine gute Gelegenheit zu besprechen, was die entscheidenden Erfolgsfaktoren für die Teamarbeit darstellen oder wie die erkannten Abhängigkeiten gemeinsam zu managen sind. Dazu können Sie auch die „weichen Abhängigkeiten" wie Informationsfluss, Kontaktverfügbarkeit etc. in den Blick nehmen.

Greifen Sie alle Überlegungen und Vorschläge zur Zusammenarbeit auf (z. B. Vorgehen, Abstimmung, Kooperation an Schnittstellen, Störungsmanagement). Machen Sie miteinander aus den Vorschlägen konkrete Vereinbarungen zur Zusammenarbeit. Prüfen Sie immer, ob den Vorschlägen und erst recht den Vereinbarungen wirklich zugestimmt wird. Für den Fall, dass Sie das Team schon zu Beginn noch krisenfester machen wollen, gibt es in Teil 6 zum Störungsmanagement weitere Anregungen.

Ein wichtiges Ziel der Positionierungsstufe ist es, dass jedem Teammitglied die zu erbringende Anpassungsleistung deutlich wird. Verbindlichkeit ist dann nicht mehr nur zielführend an sich, sondern wird Teil der persönlichen Beziehung, auch der aus Distanz erlebten.

Im Präsenztreffen wird die individuelle Positionierung augenblicklich miterlebt. Wenn sie sich in einer Videokonferenz befinden, nehmen die Teilnehmer zwar genau wahr, welche Stellung jeder Einzelne in der Runde einnimmt, aber im Vergleich zur Face-to-Face-Kommunikation werden sie sich mit ihren Reaktionen eher zurückhalten. Dem klarstellenden Verhalten diesbezüglich sind in dieser Situation enge Grenzen gesetzt.

→ *Praxis*tipp:

Wenn Sie ausschließlich virtuell kommunizieren, bitten Sie die Teammitglieder, vor der ersten Videokonferenz eine kleine „Story" zu schreiben, z. B. darüber, wie sie zum Unternehmen gekommen sind, wie lange sie schon dabei sind, was die bisher spannendste Aufgabe war oder welche die lustigste Situation aus einem früheren Team darstellt. So gewinnen die einzelnen Personen an „Kontur".

Wenn Sie eine Diskussion untereinander anregen wollen, sind klar umrissene Themenangebote hilfreich. Legen Sie Ihre Vorstellung zur virtuellen Kommunikation, Koordination und Kooperation in Leitsätzen dar und lassen Sie die Teilnehmer diskutieren, welchen Nutzen solche Vereinbarungen für den virtuellen Alltag haben könnten und wie sich solche Vereinbarungen im Alltag umsetzen lassen.

Beispiel für Leitsätze zur E-Mail-Nutzung
- → Vor dem Schreiben einer E-Mail greife ich immer erst zum Telefonhörer (Ausnahme: Einfache Weiterleitung von Daten).
- → Meine „Voicebox" höre ich mindestens alle drei Stunden ab und melde mich nur direkt, wenn dieser Wunsch ausdrücklich benannt ist.
- → Meine E-Mails lese ich zweimal am Tag.
- → Ich reagiere nur auf E-Mails, wenn ich eindeutig als Empfänger (An:) identifizierbar bin.

→ Aus Informationen unter cc: wird nicht automatisch eine Handlungsaufforderung abgeleitet (auch nicht das Lesen).

Um den Austausch anzuregen, können solche Leitsätze ruhig einen etwas provozierenden Charakter haben. Wenn Sie auf elektronischem Weg Dokumente gemeinsam bearbeiten können (Application-Sharing), nutzen Sie auch diese Möglichkeit. Sie lädt dazu ein, Alternativvorschläge einzubringen.

Bei einem mediengestützten Teamstart werden sich die Teilnehmer in einem geringeren Maße selbst darstellen. Aber sie müssen sich auch nicht verstärkt mit der Selbstdarstellung der Teamkollegen auseinandersetzen. Grenzsetzungen gegenüber Einzelnen müssen Sie selbst vornehmen. Gehen Sie dabei aber behutsam vor und vermeiden Sie, jemanden bloßzustellen.

Einen Vielredner können Sie freundlich darauf hinweisen, dass Sie zu einem bestimmten Thema jetzt gerne auch noch die anderen zugeschalteten Mitglieder des Teams hören würden. Die Botschaft wird sicher erst einmal ankommen.

Die für die Zusammenarbeit als Team wichtige Positionierungsstufe kann bei einem Start über elektronische Medien also nur bedingt erfüllt werden. Da der persönliche Kontakt fehlt, können keine tragfähigen Beziehungen aufgebaut werden, die es später erlauben, sich bei Verletzungen von Vereinbarungen oder sonstigen Störungen gegenseitig zu korrigieren. Die Zusammenarbeit wird dann eher auf der Ebene der formalen Rollenausgestaltung erfolgen, was für eine befristete Zusammenarbeit nicht unbedingt von Nachteil sein muss.

Die Stufe der Stabilisierung: Jeder arrangiert sich mit dem Erreichten

Die getroffenen Vereinbarungen am Start der Zusammenarbeit haben den Charakter von Absichtserklärungen und sind in der Praxis mit Leben zu füllen. In der konkreten Zusammenarbeit wird sich dann zeigen, inwieweit sich jeder Einzelne auch auf Distanz anpassen und einfügen kann bzw. wie tragfähig die zuvor eingegangenen Vereinbarungen sind.

Aus der Distanz heraus wird das Arbeitsverhalten vorrangig durch die Einflussfaktoren vor Ort bestimmt. So passiert es schnell, dass eingegangene Verpflichtungen vernachlässigt werden. Störungen in der Koordination (Schnittstellenmanagement), im Austausch untereinander (Kommunikation) und bei der Kooperation (Abhängigkeiten) sollten von Ihnen konsequent aufgegriffen werden. Das schafft ein Klima des Vertrauens.

Klären Sie immer, aus welchen Beweggründen heraus sich Nachlässigkeiten eingeschliffen haben und lassen Sie dabei auch eine Überprüfung der bereits getroffenen Vereinbarungen zu (Sinnhaftigkeit). Konfrontiert mit größerer Autonomie und höheren Anforderungen an die Selbstorganisation machen sich manche Mitarbeiter am Anfang nicht wirklich klar, welche Konsequenzen mit den eingegangenen Verpflichtungen einhergehen.

Zeigt sich, dass die eingegangenen Verpflichtungen mit den Gegebenheiten vor Ort unvereinbar sind, müssen auch die Vereinbarungen noch einmal überprüft werden. Vielleicht sind auch weitere Klärungen direkt mit der Führung vor Ort notwendig, wenn der am Heimatort weisungsgebundene Mitarbeiter seinen Teamverpflichtungen nicht nachkommen kann.

Die Teammitglieder beginnen bald, eine eigene Kommunikationskultur über die elektronischen Medien zu entwickeln, in der individuelle Eigenarten zur Geltung kommen. Greifen Sie deshalb nicht sofort korrigierend ein, wenn Sie persönlich etwas stört. Unterstützen Sie die Selbstorganisation des Teams. Die so erreichte Stabilität wird durch eine gegenseitige Toleranz gegenüber individuellen Eigenarten und dem Verzicht getragen, eigene Vorstellungen unbedingt durchsetzen zu wollen. Das Arrangement hilft, gemeinsam produktiv zu sein!

> Ein Beispiel: „Der schreibt immer nur ganz trockene E-Mails. Ich finde das nicht besonders kommunikationsfördernd, aber so ist er halt. Von mir bekommt er auch nur knapp gehaltene, trockene E-Mails zurück! Das funktioniert schon."

→ DIE ERSTE ARBEITSFÄHIGKEIT IST MIT ABSCHLUSS DIESER PHASE GEGEBEN. FÜR EINE KÜRZERE ZUSAMMENARBEIT AUF DISTANZ REICHT DIESER „TEAMSTAND" AUF JEDEN FALL AUS. GIBT ES WENIG TEAMANTEILE, SICHERT DIESE STABILITÄT SOGAR EINE ZUFRIEDEN STELLENDE KOOPERATION ÜBER EINE LÄNGERE ZEIT HINWEG.

Gestützt wird die erreichte Stabilität, wenn Sie die positiven Elemente in der Zusammenarbeit nicht als selbstverständlich ansehen, sondern gezielt hervorheben.

Das VIST-Modell von Hertel verweist auf vier Faktoren, die Sie zur Motivation einzelner Mitglieder eines virtuellen Teams nutzen können:

- → Valenz: Die subjektive Bedeutung des Gruppenziels für das Teammitglied (Kosten/Nutzen)
- → Instrumentalität: Die subjektive Bedeutsamkeit des persönlichen Beitrags für die Gruppe
- → Selbstwirksamkeit: Die subjektive Überzeugung, mit der eigenen Leistung zum Gruppenziel beitragen zu können
- → Teamvertrauen: Die Erwartung, dass die anderen Teammitglieder zuverlässig sind und die Technik funktioniert

→ **Praxis**tipp:

Fragen Sie immer wieder einmal nach, wie zufrieden die Teammitglieder selbst mit der Nutzung der Medien und der Kooperation im Team sind. Aber Vorsicht, nicht jede Kritik zwingt zum Eingreifen.

Die Stufe der Unruhe:
Abweichungen von den eigenen Vorstellungen werden wichtiger

Auf der Ebene der Stabilisierung werden die eigenen Interessen wieder bedeutsamer. Besonders wenn die Zusammenarbeit noch länger fortbesteht, werden bisher tolerierte „Eigenarten" anderer zunehmend als störend erlebt. Unmutsäußerungen und Beschwerden nehmen zu. Eine unspezifische Unzufriedenheit („Es könnte besser laufen") ist das Signal, dass die innere Anspannung zunimmt.

Zur Äußerung des latent vorhandenen Unmuts eignen sich die Medien nicht besonders gut. Im persönlichen Kontakt wäre der Veränderungswunsch durchaus ansprechbar. Die erlebbare Reaktion des Gegenübers würde die erforderlichen Signale liefern, um die eigenen Worte besser abwägen zu können. Da diese Informationen fehlen (auch beim Telefongespräch), wird auf eine Bereinigung der Störungen eher verzichtet.

Ansprüche und Kritik direkt anzusprechen, würde auch bedeuten, Einfluss auszuüben. Aus Unsicherheit darüber, wie die Kollegen darauf reagieren oder wie die eigene Kritik teamverträglich angebracht werden kann, wird lieber vorerst geschwiegen.

Die innere Unruhe wird also in Kauf genommen, aber das Konfliktpotenzial steigt. Ein direkter Handlungsbedarf wird zwar (noch) nicht geäußert, aber mit kleinen, oft verdeckten Appellen wird signalisiert, dass Sie reagieren sollten: „Er ist ja ein ganz engagierter Kollege, aber meistens kommen die Infos dann doch zu spät." Denken Sie daran, dass Sie (bis jetzt) der Einzige sind, der das zugestandene Recht hat, kritische Zustände öffentlich zu benennen.

Bei der Besprechung der Unwuchten gilt es zu beachten, dass die Unruhe und Unzufriedenheit sich aus der Summe der störenden Vorkommnisse erklärt. Der einzelne Fall spielt eigentlich keine große Rolle. Er wäre vielleicht sogar vollkommen unbedeutend gewesen.

Machen Sie sich deshalb ein Bild von der Gesamtsituation. Prüfen Sie, ob sich verschiedene Kritikpunkte zusammenfassen lassen (z. B. unzureichende Informationen, Terminverschiebungen etc.).

Um eine Diskussion über einzelne Störungen gar nicht erst aufkommen zu lassen, machen Sie die Unzufriedenheit im Team zum Führungsthema. Teilen Sie Ihre eigene Einschätzung zur Teamarbeit mit! Problematisieren Sie Ihre Unzufriedenheit über das nicht zufrieden stellende Zusammenwirken. Denkbar ist eine Abfrage mittels eines Meinungs- oder Stimmungsbarometers. So erfahren Sie, wie stark der Handlungs- und Veränderungsbedarf im Team selbst gesehen wird. Listen Sie dazu die von Ihnen gefundenen Störungsmuster auf und lassen Sie Ihre Mitarbeiter eine grobe Bewertung vornehmen. Im Rahmen einer Telefon- oder Videokonferenz kann das Ergebnis diskutiert und für die gemeinsam festgestellten Unwuchten können Lösungswege entwickelt werden.

Um die Kooperation wieder zu verbessern, reicht manchmal schon das aufgefrischte Verständnis darüber, dass das Einhalten von Vereinbarungen für die Zufriedenheit im gesamten Team wichtig ist. Für manche Störungsmuster sind vielleicht neue Vereinbarungen zu treffen oder bereits bestehende nachzujustieren. Entscheidend ist, dass die gefundenen Lösungen die schon einmal erreichte Stabilität wieder festigen.

→ ***Praxi*stipp:**

Klären Sie immer, was der Auslöser dafür war, dass den Teamverpflichtungen weniger Beachtung geschenkt wurde.

Eine Rückbesinnung auf die schon einmal getroffenen Vereinbarungen darf keine Flucht vor möglichen verdeckten Konflikten sein.

Die Stufe der Klärung: Jeder kämpft um den Einfluss, den er haben will

Erfolgt auf der Unruhestufe keine Klärung, schwelt die Unruhe weiter. Was zu Beginn vielleicht nur ein Anliegen war („Der Kollege soll doch bitte mehr darauf achten, dass Terminveränderungen rechtzeitig angekündigt werden."), entwickelt sich zu einer mit Ärger angefüllten Forderung. Die Möglichkeit der einvernehmlichen Klärung über die virtuelle Kommunikation nimmt ab. Die gestauten Emotionen bestimmen mehr und mehr das Handeln: „Dem antworte ich auch nur noch, wenn er die dritte Erinnerung geschickt hat." Viele E-Mail-Ketten mit wachsendem Verteiler sind ein beredtes Zeugnis für diese Form der emotionalen Entlastung.

Nehmen Sie Hinweise, dass die eigene Arbeit behindert wird, ernst. Häufig wird auch an der generellen Einsatzbereitschaft von Kollegen gezweifelt. Sehr hellhörig sollten Sie werden, wenn Qualitätsminderungen in der eigenen Arbeit mit Unzulänglichkeiten im Team erklärt werden, wie z. B. „Der Kollege ist seinem Auftrag, die Daten in einem bestimmten Format zu liefern, einfach nicht nachgekommen!"

Beim Hochschaukeln der Konflikte spielen die elektronischen Medien oft eine unheilvolle Rolle. Sie werden benutzt, um den Konflikt einseitig aufzulösen und den Platz als Gewinner zu verlassen. Sinnvollerweise werden dazu asynchrone Kommunikationsmedien benutzt – insbesondere E-Mails.

Über E-Mails lassen sich leicht Gemeinheiten sehr freundlich formuliert verbreiten. Der Adressat hat keine Möglichkeit, versöhnlich darauf einzugehen. Jede Erklärung auf (vermeintliche) Angriffe schwächt seine Position. Zur eigenen Unterstützung wird „zurückgeschossen" und die Öffentlichkeit gezielt miteinbezogen.

Sollte es so weit gekommen sein, ist das ein sicheres Anzeichen dafür, dass die Zusammenarbeit in der Praxis nicht mehr konsensfähig ist. Die Stabilität, die bisher auf gegenseitiger Toleranz beruhte, fängt an zu bröckeln. Sobald dies eintritt, wird auch die Annahme aufgegeben, alles ließe sich noch gütlich regeln. Der Einzelne will nur noch den eigenen Vorstellungen mehr Geltung verschaffen, Kritik wird laut und vernehmlich schriftlich geäußert.

Bei starken Störungen im Team erlebt sich jeder Einzelne nur noch als Reagierender. Es wird von den betreffenden Teamkollegen erwartet, dass sie die notwendigen Änderungen herbeiführen. Diese Wahrnehmung ist durchaus eine realistische Einschätzung der Situation. In der virtuellen Zusammenarbeit kann der Einzelne die Konfliktdynamik nicht mehr stoppen. Da jeder seine eigene „subjektive Weltsicht" pflegt, wird jede Entgegnung so interpretiert, dass sie in die eigene Wahrnehmung passt.

Auf der Klärungsstufe muss die Zusammenarbeit auf neue Beine gestellt werden. Ein gemeinsamer Workshop ist zu diesem Zeitpunkt unbedingt empfehlenswert und darf – genauso wie die Startphase – nicht an Kosten- oder Zeitbedenken scheitern.

Auseinandersetzungen stehen an und alles kann Thema werden: Vorgehensweisen, die Führung, die Kooperation untereinander, die Kommunikation, ...

Ziel des Treffens ist dann explizit, ein gemeinsames Verständnis der Störungen herauszuarbeiten. Wichtig ist jetzt, dass nicht „alte" Vereinbarungen wieder neu aufgetischt werden, denn diese haben ihre fehlende Wirkung ja bereits bewiesen.

Oft zeigt sich in der Analyse, dass für eine gut funktionierende virtuelle Zusammenarbeit wichtige Vereinbarungen gefehlt haben. Am Anfang der Zusammenarbeit werden selten Vereinbarungen darüber getroffen, wie in dem Fall vorgegangen werden soll, wenn es nicht gut läuft. Das Einfordern solcher Vereinbarungen wird meist als Ausdruck eines vorhandenen Misstrauens gewertet und unterbleibt deshalb. So wird, manchmal sogar wider besseres Wissen, so getan, als ob die Zusammenarbeit schon klappen werde. Diese versäumten Vereinbarungen müssen jetzt nachgeholt werden.

Wird diese Phase erfolgreich bewältigt, ist ein solider Grundstein für Effizienz und Zufriedenheit in der weiteren Zusammenarbeit gelegt! Das Team hat erfahren, dass es Probleme untereinander lösen kann. Damit heben Sie den Teamprozess auf die Stufe der Teamorganisation hinauf, die im nächsten Schritt beschrieben wird.

Falls die Konfliktklärung doch über Medien erfolgen muss, sollten Sie die Verlangsamung im Klärungsprozess zum Prinzip erheben. Jeder kennt die Alltagsweisheit, dass die Welt doch anders aussieht, wenn man eine Nacht darüber geschlafen hat. „Verdauungspausen" sind dazu da, dass man sich das bisher Gehörte und Gesagte noch einmal in Ruhe „durch den Kopf und den Bauch" gehen lässt.

→ *Praxis*tipp:
Halten Sie bei einer medienunterstützten Klärung den Prozess immer dann an, wenn emotionale Verhärtungen erkennbar sind. Stimmen Sie dieses Vorgehen mit den Teammitgliedern ab.

Die Stufe der Teamorganisation: Teameigene Wege zur Problemlösung sind gefunden und stabilisieren sich

Wenn die notwendigen Klärungen bereits in der Unruhestufe erfolgt sind, kann die Klärungsstufe oft übersprungen werden. Das Team steht dann schon auf der Stufe der Teamorganisation.

Auf der Klärungsstufe hat das Team erlebt, dass es in der Lage ist, gemeinsam Probleme zu lösen und dass Störungen nicht ausgehalten werden müssen. Eine größere gegenseitige Vertrautheit ist entstanden. Neu auftretende Probleme können jetzt direkter und schneller angesprochen werden.

Auf dieser Grundlage beginnt das Team, sich jetzt selbst zu organisieren, was den Zusammenhalt und die Zusammenarbeit noch weiter stabilisiert. Sobald die erarbeiteten Lösungen ungesetzt werden, entwickelt sich die Gruppe zu einem Team mit einer eigenen Identität. Die zweite Arbeitsfähigkeit wird zunehmend erreicht, d. h., die Arbeit kann auf einem recht stabilen Niveau durchgeführt werden.

Unterstützen Sie jetzt jede Eigeninitiative des Teams. Nutzen Sie die Entwicklung für die Etablierung gemeinsamer Werte und Sichtweisen (mentale Vernetzung). Prüfen Sie bei neuen Störungen, ob sie symptomatisch sind (und damit auf ein Verbesserungspotenzial hinweisen) oder ob es sich nur um einen Einzelfall handelt.

Besprechen Sie gemeinsam die Hintergründe (Interessen, Annahmen, Bewertungen) für das Auftreten der Störung. Was wurde bisher noch nicht genannt oder überhört?

Für die Führungsarbeit besitzt diese Phase viele Parallelen zur Stabilisierungsstufe. Die Erfahrungen in der Klärungsstufe sind jetzt das Potenzial des Teams, um im virtuellen Kontext mit „Störungen" angemessener umzugehen. Eine latent wachsende Unruhe sollte jetzt nicht mehr auftreten.

Wenn die Klärungsstufe nicht in einem Präsenztreffen durchgeführt werden konnte, haben Sie in dieser Phase die Aufgabe, das Erreichte besonders intensiv zu überwachen.

→ *Praxis*tipp:

Waren Sie bisher viel mit dem Teammanagement beschäftigt, ist jetzt der Zeitpunkt gekommen, sich verstärkt auf die Führung des Teams zu konzentrieren. Ihr Augenmerk gilt der Pflege und Weiterentwicklung des Erreichten: der guten Koordination und Kooperation.

Die Leistungsstufe: Jeder richtet sich nach den entwickelten Teamnormen

Werte, Normen und Leistungsmaßstäbe hat sich jeder im Team zu eigen gemacht. Jeder engagiert sich und fühlt sich dem Team gegenüber verpflichtet. Die Teammitglieder sind zwar physisch weit entfernt, aber psychisch präsent. Es entwickeln sich mehr und mehr gleiche Sichtweisen und Bewertungen von Sachverhalten. Das Team hat sich „gefunden".

Ihre Teammitglieder regulieren sich weitgehend gegenseitig in ihrem Verhalten. Greifen Sie also nur mit Bedacht ein. Vertrauen Sie den Selbstheilungskräften eines funktionierenden Teams.

Sie fungieren als oberster Wächter des erreichten Leistungsstandards – nach innen und nach außen. Fördern Sie die kontroverse Kommunikation. Unterschiedliche Bewertungen und Sichtweisen können der Weiterentwicklung der gemeinsamen Werte und Normen dienen.

Achten Sie aber auch darauf, dass sich die Gruppe infolge ihrer Einigkeit nicht von äußeren Einflüssen abkapselt. Gut funktionierende Teams bergen die Gefahr, dass Informationen von außen abgewehrt werden und erforderliche Anpassungen nicht mehr erfolgen.

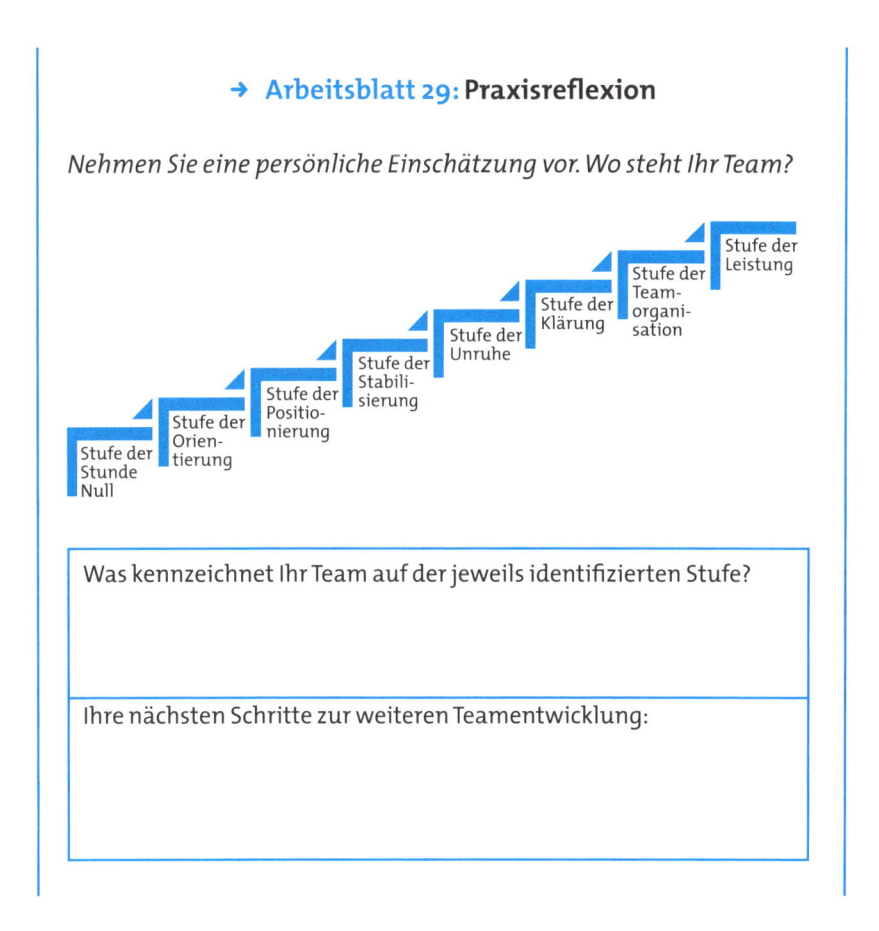

VIRTUELLES LINIEN- UND VIRTUELLES PROJEKTTEAM

→ **Arbeitsblatt 29: Praxisreflexion**

Nehmen Sie eine persönliche Einschätzung vor. Wo steht Ihr Team?

Stufe der Stunde Null
Stufe der Orientierung
Stufe der Positionierung
Stufe der Stabilisierung
Stufe der Unruhe
Stufe der Klärung
Stufe der Teamorganisation
Stufe der Leistung

Was kennzeichnet Ihr Team auf der jeweils identifizierten Stufe?

Ihre nächsten Schritte zur weiteren Teamentwicklung:

Einige abschließende Bemerkungen zum Teamentwicklungsprozess

Bei der Beschreibung des Teamentwicklungsprozesses wurde nicht darauf eingegangen, dass die Entwicklung auch davon abhängig ist, wie viele Teamanteile das Team ausmachen. Bei kleinen Teams, bei niedrigeren Anforderungen an die Teamfähigkeit oder nur geringen Teamanteilen kann die Teamentwicklung unproblematisch verlaufen und Unwuchten können schnell und unkompliziert „aus dem Wege" geräumt werden. Normalerweise gibt es dadurch weniger Störquellen.

Aber verschließen Sie die Augen nicht vor den Risiken: Auch bei niedrigen Anforderungen an die Teamfähigkeit können Irritationen auftreten. Wenn diese sehr hoch bewertet werden, haben Sie vielleicht mehr Arbeit als mit einem Team, das zwar viele Teamanteile hat, das aber dank einer günstigen Zusammensetzung kaum Störungen produziert.

Ein Teamentwicklungsprozess ist niemals abgeschlossen, so wie es jedes Modell suggeriert.

Er beginnt wieder von vorne, wenn z. B. neue Mitglieder dazukommen. Natürlich nicht in vollem Ausmaß: Vieles von dem, was sich das Team schon erarbeitet hat, wird erhalten bleiben – wenn das neue Teammitglied zustimmt. Es muss aber immer ein Integrationsprozess stattfinden.

Auch neue Herausforderungen können dazu führen, dass der Teamprozess wieder neu startet – meistens mit der Unruhestufe.

> Ein Beispiel: Wenn in einem Projekt die Auslieferung an den Kunden ansteht, müssen die in der Planungsphase gefundenen Wege in der Zusammenarbeit vielleicht verändert und neue Brücken geschlagen werden. Auch hier stützt das bereits gemeinsam „Durchlittene" den weiteren Entwicklungsprozess.

6 Störungen und Konflikte im virtuellen Alltag

In den bisherigen Ausführungen zu den Anforderungen an die Kooperation im virtuellen Kontext wurde in verschiedenen Zusammenhängen das Thema Störungen und Konflikte immer wieder gestreift. Wegen der Bedeutung dieses Themas für eine Führung auf Distanz wollen wir in diesem Kapitel die wichtigsten Aspekte noch einmal zusammenfassend darstellen.

Das Thema Störungs- und Konfliktmanagement verlangt bei einer Führung und Zusammenarbeit auf Distanz und einem vorwiegenden Kontakt über Medien besondere Aufmerksamkeit.

- Die Wahrscheinlichkeit, dass bei überwiegend mediengestützter Kooperation Störungen und Konflikte auftreten, ist sehr hoch.
- Störungen schwelen auf Grund der räumlichen Distanz oft lange Zeit im Verborgenen und wachsen sich meist unbemerkt zu manifesten Konflikten aus.
- Störungen und Konflikte in der Interaktion werden zur Reduzierung innerer Anspannungen über persönliche Schutzarrangements kompensiert und zeigen sich verdeckt in Reibungsverlusten.
- Konflikte entstehen auch durch die Nutzung der Medien selbst.
- Die Möglichkeiten, einen manifesten Konflikt über Distanzen hinweg zu klären, sind begrenzt.

In jeder arbeitsteiligen Zusammenarbeit treffen immer unterschiedliche Sichtweisen, Interessen, Einstellungen, Vorstellungen, Erwartungen und Arbeitsstile aufeinander. Dies stellt kein Problem dar, solange sich daraus keine negativen Konsequenzen für mindestens eine der beteiligten Parteien ergeben. Eine konflikthafte Dynamik bekommt die Situation erst dann, wenn die vorhandenen Gegensätze dazu führen, dass sich eine (oder mehrere) Partei(en) in ihren eigenen Handlungsplänen behindert fühlt oder tatsächlich wird.

Friedrich Glasl weist in seinem Standardwerk zum Thema Konfliktmanagement darauf hin, dass soziale Konflikte dann entstehen, wenn Unvereinbarkeiten im Denken, Wahrnehmen, Fühlen oder Wollen in der Zusammenarbeit mit anderen erlebt werden und dadurch eine Behinderung der eigenen Pläne erfolgt.

Bei einer Zusammenarbeit auf Distanz wird immer wieder erlebt, dass das wahrgenommene Verhalten nicht den eigenen Erwartungen entspricht. Das kann z. B. eine verspätete Antwort auf eine Anfrage sein. Der Empfänger wird natürlich nach einer Erklärung für das unerwartete Verhalten anderer suchen. Wenn er sich das Verhalten selbst erklären muss, wird er sein weiteres Antwortverhalten an seiner Schlussfolgerung ausrichten.

> **Ein Beispiel:** Sie antworten auf die Bitte um einen dringenden Rückruf eines Mitarbeiters so spät, dass er sein Vorhaben ohne Rücksprache realisieren musste. Ihre (zu) späte Antwort kann er mit Bedauern zur Kenntnis nehmen und sich damit erklären, dass Sie einfach zu viel „um die Ohren haben". Wenn er stattdessen aber annimmt, dass Sie ihm absichtlich nicht rechtzeitig antworten wollten (aus welchem Grunde auch immer), kann sich daraus im Weiteren eine Interaktion entwickeln, die unterschwellig von einem latenten Konflikt bestimmt wird.

Begünstigt wird eine solche Entwicklung vor allem bei einer Zusammenarbeit auf Distanz, da virtuelle Mitarbeiter ihre Vermutungen nicht schnell und einfach überprüfen können. Angesichts der Schwierigkeit, persönliche Mutmaßungen und Eindrücke über die medienvermittelte Kommunikation anzusprechen und des damit verbundenen höheren Aufwandes wird er es vielleicht auch gar nicht wollen.

Vielleicht hat er auch Sorge, eine „offizielle" Anfrage würde der Angelegenheit zu viel Gewicht verleihen. Und beiläufig lässt sich so etwas schlecht über Telefon oder E-Mail klären. Sensibilisiert wird er stattdessen bevorzugt Hinweise aufnehmen, die seine inneren Annahmen bestätigen. Wenn sie sich zu einer Gewissheit gefestigt haben, wird er seinen weiteren Kontakt mit Ihnen auf dieser „persönlichen Wahrheit" aufbauen.

Jeder Mensch macht sich sein eigenes subjektives Bild von der Realität. Obwohl darin viele ungeprüfte Annahmen, Empfindungen und auch Fantasien enthalten sind, ist es die Grundlage für unser Denken und Handeln im sozialen Kontext. Da in der virtuellen Zusammenarbeit die Möglichkeiten reduziert sind, Irritationen oder so genannte „Störgefühle" anzusprechen, zu überprüfen und aufzulösen, ist die Arbeitsbeziehung der Führungskraft zu ihren Mitarbeitern, aber auch die Beziehung der Mitarbeiter untereinander fragiler und somit auch anfälliger für Störungen.

So wird verständlich, warum eine stabile Vertrauensbasis die entscheidende Voraussetzung für eine Zusammenarbeit auf Distanz ist. Eine auf Vertrauen beruhende Arbeitsbeziehung begrenzt die negativ getönten Annahmen über ein wahrgenommenes Verhalten.

Die Wahrscheinlichkeit, dass Unvereinbarkeiten in der Wahrnehmung, im Denken, Fühlen und Wollen erlebt werden, ist im Vergleich zur lokalen Zusammenarbeit bei einer dezentralen Zusammenarbeit immer höher. Dabei kann es sich zum einen um eine tatsächliche Unvereinbarkeit handeln (z. B. unterschiedliche Ziele). Zum anderen können auch unterschiedliche Ausrichtungen bestehen, die bis dato noch nicht abgeklärt wurden (z. B. unterschiedliche Erwartungen). Um im obigen Beispiel zu bleiben: Der Mitarbeiter in der Ferne sieht bei der Bewältigung bestimmter Situationen in seinen Handlungsplänen eine enge Abstimmung mit Ihnen vor. Sie stellen sich jedoch vor, dass sich der Mitarbeiter unabhängig von Ihnen auf die jeweiligen Situationen einstellt und sich daher vorwiegend selbst organisiert.

Störungen und Konflikte im virtuellen Alltag

Über die Distanz ist es ungleich schwieriger, immer ein gemeinsames Bild über die aktuelle Situation zu entwickeln. Die verschiedenen subjektiven Bilder führen natürlich zu unterschiedlichen Handlungsplänen. Dies macht auch die Kooperation entschieden störanfälliger und konfliktträchtiger.

In unseren weiteren Ausführungen legen wir den Schwerpunkt bewusst auf die Konfliktprophylaxe. Wir zeigen Wege auf, wie Konflikte vermieden werden können und beschreiben, was Sie in nicht vermeidbaren, konfliktträchtigen Grundkonstellationen tun können, damit sich die Konfliktspirale nicht in Bewegung setzt. Denn je weiter ein Konflikt fortschreitet und sich ausbreitet, desto schwieriger gestaltet sich der Klärungsprozess – vor allem über elektronische Medien. Wenn es dann tatsächlich dazu kommt, dass der Konflikt ausbricht, gleicht der Versuch einer Konfliktklärung über die elektronischen Medien dem Bemühen, ein brennendes Haus mit einem Gartenschlauch zu löschen. Wenn man nichts anderes hat, muss man zwar auch das versuchen, aber oft ist das Haus zum Schluss dann trotzdem heruntergebrannt!

Wir konzentrieren uns hier auf zwei grundsätzliche Problemfelder:
- → das Störungsmanagement in der direkten Zusammenarbeit selbst (Linienteam) und
- → das Störungsmanagement, wenn die Zusammenarbeit zusätzlich durch Einflüsse von außen mitbeeinflusst wird (Projektteam).

→ **Arbeitsblatt 30: Praxisreflexion**

Was sind aus Ihrer Sicht typische Störquellen in der virtuellen Zusammenarbeit und welche Auswirkungen haben sie in der Praxis?

Typische Störquellen	Auswirkungen in der Praxis

6.1 Störungen und Störungsmanagement in der direkten Zusammenarbeit

Selbstverständlichkeiten können sich als trügerisch erweisen

Greifen wir noch einmal das Beispiel von oben auf: Der Mitarbeiter, der dringend um einen Rückruf bat, war fest von einer schnellen Unterstützung ausgegangen. Er fühlte sich in seiner Arbeit blockiert und traf seine Entscheidung dann allein. Seine Schlussfolgerung ist: „So habe ich mir eine gute Kooperation auf Distanz nicht vorgestellt!"
Zunächst ist die Frage berechtigt, wie der Mitarbeiter davon ausgehen kann, dass seine Führungskraft ihm genau dann zur Seite stehen kann, wenn er sie braucht. Wahrscheinlich wird er selbst betonen, dass er im normalen Tagesgeschäft nicht davon ausgeht, da es unrealistisch ist.

Die Sachlage wird von ihm allerdings ganz anders betrachtet, wenn ein Notfall vorliegt: „Dann könnte man schon erwarten, dass die Führungskraft kurzfristig ihre anderen Verpflichtungen hinten anstellt und für den eigenen Mitarbeiter da ist!"

In unserem Beispiel erfolgt die Situationsbewertung von Mitarbeiter und Führungskraft sehr unterschiedlich, unter Umständen mit auf Dauer weitreichenden Folgen. Vom jeweils subjektiven Bezugsrahmen her betrachtet

→ geht die Führungskraft, für sie selbstverständlich, davon aus: „Das hat er doch prima auch alleine hinbekommen."
→ mutmaßt der Mitarbeiter, für sich ebenso selbstverständlich: „Wenn es darauf ankommt, lässt er mich hängen."

Es wird deutlich: Nichts ist selbstverständlich. Im Arbeitsalltag werden die Unterschiede in den „Selbst"-Verständlichkeiten meistens erst dann wirklich bewusst, wenn es zu Störungen kommt. Die „normale" Zusammenarbeit erfolgt mehr oder weniger unabgesprochen auf der Grundlage der stillschweigenden Übereinkünfte. Die individuelle Annahme einer Übereinkunft kann auch mit dem Begriff Vertrauensvorschuss umschrieben werden. Vertrauen zu geben schließt immer auch das Risiko von Enttäuschung mit ein. Je nachdem, wie stark die Diskrepanz erlebt wird zwischen den Verhaltensweisen, die im Vertrauensvorschuss als möglich vorweggenommen werden, und dem tatsächlich dann beobachtbaren Verhalten, entstehen Störungen oder es werden sogar direkt Konflikte ausgelöst.

Wie würden Sie reagieren? Von einem Mitarbeiter brauchen Sie dringend einen Bericht zu einem Vorfall. Statt der erwünschten Stellungnahme erhalten Sie einen Dreizeiler mit dem Hinweis, dass sich alle erwünschten Informationen aus den beiden angehängten Datenblättern entnehmen lassen.
Wenn der betreffende Vorfall nicht allzu gravierend ist, wird die Angelegenheit meistens schnell beiseitegeschoben und das Tagesgeschäft erhält den Vorrang. Bleibt es ein Einzelfall, ist dies auch eine durchaus angemessene Bewältigungsstrategie. Wenn sich Störungen ähnlicher Art aber häufen und der Aufwand für eine Klärung (auch

auf Grund der Distanz) immer wieder zu aufwändig erscheint, ändert sich die Lage. Man beginnt sich mit den Störungen zu arrangieren.

Störungen anzusprechen wird von Mitarbeitern oft so empfunden, als würde unberechtigterweise Kritik geäußert. Vor allem Mitarbeiter, denen es schwerfällt, auf Störungen hinzuweisen und diese zu klären, werden sich bevorzugt mit eigenen Arrangements helfen. Mit der Störung arrangieren werden sich auch Mitarbeiter, die ihre Befindlichkeiten wie z.B. enttäuschte Erwartungen, Verstimmungen oder spontanen Ärger nicht über Medien kommunizieren möchten. Eine Hürde kann auch dadurch entstehen, dass in der elektronischen Kommunikation der rein fachliche Austausch dominiert.

Eine andere Barriere ist zudem, dass ankommenden E-Mails oft ein Tonfall unterstellt wird, der so gar nicht dem des Absenders entspricht. Beim Telefonieren ist gerade am Tonfall leicht zu merken, ob jemand verstimmt, amüsiert, ungeduldig oder verärgert ist. Bei E-Mails fallen diese aufschlussreichen Zwischentöne oft weg bzw. können über- oder unterbewertet werden etc.

Doch zurück zum obigen Fall: Eigene Arrangements sind der Versuch, die individuelle Arbeitsfähigkeit sicherzustellen und die Unzufriedenheit zu reduzieren. Der entsprechende Mitarbeiter könnte z.B. die Entscheidung treffen, sich ab sofort so zu organisieren, dass er auf keine Hilfe mehr angewiesen ist. „Da ich im Ernstfall ohnehin keine Unterstützung von meinem Chef erwarten kann, lohnt es sich auch nicht, weiter mit ihm über Probleme zu sprechen."

Unausgesprochen wird dieses Arrangement zum festen Bestandteil der weiteren Zusammenarbeit. Die Qualität der Kooperation nimmt schleichend ab, was im virtuellen Kontext eine besondere Gefahr darstellt.

→ *Praxis*tipp:

Seien Sie sich bei Ihrer Führung auf Distanz immer bewusst, dass enttäuschte Erwartungen zu individuellen Arrangements führen. Sie sind aus der Distanz kaum bemerkbar, können aber eine Abwärtsspirale mit zunehmend konflikthaften Spannungen in Gang setzen.

Individuelle Optimierungen sind immer gegenwärtig

Vereinbarungen stellen eine Zusammenarbeit zwar auf solide Füße, sie können aber individuelle Optimierungen nie ganz verhindern. Kurt Lewin, der „Altvater" der Gruppendynamik, teilt Situationen mit latentem Konfliktpotenzial in drei Kategorien ein. Diese Einteilung wollen wir bei der Betrachtung möglicher Störungen in der virtuellen Zusammenarbeit übernehmen. Danach entstehen soziale Konflikte, wenn

- → einzelne Parteien verschiedene Ziele anstreben, die sich gegenseitig ausschließen,
- → einzelne Parteien gleiche oder verschiedene Ziele bei begrenzten Ressourcen anstreben,

> die Verhandlungen durch ein entsprechendes Verhalten von einem der Beteiligten erschwert werden.

Mitarbeiter sind in ihrem persönlichen Arbeitsverhalten recht unterschiedlich. Und so sind auch drei unterschiedliche Störungsquellen in der direkten Zusammenarbeit immer wieder denkbar, beispielsweise:

> Die erste Quelle kann zu sprudeln beginnen, wenn untereinander zwar eine möglichst frühe Zulieferung von Informationen vereinbart wurde, einzelne Mitarbeiter aber erst dann liefern, wenn aus ihrer Sicht die Informationen weitgehend valide, also geprüft und bestätigt vorliegen.
> Die zweite Quelle kann zu sprudeln beginnen, wenn mehrere Mitarbeiter verstärkt die Unterstützung eines Teammitglieds im Backoffice in Anspruch nehmen und der Kollege eigenständig die qualitativen Ansprüche reduziert und so sicherstellt, dass alle etwas Unterstützung bekommen.
> Die dritte Quelle kann dann zu sprudeln beginnen, wenn sich die Kollegen auf die Video-Konferenz unterschiedlich intensiv vorbereiten und die Besprechung dadurch aus Sicht der Kollegen, die sich vorbereitet haben, deutlich verlangsamt wird.

All das könnte man doch besonders gut im Vorfeld klären, werden Sie vielleicht spontan dazu anmerken. Sie haben völlig Recht, denn die Störungen sind ausschließlich „teamgemacht". Nur – so einfach ist es in der Praxis leider nicht.

Um alle möglichen Störungen bei einer virtuellen Zusammenarbeit vorab auszuschließen, müssten Sie u. a.

> alle denkbaren Vorfälle in der Zusammenarbeit vorwegnehmen und dafür Lösungswege entwickeln,
> alle individuellen Verhaltens- und Arbeitsweisen auf ihre Teamverträglichkeit hin überprüfen und
> alle zukünftigen Einflüsse und Auswirkungen auf die Arbeits- und Verhaltensweise Einzelner vorab berücksichtigen.

Mit anderen Worten: Die unendliche Vielfalt möglicher Einflüsse zeigt hier schlicht die Grenzen einer vollständigen Störungs- und Konfliktprophylaxe über Vereinbarungen im Team auf. Da die auftretenden Störungen oft mit persönlichen Arrangements überdeckt werden, besteht die Gefahr, dass sie, obwohl sie zunächst gar nicht auffallen, im Laufe der Zeit doch nachhaltig zu Reibungsverlusten in der Kooperation führen.

> *Praxis*tipp:
> *Seien Sie sich bei Ihrer Führung auf Distanz immer bewusst, dass persönliche Optimierungen zum Alltag der virtuellen Zusammenarbeit gehören.*

Malen Sie lieber den Teufel an die Wand

Wie lassen sich individuelle Arrangements und Optimierungen möglichst verhindern? In den Ausführungen zur Positionierungsphase bei der Teamentwicklung (siehe Kap. 5.3.2) wurde aufgezeigt, wie die zukünftige Zusammenarbeit zunächst einmal auf gemeinsame Füße gestellt werden kann. Für eine Konfliktprophylaxe reicht es aber nicht aus, nur positiv getönte Vorsätze und Regeln zu besprechen und zu vereinbaren.

Damit sich keine negative Kooperationsspirale in Gang setzt, sind frühzeitig auch mögliche Störungen zu betrachten. Die Begründung dafür ist psychologischer Natur. Mit der Sammlung von gemeinsamen Regeln sind eher Hoffnungen verknüpft. Mit der Betrachtung von möglichen Störungen kommen dagegen eher die Befürchtungen ans Tageslicht – die sonst gern verborgen bleiben.

Konfliktprophylaxe zu betreiben heißt, mögliche Störungen dann zu besprechen, wenn sie noch gar nicht eingetreten sind. Diese Aussage ruft leicht viele Bedenken wach. „Warum soll man den Teufel an die Wand malen?", lautet dann meist der Einwand. „Man muss doch nicht alles gleich pessimistisch angehen – think positive!" Genau diese Sichtweise verhindert, dass vorhandene Befürchtungen öffentlich ausgesprochen werden.

Natürlich hat diese Sichtweise durchaus auch ihre Berechtigung. Oft geht es ja wirklich gut. Aber eine Zusammenarbeit nur auf positive Vorsätze aufzubauen bedeutet, sich nicht auf mögliche Störungen vorzubereiten. Ein solches Vorgehen käme einem Projektmanagement gleich, das bei der Planung auf eine Risikoanalyse verzichtet.

Es kann nicht oft genug betont werden, dass gerade eine Zusammenarbeit auf Distanz wesentlich störanfälliger ist. Das Verhalten jedes Einzelnen unterliegt vielen situativen Einflüssen und die Selbstorganisation entfaltet sich auch viel individueller. Im direkten Kontakt fördert die soziale Kontrolle eine gewisse Disziplinierung und Gleichschaltung.

Die Neigung, sich nach den persönlichen Präferenzen zu organisieren, ist in der Ferne leichter auszuleben. Die Belange der anderen Teammitglieder werden schnell geringer gewichtet.

→ ***Praxis*tipp:**

Malen Sie lieber den Teufel an die Wand – bevor er sich in der Zusammenarbeit einnistet.

Wir empfehlen:
→ **Vereinbaren Sie nicht nur Wünsche.**
Um den sozialen Rahmen nicht zu verletzen und sich nicht unbegründet misstrauisch zu zeigen, werden meist nur sozial verträgliche Wünsche vereinbart, die hoffnungsvoll die gewünschte Ordnung sichern sollen.

→ Sammeln Sie alle nur denkbaren Störungen.
Hinter jeder vorweggenommenen Störung stehen ganz konkrete und selbstverständliche Erwartungen. Mit den Mutmaßungen über mögliche Störungen aus dem individuellen Erfahrungshintergrund werden eher persönlich relevante Befürchtungen offensichtlich.

→ Treffen Sie Vereinbarungen über ein Vorgehen für den Fall, dass individuell eine Störung wahrgenommen wird.
Über solche Vereinbarungen wird das Ansprechen von subjektiv empfundenen Störungen legitimiert. Dies gibt Sicherheit und reduziert die Angst, sich mit dem Ansprechen eigener Vorstellungen vielleicht zu sehr in den Vordergrund zu stellen.

→ **Praxistipp:**

Mit Vereinbarungen zum Vorgehen bei subjektiv erlebten Störungen geben Sie jedem Mitglied der Mannschaft das Werkzeug in die Hand, einen Klärungsprozess dann anzustoßen, wenn er oder sie es für erforderlich hält. Sie nehmen so jeden einzelnen Mitarbeiter mit in die Verantwortung für eine gute Kooperation in der Zusammenarbeit.

Setzen Sie auf Standards

Für die generelle Koordination sollten Sie das Team nicht zu sehr mit der Klärung von organisatorischen Teambelangen beschäftigen. Damit ist noch keine wertschöpfende Handlung erfolgt! Führen Sie zur Sicherung einer geordneten Zusammenarbeit auch Standards ein. Dies ist ein weiterer wertvoller Weg zur Störungs- und Konfliktprophylaxe bei einer Führung auf Distanz.
Standards können Sie z. B. setzen für:
- → Berichtswege und Berichtszeiten
- → Kommunikationswege und -zeiten
- → Nutzung der elektronischen Medien
- → Arbeitsverfahren und Arbeitsorganisation
- → Leistungskontrolle und Leistungsbewertung

Standards sind möglichst zu Beginn der Zusammenarbeit festzulegen. Den Mitarbeitern muss die Möglichkeit gegeben werden, ihre eigene Arbeitsorganisation vor Ort nach diesen Vorgaben auszurichten. Mit nachträglich eingeführten Normierungen verlangen Sie von Ihren Mitarbeitern, dass sie ihre bereits etablierte Selbstorganisation neu auszurichten haben. Dies stößt selten auf spontane Zustimmung und bedarf im Nachhinein erheblicher Überzeugungsarbeit.
Im Vergleich zu den im Team getroffenen Vereinbarungen haben Standards einen verbindlicheren Charakter, da sie personenneutral sind. Ihre Einführung erfordert zudem nicht die volle Zustimmung der Mitarbeiter.

Wichtig hingegen ist, dass Sie die Akzeptanz im Team sichern. Dies gelingt, wenn Sie dafür Sorge tragen, dass die gesetzten Standards für die Mitarbeiter nachvollziehbar und sinnvoll sind. Erst dann kann auch auf die Einhaltung von Standards gepocht werden.

➜ *Praxis*tipp:

Setzen Sie Standards überlegt ein:

! *Zu viele Standards verlieren schnell ihren verbindlichen Charakter und werden übertreten (denken Sie z. B. nur an unseren Schilderwald im Straßenverkehr).*

! *Zu eng gesetzte Standards begrenzen zwangsläufig die Flexibilität und Kreativität Ihrer Mitarbeiter.*

! *Standards sollten nicht als „eherne Gesetze" angesehen werden. Sprechen Sie zur Konfliktprophylaxe darüber, wie vorzugehen ist, wenn Vorgaben nicht eingehalten werden (können).*

➜ **Arbeitsblatt 31: Selbstreflexion**

Welche Gewichtung zur Konfliktprophylaxe geben Sie den einzelnen Anregungen für Ihre Praxis?

Maßnahmen zur Konfliktprophylaxe	1 = niedrig								10 = hoch
Stärkere Beachtung von Selbstverständlichkeiten									
Tendenz zur persönlichen Optimierung stärker beachten									
Lieber den Teufel an die Wand malen									
Auf Standards setzen									

6.2 Störungen und Störungsmanagement bei einer Teamarbeit mit Außeneinflüssen

In einer arbeitsteiligen Zusammenarbeit über organisatorische Grenzen hinweg stehen sich immer verschiedene (Sub-)Ziele gegenüber.

Ein typisches Beispiel: In einem Projektteam soll der kaufmännische Bereich mit dem technischen Bereich zusammenarbeiten. Gemeinsames Ziel ist die Entwicklung einer neuen Videokamera. Die Vertreter beider Bereiche stehen in der Verantwortung. Aus ihren unterschiedlichen Arbeitsfeldern bringen sie ihre spezifischen Vorstellungen mit, wie das Projekt erfolgreich durchgeführt werden kann.

In unserem Beispiel existieren zwei Prioritäten: Die Kaufleute optieren für die kostengünstigste Variante, dem Techniker geht es vorrangig um die technische Perfektion des Produkts.

Der daraus entstehende Zielkonflikt in der Projektarbeit ist durchaus gewollt. Gehofft wird auf eine konstruktive Zusammenführung beider Vorstellungen mit dem Ergebnis eines kostengerechten, technisch hochwertigen Produkts.

Trotzdem ist bei sehr unterschiedlichen Interessenlagen und Zielen oft schon in der Kooperation vor Ort schwierig, für alle beteiligten Seiten schnell eine befriedigende Lösung zu finden.

Durch die Distanz befindet sich nicht nur jeder in seiner „eigenen Welt" und definiert die Realität aus dieser Sicht heraus, sondern es geht generell auch schnell das nötige Verständnis dafür verloren, dass die Gegenseite durchaus berechtigte Interessen äußern könnte. Wer vor allem das eigene (Sub-)Ziel verfolgt, vertritt die eigene Position mit mehr Vehemenz, als es für die Sache eigentlich notwendig ist – die Distanz verstärkt dieses Phänomen noch. Man will sich auf jeden Fall Gehör verschaffen.

Befänden sich die Beteiligten am gleichen Ort, dann könnten die Handlungspläne über kurze Wege abgestimmt werden. Manch unterschiedliche Interessen oder Ziele werden bei einem gemeinsamen Mittagessen besprochen, und bis zum Kaffee ist das weitere Vorgehen dann geklärt. Störungen in der Kooperation wird so frühzeitig ein Riegel vorgeschoben. Ist die Sachlage etwas vielschichtiger, findet der Abstimmungsprozess in „Meetings" statt. Auch wenn sich diese zeitaufwändiger gestalten, als sich der Einzelne vielleicht wünscht, wird so dafür gesorgt, dass die Beteiligten mit ihren Sichtweisen und Interessen angemessen zu Wort kommen.

Die Möglichkeiten, sich entweder auf direktem Weg oder in mediengestützten Konferenzen umfassend und genau abzustimmen, sind bei einer Zusammenarbeit auf Distanz stark begrenzt. Verbindlichkeit in Kooperation und Koordination ist wesentlich schwerer herstellbar. Jeglicher Zuwachs an Abhängigkeit (also ein höherer Teamanteil in der virtuellen Zusammenarbeit) erhöht dabei die Wahrscheinlichkeit, dass Störungen auftreten.

> Ein Beispiel aus der Praxis:
>
> In einem standortverteilten Unternehmen war allen Produktionsorten je ein Mitarbeiter der IT-Abteilung zugeordnet worden. Er sollte vor Ort sicherstellen, dass den Anforderungen der Anwender schnell und zufrieden stellend entsprochen wird.
>
> Sein Aufgabenfeld umfasste die Kontaktpflege und die Beratung der Kunden beim weiteren Ausbau ihrer EDV-Anwendungen und die Aufbereitung sowie Weiterleitung der Wünsche an die zentrale IT. Die Entscheidung, welche neue Anwendung dann tatsächlich zum Einsatz kam, wurde in der Zentrale getroffen.
>
> In den letzten Jahren waren immer wieder Anwendungen entwickelt oder zugekauft worden, die zwar bestens in die IT-Landschaft passten, aber viel zu kompliziert und daher wenig benutzerfreundlich waren.
>
> Obwohl sich die IT-Beauftragten durchaus in der Schulung der Anwender engagierten, nahm die Unzufriedenheit der Kunden zu.
>
> Dies wurde auch in den wöchentlichen Telefonkonferenzen der IT-Gruppe besprochen – und die IT-Leitung wurde nicht müde zu betonen, dass mehr Überzeugungsarbeit zu leisten wäre. Als wichtigstes Argument sollten die IT-Beauftragten vor Ort ihren Anwendern klarmachen, dass ihnen langfristig eine IT aus einem Guss nur Vorteile bringen würde.
>
> Trotzdem waren die IT-Kunden unzufrieden mit den angebotenen Lösungen und suchten sich zunehmend selbst kleine Anwendungen auf dem freien Markt. Ihr IT- Beauftragter sollte nun dafür sorgen, dass seitens der Zentrale die Freigabe für neue Anwendungen erfolgte.
>
> Meistens passten die entsprechenden Vorschläge jedoch nicht in die Gesamtstrategie der IT und wurden deshalb abgelehnt.
>
> Um zu verhindern, dass die Kunden weiter mit eigenen Lösungsideen kamen, wurde den IT-Beauftragten untersagt, diese auf der Suche nach Lösungen zu unterstützen. Sie sollten ab sofort nur noch strikt die Anforderungen aufnehmen und jegliche Beratung über marktübliche Anwendungen einstellen.
>
> Dieses Vorgehen empfanden die Kunden als vollkommen praxisfremd. Sie fühlten sich auch schlicht überfordert. Da sie wussten, dass ihren IT-Beauftragten die Hände gebunden waren, organisierten sie sich über die Standorte hinweg. Sie stimmten sich in ihren Vorschlägen über ausgewählte kleine Anwendungen ab und schickten ihre Auswahl direkt an die IT-Zentrale. Die IT-Beauftragten waren in diesen Prozess nicht eingebunden, wurden aber über die Vorschläge informiert. Gleichzeitig wur-

den bereits kleine anwenderfreundliche Lösungen ohne offizielle Genehmigung eingesetzt. Es entstanden Insellösungen, die das Tagesgeschäft erleichterten und keine Betreuung durch die IT erforderten.

Die IT-Beauftragten hatten viel Verständnis für die Nöte der Anwender und sorgten sich auch um ihre eigene Akzeptanz vor Ort. Sie machten sich zum Anwalt der Kunden innerhalb der zentralen IT-Abteilung. Dort fanden sie mit ihren Berichten und Hinweisen aber wenig Gehör. In den Telefonkonferenzen wurde ihnen stattdessen fehlende Loyalität vorgeworfen – auch von ihrem Vorgesetzten, der sein „Lebenswerk" gefährdet sah.

Die IT-Mannschaft zerstritt sich zunehmend. Es fand sich kein gemeinsamer Weg für einen Interessenausgleich mit den Kunden. Das Team zerbrach in zwei Lager, die untereinander die Kommunikation weitgehend einstellten.

Die Anwender in den Standorten wollten sich aber mit ihrem Unmut über die IT nicht abfinden. Über Monate hinweg listeten sie minutiös alle IT-Störungen vor Ort auf und protokollierten jede nicht eingehaltene Zusage seitens der IT.

Diese Liste wurde dann der Geschäftsführung vorgelegt mit dem Hinweis, dass die umfassend schlechte Performance der IT zunehmend die gesamte Produktion gefährde. Erst durch diese massive Anklage wurde die Geschäftsführung überhaupt auf das Problem aufmerksam und konnte den Klärungsprozess in Gang setzen.

Viele Konfliktgespräche, Besprechungen und Workshops waren nötig, um die Wogen zu glätten und zu einer gemeinsamen Arbeit auf der Grundlage eines abgestimmten Interessenausgleichs zurückzufinden. Forderungen, dass auch Köpfe rollen müssten, ließen erst allmählich nach.

Das latente, organisationsbedingte Konfliktpotenzial als Nährboden für Störungen in der Zusammenarbeit

Bei einem Team, dessen Mitarbeiter sich entweder aus verschiedenen organisatorischen Einheiten zusammensetzen oder aber noch in einem Arbeitskontakt mit anderen Organisationseinheiten stehen, sind verschiedene Ziele und Interessen zusammenzuführen.

Die Mitarbeiter befinden sich gleichzeitig in zwei verschiedenen Welten und es besteht immer die Gefahr, dass sie sich der einen gegenüber weniger solidarisch verhalten als der anderen. Funktional bedingte Konflikte wandeln sich dann oft zu sozialen Konflikten in der Zusammenarbeit. Beide Seiten werfen sich dann oft gegenseitig vor, nicht über den eigenen Tellerrand blicken zu können. Wer mit Leib und Seele dabei ist, dem fällt die Trennung zwischen Rollenauftrag und persönlichem Engagement oft nicht leicht. Konflikte auf der organisatorischen Ebene werden zu den eigenen gemacht, und Störungen in der Zusammenarbeit werden plötzlich personifiziert etc.

> **? Was meinen Sie?**
>
> *Wie viele organisationsbedingte Konflikte werden auf der persönlichen Ebene ausgetragen?*

Aufgabe einer Führung auf Distanz ist es, dafür zu sorgen, dass die unterschiedlichen Interessen- und Ziellagen, also das latente Konfliktpotenzial, immer allen bewusst und als Ausgangslage der Zusammenarbeit von allen Seiten akzeptiert wird.

Im Ernstfall können sich die Ziele sogar als nicht miteinander vereinbar erweisen. Und wenn es dafür keine Regelungen gibt, sind handfeste Konflikte in der Zusammenarbeit sehr wahrscheinlich.

→ **Arbeitsblatt 32: Selbstreflexion**

Listen Sie für Ihre persönliche Übersicht einmal alle organisationsbedingten, latenten Konfliktpotenziale auf. Überprüfen Sie anschließend, mit welchen Maßnahmen Sie vorgesorgt haben.

Organisationsbedingte latente Konfliktpotenziale	Maßnahmen zur Konfliktprophylaxe

Wege aus der externen „Störungsfalle"

Für das Management sowohl der Schnittstelle zwischen Team und „Außenwelt" als auch bei einer Zusammenarbeit von verschiedenen Funktionseinheiten innerhalb eines Teams steht die Führungskraft in der Pflicht:

➜ Im Interessenabgleich sind klare Vereinbarungen mit dem Aussenfeld, die auch hierarchisch „einklagbar" sind, unbedingt notwendig.

Allzu oft werden zu Beginn der Zusammenarbeit zwischen dem Team und der „Außenwelt" Absprachen über Zulieferungen oder Dienstleitungen vorgenommen, denen im weiteren Verlauf nicht mehr entsprochen wird. Von den Vertretern der „Außenwelt" werden dann gerne neue Prioritäten im eigenen Tagesgeschäft als Erklärung angeboten.

Kommt der Mitarbeiter dadurch mit seiner Arbeit nicht weiter und wird trotzdem für die planmäßige Realisierung seiner Arbeitspakete in die Verantwortung genommen, wird der organisationsbedingte Zielkonflikt auf seinem Rücken ausgetragen!

Es ist dann nicht sehr kooperationsfördernd, wenn er den Vorwurf zu hören bekommt, dass er sich nicht angemessen durchsetzen kann.

Man kann sich vorstellen, welch negative Auswirkungen dies auf die Motivation des Mitarbeiters in Bezug auf die Zusammenarbeit hat. Aber auch, wenn daraufhin jemand umso verbissener seine jeweiligen rollenspezifischen Ziele im Team verfolgt, wird das bloß zu weiteren erheblichen Störungen führen.

➜ **Praxis**tipp:

Beim Interessenabgleich im Team ist bei Teammitgliedern, die disziplinarisch außenstehenden Einheiten zugeordnet sind, genau zu überprüfen, welche Handlungsfreiheiten (Befugnisse) sie in das Team mitbringen.

Auch im Team selbst ist ein solcher Interessenabgleich offen und gründlich durchzuführen.

Die Erfahrung zeigt, dass in der Praxis selten eine genaue Analyse der latent vorhandenen Konfliktpotenziale im Team durchgeführt wird. Damit wird aber auch nicht besprochen und allen klargemacht, welche Herausforderungen sich für die Zusammenarbeit ergeben.

> **? Was meinen Sie?**
>
> *Wie viele der latenten Konfliktpotenziale sind im Bewusstsein der Teammitglieder immer präsent und damit auch handlungsleitend?*

Wir empfehlen:
- ➜ Erstellen Sie ein gemeinsames Bild über die möglichen Handlungszwänge und Pflichten (!) der einzelnen Kollegen. Damit wird die Basis für ein gegenseitiges Verständnis aufgebaut.
- ➜ Führen Sie – zusammen mit Ihren Mitarbeitern – eine genaue Ziel- und Interessenanalyse der „Außen- und Innenkräfte" durch. Im Projektmanagement spricht man hier von der Stakeholder-Analyse. Die Fragen lauten:

- Welche Einheiten (Rollenträger) verfolgen welche Interessen und nehmen dadurch mittel- und unmittelbar Einfluss sowohl auf das gesamte Team als auch auf die Arbeit einzelner Teammitglieder?
- Welche Auswirkungen kann dies auf die Zusammenarbeit im Team haben?

→ Arbeiten Sie Wege heraus, wie unter der bestehenden konflikthaften Ausgangssituation am besten kooperiert werden kann.

→ Zeigen Sie auch auf, welche Vereinbarungen mit den Außenstellen konkret getroffen wurden und welche Wege einzuschlagen sind, falls die Vereinbarungen nicht eingehalten werden.

→ Entwickeln Sie gemeinsam Eskalationsstrategien. Es kann (und wird) sicherlich immer wieder vorkommen, dass sich die Mitarbeiter allein wegen fehlender Befugnisse nicht auf eine gemeinsame Lösung verständigen können.

→ Betrachten Sie eingehend die Risiken, die damit für die Kooperation gegeben sind. Hinterlegen Sie einen Plan, der für die entscheidenden Risiken ein Risikomanagement vorsieht.

→ ***Praxis*tipp:**

Sorgen Sie für die Transparenz von Zielen und Interessen. Machen Sie vor allem deutlich, dass alle Interessenlagen aus der Gesamtsicht legitim und gewollt sind. Schaffen Sie ein Bewusstsein für eine funktional fundierte Zusammenarbeit im Team selbst.

6.3   Die Auswirkung von Störungen auf die Zusammenarbeit

Viele Störungen in der Zusammenarbeit werden in bester Absicht nicht an die große Glocke gehängt. Da der informelle Austausch meist begrenzt ist, können die Wahrnehmungen und vor allem Empfindungen gegenüber Teamkollegen auch nicht im vertrauten Kreis überprüft werden. So bleibt man mit seinen Einschätzungen letztlich alleine.

Dazu kommt, dass das Ansprechen von solchen Störungen eine stabile, persönliche Vertrauensbasis voraussetzt, die sich bei einer verteilten Zusammenarbeit nur schwer erreichen lässt. Wenn dann auch noch die Zusammenarbeit zeitlich begrenzt ist, wird lieber auf das Ende der Kooperation gewartet, anstatt sich vielleicht in die Nesseln zu setzen.

Die Überzeugung, dass die entstandene Situation nicht zu ändern ist, lässt den Konflikt schwelen. Was bleibt, ist die Möglichkeit, das eigene Verhalten daraufhin auszurichten. Es werden Interaktions- und Kommunikationsformen gewählt, die eine emotionale Distanzierung ermöglichen.

Wahrnehmbar ist eine solche Entwicklung in einem veränderten Kommunikationsverhalten, einer negativ getönten Einstellung zur Gesamt- und Arbeitssituation sowie im Bezug auf die Arbeit selbst. All dies hat zur Konsequenz, dass die Zusammenarbeit im Team leidet.

Im kommunikativen Bereich wird z. B.
- → der offene Meinungsaustausch eingestellt und am Informationsfluss wird vorwiegend passiv teilgenommen. Die Video- oder Telefonkonferenzen verlaufen eher schleppend. Diskussionen finden kaum mehr statt. Informationen werden nicht mehr aktiv angeboten, sondern nur noch auf Anfrage zur Verfügung gestellt.
- → Sie selbst bemerken, dass Sie in Ihrer Besprechungsleitung mehr damit beschäftigt sind, Aussagen zu aktivieren, anstatt die frei sprudelnden Beiträge zu ordnen und zusammenzufassen.
- → spürbar, dass persönliche Einschätzungen zur aktuellen Situation meist nur noch auf Nachfrage gegeben und dann bevorzugt in unverbindliche Worthülsen gekleidet werden. Persönliche Stellungnahmen werden vermieden – meist begründet mit einem „leider unzureichenden Informationsstand".
- → für Sie nach Telefonaten ein vages Gefühl fehlender Orientierung bleiben. Es ist alles gesagt – aber doch nichts besprochen. Gespräche verlaufen irgendwie im Sande.

Eine veränderte Einstellung zeigt sich z. B.
- → darin, dass gemeinsamen Verpflichtungen in allgemeiner Form eine geringere Bedeutung zugesprochen wird. Erklärungen, warum man Verpflichtungen nicht zu eng sehen darf, häufen sich. Situationseinflüsse werden stärker betont und das eigene Handeln mit Fakten begründet, die aus der Ferne nicht zu überprüfen sind.
- → darin, dass in den Teamgesprächen Ideen und Sichtweisen nicht mehr aktiv aufgegriffen, sondern einfach im virtuellen Raum stehen gelassen werden.

Im Bezug zur Arbeit zeigt sich
- → eine geringere Identifikation mit der Aufgabe selbst. Arbeitsteilungen werden nicht mehr selbstverständlich vorgenommen und Absprachen werden unverbindlicher. Die konstruktive Kritik kommt zum Erliegen und die Beiträge für die Gesamtheit werden zurückgefahren.
- → eine immer unpersönlicher wirkende Formulierung in den E-Mails, die sich nur noch auf die unbedingt notwendigen fachlichen Inhalte beschränkt.

Das Entscheidende ist, dass solche Distanzierungsstrategien letztlich nicht kritisierbar sind, denn keiner lässt sich wirklich etwas zu Schulden kommen.

Trotzdem belasten solche Verhaltensweisen die Arbeitsatmosphäre insgesamt massiv. Die beste Möglichkeit, das Geschehen wieder ins Positive zu wenden, führt über die Darstellung Ihrer ganz persönlichen Wahrnehmung.

→ **Praxis**tipp:

Trauen Sie Ihren eigenen Empfindungen. Stellen Sie Ihre Wahrnehmung zur Diskussion. Vermeiden Sie auf jeden Fall Interpretationen von Beobachtungen.

Achten Sie auf den Unterschied: Ihre Wahrnehmung und die Interpretation von Beobachtungen sind zweierlei!

Laden Sie zu einem Gespräch über Ihre Wahrnehmung ein. Wenn Ihre Eindrücke auf Interesse und Widerhall stoßen, kann das Gespräch in Gang kommen. Seien Sie behutsam mit Beispielen zur Verdeutlichung – Mitarbeiter könnten sich schnell angegriffen fühlen.

Mit Ihrem Beitrag regen Sie die Mitarbeiter zur Metakommunikation an, also zur Kommunikation über die Kommunikation selbst, über die Interaktionen oder über Arbeitsweisen.

> Ein Beispiel: „Mir fällt auf, dass ich immer mehr E-Mails ohne Betreffzeile bekomme. Mich stört das, weil ich so viel mehr Zeit in die Zuordnung meiner E-Mails investieren muss. Kennen Sie das Problem auch oder gehen solche E-Mails immer nur an mich?"

6.4 Auch die Nutzung der Medien kann Konflikte hervorrufen

Die E-Mail
Heute sind E-Mails das wohl am häufigsten benutzte asynchrone Kommunikationsmittel. Die E-Mail hat den Brief in vielen Feldern abgelöst, vor allem wegen der leichten Verfügbarkeit und natürlich auch der Schnelligkeit. Beide Vorteile bergen aber auch durchaus mögliche Konfliktquellen. Einige wesentliche seien hier genannt.

Die Botschaft: Wird die E-Mail auf die reine Nachrichtenvermittlung reduziert, gerät außer Acht, dass die menschliche Kommunikation immer aus zwei Elementen besteht – dem nonverbalen und dem verbalen Anteil. Es sind vor allem die nonverbalen Anteile, die die Beziehungsinformationen transportieren. Fehlen diese Informationen, kann die verbale Botschaft vom Empfänger oft nicht in ihrer Bedeutung eingeschätzt werden.

Wird sie „falsch" aufgenommen, hat sich der Schreiber also aus Sicht des Empfängers im Ton vergriffen, entsteht schnell eine angespannte Arbeitsbeziehung. Auf die erlebte geringe Wertschätzung wird postwendend mittels einer schroff gehaltenen Rückantwort gekontert. Der ursprüngliche Absender, der sich seines „Vergehens" vielleicht gar nicht bewusst ist, wundert sich über die Art der E-Mail und reagiert entsprechend.

Wenn zu einem späteren Zeitpunkt in einem anderen Kontext eine Anfrage gemailt wird, bleibt diese erst einmal im Postkorb liegen. Die Konfliktspirale beginnt sich zu drehen – und das alles nur, weil das kommunikative Missgeschick nicht ausgeräumt werden konnte.

Die Schnelligkeit: Haben Sie schon einmal eine E-Mail bekommen, die Sie sehr empört hat? Wie schnell wollten Sie es dem anderen heimzahlen, ein paar Zeilen in die Tasten gehauen – und ab die Post! Die Antwort lässt meist nicht lange auf sich warten. Mitunter entstehen wahre E-Mail-Fluten, die den Konflikt rasch eskalieren lassen. Wenn alles nicht hilft, wird der nächste Vorteil der E-Mail genutzt: Das Herstellen einer breiteren Öffentlichkeit über cc.

Die Verbreitung: Damit auch alle über alles Bescheid wissen, können alle relevanten Daten bequem per Attachement und großem Verteiler weitergeleitet werden. In der Informationsflut geht dann Wichtiges schnell unter. Negative Auswirkungen auf die Arbeitsläufe können nicht ausgeschlossen werden.

Die Nötigung: „Bin leider nicht fertiggeworden. Hier schon mal mein Entwurf. Der Abgabetermin ist in zwei Tagen. In den nächsten drei Tagen bin ich auf Dienstreise. Danke und viele Grüße." E-Mails dieser Art zwingen den Empfänger, die Arbeit alleine zu bewältigen und tragen zu einer Verschlechterung des Arbeitsklimas bei.

Die Groupware

Die Nutzung eines gemeinsamen elektronischen Büros nimmt in einem rasanten Tempo zu. Auch hier kann es durchaus zu Problemen kommen.
Die Transparenz: Zur Koordination der Arbeit ist ein virtuelles Büro sicher ein probates Arbeitsmittel. Aber es schafft eine oft nicht immer gewollte Transparenz. Ob Zeiteinteilungen oder Arbeitsdokumente, alles ist einsichtig, kann verglichen und vor allem bewertet werden. Das kann auch konkurrierende Einstellungen beflügeln, die dann an anderen Orten ausgetragen werden.
Die Verfügbarkeit: Dass im Team allen alle Dokumente, Vorlagen und Konzepte zur Verfügung stehen, ist sicher von Vorteil. Aber es muss auch klare Regeln geben, was nach außen weitergegeben werden kann und darf – und was auf keinen Fall. Wenn ein Mitarbeiter Teile seines Konzepts woanders und dann noch unter einem anderen Namen wiederfindet, ist das Vertrauen untereinander schnell zerstört.

Die Telefon- und Videokonferenz

Telefon- und vor allem Videokonferenzen gewinnen sicher durch den reicheren Informationsgehalt. Bei Telefonkonferenzen ist es spannend zu beobachten, um wie viel ungehemmter die Personen – mangels nonverbalem Spiegel – sozial agieren.
Dies findet sich weniger in den Videokonferenzen, über die viele nonverbale Informationsinhalte mitvermittelt werden. Wer sein Gegenüber sieht, hat auch schnell das Gefühl, mit ihm an einem Tisch zu sitzen.

Die neueste Technik mit der Bezeichnung Telepresence erhöht noch einmal diese Qualität. Und nach Berichten von „Usern" ist es problemlos möglich, damit Meetings von über zwei Stunden durchzuführen. Wahrscheinlich ist es nur eine Frage der Zeit, dass Ihnen irgendwann einmal Ihre Mitarbeiter in voller Größe und dreidimensional gegenübersitzen.

Die Chancengleichheit: Eine Quelle für Konflikte bei der Nutzung dieser Medien kann die unterschiedliche Sprachgewandtheit sein. Wer gerne aktiv und direkt kommuniziert, ist vor allem bei der Telefonkonferenz im Vorteil. Andere können sich dadurch zurückgesetzt fühlen und ziehen sich folglich immer mehr zurück.

Die Gruppenbildung: Auch wenn der Reichtum an Informationen bei einer Videokonferenz groß ist – den Personen, die zusammen vor dem Bildschirm sitzen, stehen immer noch zusätzliche Kommunikationsmittel zur Verfügung. Kleine Gesten oder Gemurmel untereinander können auf der anderen Seite schnell missinterpretiert werden.

Wenn das Sachthema kontrovers diskutiert wird, können solche Botschaften negativ aufgefasst werden und zu einer verstärkten Solidarisierung in der eigenen Gruppe führen. Dann entsteht schnell ein „Wir-hier"- und „Ihr-da"-Gefühl. Nimmt diese Solidarisierung über die Zeit zu, besteht die Gefahr, dass die Meinungsvielfalt eingedämmt wird. Meinungen, die das fachliche Thema voranbringen, aber die Position der eigenen Gruppe schwächen könnten, werden nicht mehr geäußert.

→ *Praxis*tipp:

Die kleine Auswahl an möglichen Konfliktquellen, durch die Medien selbst hervorgerufen, soll Sie vor allem dazu ermuntern, mit Ihrem Team auch über die mit der Nutzung der Medien selbst verbundenen Problematiken zu sprechen.

Ein Austausch darüber sensibilisiert die Mitarbeiter für die generelle Eigendynamik der Medien. Bereits gemachte Erfahrungen können in einen mit dem Team gemeinsam erstellten Regelkatalog einfließen, um medieninduzierte Störungen zukünftig möglichst zu vermeiden.

6.5 Wenn es doch zum offenen Konflikt kommt

Tritt ein Konflikt offen zu Tage, ist ein persönliches Treffen immer die erste Wahl. Lässt es sich gar nicht einrichten, dann sollten Sie auf jeden Fall auf ein informationsreiches Medium zurückgreifen, z. B. auf die Videokonferenz. Konflikte über eine Telefonkonferenz klären zu wollen, ist nur dann angebracht, wenn die Konfliktursache eindeutig identifiziert ist und der Konflikt damit auch eindeutig begrenzt werden kann. Konflikte aufzubereiten ist grundsätzlich nicht leicht, da die Konfliktparteien den Konflikt immer sehr unterschiedlich erleben.

Für die Bearbeitung von Konflikten in der virtuellen Zusammenarbeit empfehlen wir, folgende Punkte besonders zu beachten.
- Die Parteien haben kein gemeinsames Handlungsumfeld. Dies erhöht die Neigung, die strittigen Themen sehr subjektiv zu betrachten. Kommunikative Versäumnisse rächen sich hier. Oft sind sie auch die Ursache dafür, dass der Konflikt nicht vorher abgefangen werden konnte.
- Konflikte verursachen immer eine Einengung in der Wahrnehmung und im Denken. Ergänzende Informationen aus dem unbekannten Handlungsumfeld der Gegenpartei werden bevorzugt ausgeblendet. Stattdessen wird sehr schnell auf konfliktrelevante Reizwörter reagiert.
- Die mit dem Konflikt einhergehende Emotionalisierung erhöht sich, wenn der Eindruck entsteht, dass die eigene Situation (die ja nur man selber kennt) nicht angemessen berücksichtigt wird.
- Konflikte werden selten freudig begrüßt. Jeder weiß zwar, dass Konflikte dann auftreten, wenn etwas nicht stimmt und konstruktive Konfliktlösungen neue Wege aufzeigen. Die Aufforderung, Konfliktklärungen als Chance zu begreifen, dürfte auch Ihnen in den Ohren klingen. Freuen Sie sich deshalb wirklich darauf?
- Voraussetzung für eine konstruktive Konfliktklärung ist, dass alle Beteiligten bereit sind, sich von der emotionalisierten Situation zu lösen, d. h. emotional eine innere Distanz zum Konflikt aufzubauen. Das zeigt sich u. a. darin, dass die Parteien ihre Bereitschaft äußern, über den Konflikt reden zu wollen.
- Wegen der Emotionalisierung ist es immer angeraten, die Konfliktklärung zu verlangsamen. Gehen Sie Schritt für Schritt vor und machen Sie zwischendurch längere Pausen. Klären Sie dieses Vorgehen mit Ihren Mitarbeitern. Weisen Sie auf den Sinn der Pausen hin: Diese Entschleunigung dient der weiteren inneren Verarbeitung des bis dahin Gehörten und Gesagten.
- Ihre Aufgabe ist es, für eine umfassende Darlegung der Konfliktsituation zu sorgen. Wenn die Konfliktparteien Ihrer Diagnose zustimmen, erfolgt die innere Distanzierung fast von selbst. Wichtig ist, dass die Beteiligten auch sich selbst gegenüber eine beobachtende Haltung einnehmen.
- Je größer die emotionale Betroffenheit ist, desto schwerer fällt dies natürlich. Bei der Klärung zeigt sich dies u. a. daran, dass
  - an der eigenen Wahrnehmung festgehalten wird,
  - die Schuldfrage immer wieder hochkommt,
  - der „anderen" Sicht die Gültigkeit aberkannt wird,
  - immer wieder die gleichen Argumente genannt werden,
  - Rechtfertigungen überwiegen,
  - sich das Klärungsgespräch verzettelt.

Die für eine konstruktive Konfliktklärung erforderliche emotionale Distanz kann durch ein strukturiertes Vorgehen erleichtert werden. Die einzelnen Schritte sind hier in der Reihenfolge dargestellt, wie sie auch eingehalten werden sollten:
1. Besprechen Sie, wie lange die Konfliktsituation schon latent bestand und was die Kernproblematik am Anfang war.

2. Besprechen Sie, welche Klärungsschritte bereits versucht worden sind und warum diese nicht zum Erfolg geführt haben.
3. Besprechen Sie auch, welche persönlichen Arrangements der Einzelne für sich gewählt hat und inwieweit die individuellen Arrangements mit dazu beigetragen haben, dass der Konflikt weiter an Schärfe zunahm.
4. Klären Sie auch, welcher Anteil an der Konflikteskalation in der Nutzung bestimmter Medien gesehen wird.
5. Besprechen Sie, was konkret zur Eskalation des Konflikts geführt hat.
   - Arbeiten Sie heraus, wie wichtig die eigenen Ziele und Interessen eingeschätzt werden, ob die Ziele und Interessen der anderen Partei bekannt sind, wie sie in ihrer Bedeutung gewertet werden und worin genau die erlebte Beeinträchtigung besteht (konfliktbezogene Motivation).
   - Arbeiten Sie heraus, welche Risiken gesehen werden, wenn das eigene Ziel nicht erreicht wird, und worin der Nutzen gesehen wird, sich in die Auseinandersetzung zu begeben (konfliktbezogene Kognition).
   - Arbeiten Sie heraus, welche persönlichen Interessen und Werte mit dazu beigetragen haben, dass der Konflikt eskalierte, und wie die Einstellung zum Gegenüber ist (konfliktbezogene Emotion).

Ziel muss sein, dass zu allen drei Punkten eine weitgehende Transparenz hergestellt wird. Auf der Grundlage der dann vorliegenden Informationen fällt es in der Regel nicht schwer, einen gemeinsam getragenen Interessenausgleich zu erreichen. Dass eine solche Klärung Zeit benötigt, versteht sich von selbst. Es lohnt sich aber!

Gut ausgehandelte Konflikte verkürzen nicht nur die Bewältigungszeit zukünftiger Konflikte. Sie schaffen auch eine Konfliktkultur, die es allen erleichtert, latent vorhandene Konfliktkonstellationen so frühzeitig anzusprechen, dass es immer seltener zu einem manifesten Konflikt kommt.

7 Zur Qualifikation virtueller Mitarbeiter

Jede Führung auf Distanz ist davon abhängig, dass ihre Mitarbeiter über einen gut ausgestatteten Werkzeugkasten an Qualifikationen verfügen. Es ist letztlich die Voraussetzung dafür, dass eine Führung auf Distanz erfolgreich sein kann.

Bildhaft gesprochen: Wenn sich Mitarbeiter über eine längere Zeit außer Haus aufhalten, muss der (Reise-)Werkzeugkasten umfangreicher bepackt sein als bei einem Tagesausflug. Welche Grundausstattung sollte in diesem Werkzeugkasten möglichst erhalten sein?

Bevor wir auf die Qualifikationen detaillierter eingehen, wollen wir einige Vorüberlegungen voranstellen.

- → Natürlich stehen Sie als Führungskraft letztlich in der alleinigen Verantwortung für den Erfolg.
  Das bedeutet aber nicht, dass Sie Ihre Mitarbeiter nicht über eine umfangreichere Mitverpflichtung auf dem Weg zum Ziel mitnehmen können.
  In verschiedenen Zusammenhängen haben wir bereits darauf hingewiesen, dass gerade von Mitarbeitern in der Ferne ein hohes Maß an Eigenständigkeit und Selbstverantwortung erwartet wird. In der dezentralen Zusammenarbeit beschränkt sich die Verantwortung nicht darauf, dass die Aufgaben vor Ort erledigt werden. Erwartet wird neben dem aktiven Einsatz auch noch ein besonders aktives Engagement für eine gute virtuelle Kooperation.
- → Laut Prognosen wird die virtuelle Zusammenarbeit rasant zunehmen. Immer mehr Mitarbeiter werden sich damit auseinandersetzen müssen, dass bei einer Führung auf Distanz das bisherige Rollenverständnis „Mitarbeiter" nicht mehr ausreicht.
  Sie helfen Ihren Mitarbeitern, wenn Sie die veränderten Anforderungen und Erwartungen genau durchsprechen und sich nicht auf die Beschreibung der Aufgabenstellung beschränken. Für viele wird die Situation neu und vor allem anders sein. Und zu einer guten Kooperation gehört auch ein guter Einstieg.
- → Erstellen Sie auf der Grundlage der Aufgabenstellungen einen Leistungskatalog, aus dem hervorgeht, was Ihre Erwartungen sind. Achten Sie besonders auf die Anforderungen, die den Kontakt zu Ihnen und zu den Kollegen untereinander betreffen. Dem Mitarbeiter muss klar sein, was er persönlich dazu beitragen kann, damit die virtuelle Zusammenarbeit erfolgreich ist.
  Die Leistungserwartungen variieren natürlich entsprechend der jeweiligen Aufgabenstellung und dem damit verbundenen Kommunikations-, Koordinations- und Kooperationsaufwand.
- → Führung auf Distanz muss sich am partizipativen Führungsstil orientieren. Genau betrachtet ist das auch gar nicht anders möglich. Wenn Personen miteinander kooperieren sollen, müssen es beide Seiten auch wollen. Nur so ist im virtuellen Kontext Partizipation zu verstehen!

In der konkreten Umsetzung bedeutet dies, dass Sie Ihre Vorstellungen über die Zusammenarbeit auf Distanz als konkrete Erwartungen an Ihre Mitarbeiter adressieren und den Anforderungskatalog entsprechend abstimmen. Dabei kann auch herausgearbeitet werden, wo eventuell noch Qualifizierungsbedarf besteht.

7.1 Zu den Qualifikationen im Einzelnen

Über allem stehen natürlich die Fähigkeiten und Fertigkeiten im Umgang mit den elektronischen Medien. Dazu gehören ausreichende Kenntnisse, um kleinere Störungen selbst beheben zu können. Darüber hinaus sind folgende zentrale Qualifikationen erforderlich.

Fachkompetenzen

Selbstredend sind ausreichende fachliche Fähigkeiten und Fertigkeiten unabdingbar. Aber sieht sich der Mitarbeiter in der Lage, in allen möglichen, kniffligen Situationen auch ohne Rückversicherung eigenständig zu handeln und Entscheidungen zu treffen?

Sich kurzfristig Unterstützung holen zu können, ist im virtuellen Kontext zwangsläufig nur eingeschränkt möglich. Spontane Rücksprachen mit der eigenen Führungskraft gibt es genauso wenig wie die kollegiale Unterstützung im kurzen Austausch auf dem Gang. Für die Sicherheit im Handeln und Entscheiden muss der Mitarbeiter sich verstärkt auf seine eigenen Ressourcen verlassen können.

Das Vertrauen in die eigene Handlungskompetenz, die persönliche Überzeugung in die eigenen Fähigkeiten, das innere Zutrauen, auch in zukünftigen, jetzt noch nicht vorhersehbaren Situationen, die angemessene Leistung erbringen zu können, stärkt nicht nur die Motivation. Auch die Leistungsfähigkeit und das Arbeitsresultat werden positiv beeinflusst.

In der Fachliteratur spricht man in diesem Zusammenhang von der Selbstwirksamkeit. Darunter wird die individuell unterschiedlich ausgeprägte Überzeugung verstanden, in einer bestimmten Situation die angemessene Leistung erbringen zu können. Das Gefühl bezieht sich auf die subjektive Einschätzung der eigenen Fähigkeiten. Es beeinflusst die Wahrnehmung, die Motivation und die Leistung.

Die Selbstwirksamkeit ist zwar von eigenen Erfahrungen abhängig, aber auch sozial beeinflussbar. Hier kann die Unterstützung durch die Führungskraft erfolgen.

Pauschale Aussagen wie „Ich bin sicher, dass Sie es schaffen!" nutzen nur wenig. Teilen Sie Ihren Mitarbeitern stattdessen lieber mit, was Sie ihnen konkret zutrauen. Für eine fundierte Einschätzung sollten Sie sich vorab gut überlegen, welches konkrete Bild Sie über die Leistungsfähigkeit Ihres Mitarbeiters haben.

Organisations- und Methodenkompetenzen

Was wegfällt, ist der im Unternehmen vorhandene, oft als selbstverständlich wahrgenommene Rahmen. Selbst wenn vorgegebene Ordnungsstrukturen und Gepflogenheiten im lokalen Alltag manchmal als störend oder zu unflexibel empfunden werden, geben sie dennoch immer Orientierung.

Auf sich allein gestellt, müssen Mitarbeiter ihre organisatorischen Leitplanken selbst aufbauen und pflegen. Die individuelle Arbeitsorganisation beginnt mit der Gestaltung des eigenen Arbeitsplatzes. Das Thema setzt sich fort mit der Anforderung, sich die Arbeit selbst einzuteilen und Prioritäten zu setzen. Für die Strukturierung des eigenen Arbeitsprozesses sind Zwischenziele zu setzen. Und auch das eigene Zeitmanagement ist immer wieder zu überprüfen. Befindet sich der Arbeitsplatz zuhause, muss zusätzlich eine ausgewogene Balance zwischen Beruf und Privatleben gefunden werden.

Für die meisten Mitarbeiter stellt der Aufbau einer eigenen Arbeitsorganisation kein Problem dar. Manche blühen sogar richtig auf und die gegebenen Freiheiten steigern das Engagement. Es gibt aber auch Mitarbeiter, denen erst mit dem Wegfall eines Ordnungsrahmens auffällt, wie schwer sie sich beim Aufbau einer eigenen Arbeitsstruktur tun. Sie sind dann meist damit beschäftigt, die eigene Ordnung immer wieder neu zu erfinden – dann kommt aber die inhaltliche Arbeit zu kurz.

Zur Organisationskompetenz gehört auch, Zulieferungen an die eigene Einheit, wie z.B. Auswertungen oder die kurzfristige Unterstützung bei Zusatzaktionen, in den eigenen Arbeitsrhythmus zu integrieren. Den Blick für das Ganze zu haben, sich eigenständig Informationen zu beschaffen und zu selektieren sowie sich nicht in der Tagesarbeit zu verlieren – all das gehört mit zur erforderlichen Organisationskompetenz.

In der virtuellen Zusammenarbeit müssen Mitarbeiter Probleme systematisch analysieren und fachlich fundiert einschätzen können. Die Fähigkeit zu analytischem und schlussfolgerndem Denken sowie die Bereitschaft, sich mit den eigenen Leistungsgrenzen auseinanderzusetzen, ist die Voraussetzung, um Entscheidungen treffen und zielgerichtet umsetzen zu können.

Anders gesagt: Im virtuellen Kontext müssen Mitarbeiter viel von den Leistungen erbringen, die sonst oft von der Führung übernommen werden.

Wenn Sie Mitarbeiter aus anderen Organisationseinheiten für einen bestimmten Zeitraum „zur Verfügung" gestellt bekommen, stellt sich die Sachlage etwas anders dar. Hier müssen Sie sich darauf verlassen können, dass die verantwortliche Führungskraft Ihnen den richtigen Mitarbeiter zuteilt. Achten Sie dabei auf Interessenkonflikte. Da sie den eigenen Verantwortungsbereich nicht schwächen wollen, werden Sie von anderen Führungskräften vielleicht nicht deren beste Mitarbeiter bekommen.

Entspricht der zugeordnete Mitarbeiter nicht Ihren Erwartungen, denken Sie daran, dass nicht der Mitarbeiter selbst, sondern seine Führungskraft die vereinbarte Leistung zugesagt hat. So liegt es auch in deren Verantwortung, bei Problemen für Abhilfe zu sorgen. Natürlich werden Sie diese Person erst einbeziehen, wenn Sie das Problem mit dem Mitarbeiter direkt besprochen haben und keine gemeinsame Lösung gefunden werden konnte. Das Gespräch mit der Führungskraft sollten Sie immer auch zu dritt führen.

Zu den sozialen Kompetenzen

Die sozialen Kontakte am Arbeitsplatz sind ein wesentlicher und nicht wegzudenkender Bestandteil des Arbeitslebens. Der tägliche Austausch wirkt unterstützend auf die Einschätzung innerbetrieblicher Ereignisse und trägt zur Arbeitsmotivation bei.
Der Wegfall des stabilen sozialen Beziehungsfeldes kommt einer gewissen Vereinsamung gleich, was verunsichern kann. Vieles muss der Mitarbeiter jetzt mit sich selbst ausmachen. Ohne die Fähigkeit, sich immer wieder selbst zu motivieren, wird die Arbeit schnell zur Last.

Die Arbeit in und mit dem Außenfeld

Sich in neuen Situationen auf andere Menschen, andere Rollen, andere Prozesse oder andere Rahmenbedingungen einzulassen, ist für einen dezentral arbeitenden Mitarbeiter eine wesentliche Sozialkompetenz.

Es geht um die Fähigkeit, sich in andere Welten schnell und sensibel hineinversetzen zu können, sowie die Bereitschaft, Andersartigkeiten tolerant an- und aufzunehmen, ohne die eigenen Grenzen aus dem Blick zu verlieren.

Diese Bereitschaft ist nur die halbe Miete. Der Mitarbeiter ist auch gefordert, auf einen ihm (noch) unvertrauten Kontext aktiv einzuwirken und diesen selbst mitzugestalten. Selbstüberzeugung und persönliche Unabhängigkeit sind wichtige Voraussetzungen dafür.

Für Mitarbeiter aus anderen Organisationseinheiten stellt sich die Sachlage noch einmal anders dar. Es geht konkret um das Selbstmanagement im Spannungsfeld zwischen den Anforderungen aus der Heimatorganisation und der meist zeitlich befristeten Teilnahme in einem Projektteam.

Auch wenn die Verpflichtungen im Projekt klar sind, heißt das noch lange nicht, dass es leichtfällt, den Anliegen von Heimatkollegen dann Grenzen zu setzen, wenn die Projektarbeit ansteht. Im Loyalitätsdilemma erfolgt oft keine ausreichende Abgrenzung.

Gegenüber dem Management ist dieser Konflikt leichter aufzulösen. Da sich die Führungskraft zur Bereitstellung der Ressourcen verpflichtet hat, kann bei zusätzlichen Kapazitätsbelastungen formal abgesprochen werden, wie der bestehende Zielkonflikt geklärt und gelöst werden kann.

Die Arbeit im Team

→ Beim Thema Kommunikation über Medien steht die Fähigkeit, sich einfach und klar, direkt und verständlich auszudrücken, an erster Stelle. Dies gilt besonders für die schriftliche Kommunikation, bedingt auch für den telefonischen Kontakt.

Darüber hinaus ist die Kommunikationsbereitschaft von Bedeutung. Wortkarge Personen haben es hier schwer. Manchen Mitarbeitern liegt es nicht, das Wort zu ergreifen. Andere wiederum haben keine Ambitionen, mehr als unbedingt nötig zu erzählen.

→ Die Koordinationsbereitschaft verlangt, sich in der eigenen Arbeitsorganisation (Selbstmanagement) auch nach den Anforderungen und Erwartungen der Kollegen und der Führung auszurichten. Bei der Planung der eigenen Aktivitäten sollten die Kollegen immer so virtuell „präsent" sein, dass die eigenen Handlungspläne darauf abgestimmt werden.

Mitarbeiter, die die Fähigkeit besitzen, die verschiedenen Teilaktivitäten ihrer Kollegen in ihre Planung mit einzubeziehen, werden in der Zusammenarbeit als verlässlich, berechenbar und vertrauenswürdig erlebt. Sie fördern ein störungsfreies Ineinandergreifen der einzelnen Arbeitsschritte im Team.

→ Bei der Kooperationsfähigkeit geht es darum, sich mit den Wahrnehmungen und Einschätzungen anderer konstruktiv und wertschätzend auseinanderzusetzen.

Da jeder Kollege aus einem anderen Erfahrungshintergrund heraus agiert, ist das keine zu unterschätzende Herausforderung. Wenn unterschiedliche Wirklichkeiten aufeinandertreffen, dürfen die eigenen Sichtweisen und Überzeugungen zwar nicht absolut gesetzt werden, trotzdem muss auch konstruktiv an ihnen festgehalten werden.

Kooperationsfähigkeit geht mit einer hohen Interaktionskompetenz einher. Sie zeigt sich darin, dass Mitarbeiter Interaktionen in ihren Wechselwirkungen zu reflektieren vermögen und bei Störungen in der Kooperation auch das eigene Verhalten kritisch hinterfragen können.

→ Eine wichtige Qualifikation ist die Konfliktbereitschaft und -fähigkeit. Der virtuelle Kontext verlangt ein wesentlich höheres Engagement, Konfliktfelder aktiv aufzugreifen, als die Zusammenarbeit vor Ort. In der Distanz gibt es viele Möglichkeiten, sich dem Kontakt zu entziehen und notwendige Klärungen problemlos auf die lange Bank zu schieben. Mitarbeiter, die dazu neigen, einem Konflikt aus dem Wege zu gehen und sich lieber um ihn herum organisieren, können bei einer virtuellen Zusammenarbeit zu einem erheblichen Störfaktor werden.

Zu den Teamkompetenzen

Angesichts der Vielfältigkeit von virtuellen Teams ist eine generelle Kompetenzliste kaum zu erstellen. Die Anforderungen, die in einem Expertenteam herrschen, sind andere als jene, die an ein Teammitglied gestellt werden, das noch „direkter" geführt wird.

Zu den grundsätzlichen sozialen Teamkompetenzen gehört im Allgemeinen die Fähigkeit, sich in einem virtuellen Beziehungsgefüge offen zu verhalten und aktiv zum Zusammenhalt des Teams beizutragen.

Auch virtuelle Teams entwickeln und bauen in entscheidendem Maße auf gemeinsame Werte und Normen. Es reicht daher nicht, sich an anfangs getroffene Vereinbarungen gebunden zu fühlen. Erforderlich ist die Bereitschaft, eigene Vorstellungen zur Zusammenarbeit in das Team einzubringen und die Teamkultur mitgestalten zu wollen.

Bei einer hohen Interdependenz der Aufgaben sind persönliche Erfolgswünsche zu Gunsten des gemeinsamen Ziels zurückzustellen, also auf die explizite Anerkennung von Einzelleistungen zu verzichten. Egozentrik, Selbstdarstellung und Intrigantentum sowie das Zurückhalten von Informationen sind Gift für jedes virtuelle Team.

7.2 Wichtige Qualifikationen im Überblick

→ **Arbeitsblatt 33: Praxisreflexion**

Über welche spezifischen Qualifikationen verfügen die Mitarbeiter, die Sie auf Distanz führen?

Qualifikation	Aussagen zur Einschätzung (Mitarbeiter x/y)
→ Anwendung elektronischer Kommunikationsmittel → Nutzung elektronischer Kommunikationsmittel	
→ Medienkompetenz → Fachliches Wissen und Fertigkeiten	
→ Arbeitsorganisation → Work-Life-Balance	
→ Kommunikationsfähigkeit/-bereitschaft → Koordinationsfähigkeit/-bereitschaft → Kooperationsbereitschaft	
→ schriftliche, mündliche Kommunikation → Selbstwirksamkeitsüberzeugung/Handlungssicherheit → Einschätzung der persönlichen Leistungsgrenzen → Selbstmotivation → Entscheidungssicherheit	
→ Persönliche Unabhängigkeit → Gestaltungsbereitschaft in fremdem Umfeld → Einfühlungsvermögen/Toleranz → Konfliktfähigkeit und Konfliktbereitschaft	
→ Rollenbewusstsein → Anpassungsbereitschaft (Team) → Teamengagement	

→ Metakommunikation → Interaktionskompetenz	
→ Vorausschauendes Denken und Handeln → Problemanalyse → Schlussfolgerndes Denken	
→ Informationsbeschaffung und Selektion	

7.3 Ein virtueller Mitarbeiter hat das Wort

Den Beitrag verdanken wir Joachim Fischer. Er ist Mitarbeiter des Fachbereichs Personalentwicklung der Allianz Deutschland AG und dort als Program-Manager für die Leadership-Programme im Allianz Management Institut Deutschland verantwortlich.

Praxisbericht von J. Fischer

Eigentlich hätte alles ganz anders kommen sollen. Mit meinem Wechsel des Standorts war in meiner neuen Funktion vorgesehen, dass ich eine Gruppe von Experten, die im ganzen Bundesgebiet verteilt arbeiteten, im Rahmen einer projektartigen Aufgabe leiten sollte. Ich überlegte schon, wie ich diese Gruppe von „Einzelkämpfern" auf gemeinsame Ziele verpflichten und an für alle geltende Standards ausrichten könnte, wie ich für Kooperation und Kollegialität sorgen und dabei jedem Einzelnen individuell gerecht werden könnte. Ich machte mir Gedanken, auf welche Weise wir ergebnisorientiert kommunizieren könnten und was ich dafür tun könnte, dass alle sich als Teil eines Teams und für die Ergebnisse dieses Teams verantwortlich fühlen.

Doch dann kam es zu einer Neustrukturierung der Aufgaben, die die Auflösung der Expertengruppe mit sich brachte, und nach etwa einem weiteren Jahr bewirkte die nächste Veränderung, dass ich nun derjenige war, der sich in der Situation wiederfand, aus der Distanz geführt zu werden. Ich wurde einem anderen Fachbereich zugeordnet und war nun Teil eines Referates, das über 200 Kilometer entfernt in unserer Firmenzentrale angesiedelt war. Meine Vorgesetzte und alle Kolleginnen und Kollegen arbeiteten dort. Ich war der Einzige, der „außerhalb" tätig war, und all die Punkte, über die ich mir ein Jahr zuvor den Kopf zerbrochen hatte, waren alle wieder aktuell, nur dass ich nun der Betroffene war.

Der Umstand war, dass „die anderen" alle in der einen oder anderen Form schon länger zusammengearbeitet hatten und sich schon mehrere Jahre gut kannten. Mit meinen 18 Jahren Erfahrung war ich nun wieder „der Neue", kein unbeschriebenes Blatt zwar, aber doch fremd genug, dass man keine genaue Vorstellung davon hatte, was mich ausmachte, welche Qualitäten ich hatte, wie ich arbeitete und wie ich als Kollege war. Umgekehrt hatte ich schon mit allen meiner neuen Kolleginnen und Kollegen Kontakt gehabt, aber wirklich intensiv zusammengearbeitet hatten wir noch nicht. Ich kannte nicht deren Gepflogenheiten, die Codes in Sprache und Gestus, nicht die Spielregeln und Arbeitsweisen, nicht die Erwartungen meiner neuen Führungskraft. Worauf kommt es ihr bei meinen Arbeitsergebnissen an? Was sollte ich mit ihr abstimmen, wo selbstständig handeln? Mag sie lieber schriftliche Reports oder bevorzugt sie die mündliche Rücksprache? Worüber soll ich ihr berichten, worüber besser nicht? Alles Fragen, die mich zu dieser Zeit beschäftigten, und die sich einem, wenn man tagtäglich mit den Kollegen zusammenarbeitet, auch nicht selbstverständlich erschließen, aber die Vielzahl der Begegnungen und Kontakte gibt einem reichlich Gelegenheit, sich heranzutasten, die Fährte aufzunehmen, genauso wie die anderen immer sicherer im Umgang mit einem werden können.

Aber wenn man so weit auseinander arbeitet, wie in diesem Fall, und sich einander nur alle paar Wochen sieht? Diese Konstellation verlangsamte diesen Eingewöhnungsprozess ganz erheblich. Ich wurde freundlich aufgenommen, mit meinen Hauptansprechpartnern arbeitete ich vertrauensvoll zusammen, zum Rest der „Mannschaft" hatte ich weniger Kontakt. Referatsbesprechungen verpasste ich das eine oder andere Mal, da sie mit anderen Terminen kollidierten. Informationen gelangten daher verspätet zu mir, manches erreichte mich mehr zufällig. Und von der ganzen Kommunikation, die zwischen Tür und Angel stattfindet, bei der die offiziellen Informationen miteinander verknüpft werden und so in einen neuen Kontext gestellt werden können, war ich komplett abgeschnitten.

So kam es, dass ich mich erst nach einem Teamworkshop ein Jahr später vollständig angekommen fühlte.

Die Rücksprachen mit meiner Vorgesetzten waren, da sie nur alle paar Wochen stattfanden, mit Themen randvoll und in ein enges Zeitkorsett gepackt, sodass eine gute Vorbereitung zwingend erforderlich war. Am besten war es, Fragen und Diskussionspunkte in Entscheidungsvorlagen umzuwandeln und so durch die Gesprächspunkte zu hasten.

Dabei blieben jedoch die vertiefte Diskussion und Erörterung der Themen und der informelle Austausch auf der Strecke. Obwohl man alle Punkte geklärt hatte, ging ich unzufrieden aus diesen Gesprächen heraus. Im Laufe der Zeit haben wir jedoch mehr oder weniger unbewusst ein besseres Prozedere gefunden. Der Austausch ist lockerer und ungezwungener geworden. Fachliche Fragen regeln wir oft telefonisch, dann, wenn das Thema auftaucht. Wichtige Mails – aber nur die – sende ich ihr in Kopie. Mindestens einmal wöchentlich haben wir außerdem ein längeres Telefonat, nicht fest terminiert und nicht als vereinbarte Regel, sondern es hat sich so etabliert, wohl aus einer gemeinsamen erfahrungsgeleiteten Erkenntnis heraus.

Bei unseren persönlichen Treffen ist es sogar schon vorgekommen, dass wir ein bestimmtes Thema besprechen wollten, dann aber meinen persönlichen Belangen und meiner aktuellen Befindlichkeit den Vorrang gegeben haben. Das Thema, das wir eigentlich besprechen wollten, haben wir auf ein Telefonat verschoben, und das war genau die richtige Entscheidung. Das, was wirklich wichtig war in diesem Moment, wurde von uns vorgezogen. So ging ich zufrieden aus diesem Gespräch heraus, obwohl ich meine Fachfragen nicht geklärt hatte. Oder treffender gesagt: gerade deshalb.

Was in meinem Fall sicher vorteilhaft für eine Führungsbeziehung auf Distanz ist, ist die Tatsache, dass ich zwei fest umrissene, genau definierte Arbeitspakete habe, mit denen ich mich in hohem Maße identifiziere und verantwortlich fühle. Zusammen mit meiner Erfahrung und Kompetenz in diesen Gebieten ergibt sich eine Erfolg versprechende Kombination von Faktoren. Selbstständigkeit und Entscheidungsfreude sind dann nicht nur Voraussetzungen für eine gelungene Führung auf Distanz, sondern wirksame Ressourcen, die meine Arbeit erleichtern und es einfacher machen, schnelle Ergebnisse zu erzielen. Selbstständig handeln und die notwendigen Entscheidungen alleine treffen zu können, erhöht für mich außerdem die Freude an meiner Tätigkeit und ist eine tägliche Kraftquelle.

Voraussetzungen dafür sind allerdings, dass die Ziele des Fachbereichs bzw. Referats klar und eindeutig sind, dass man weiß, wohin der Pfad führt, auf dem man vorangeht, und gegenseitiges Vertrauen: Vertrauen in mich, dass ich meinen Aufgaben gerecht werde, dass ich angemessene Entscheidungen treffe, dass meine Vorgehensweise effektiv ist. Umgekehrt aber auch mein Vertrauen in meine Führungskraft, dass sie bei Schwierigkeiten hinter mir steht, dass ich mich bei Versäumnissen an sie wenden kann.

Dafür sind auch die regelmäßigen (Telefon-)Gespräche sehr nützlich, denn sie geben Einblick in die jeweiligen Denkwelten, erhöhen das ge-

gegenseitige Verständnis. Die Wahrscheinlichkeit, den anderen richtig einzuschätzen, wird höher. Diese Gespräche, manchmal auch ohne speziellen Anlass geführt, straffen immer wieder auch das Band zu „meinem" Team, ich bekomme wieder den Bezug und meine Batterien werden durch ein Lachen, ein paar ermunternde oder anerkennende Worte wieder aufgeladen.

Überhaupt finde ich, dass Humor und Freude bei einer Führung auf Distanz (und bei Führung generell) nicht zu kurz kommen dürfen. Die Versuchung, Dinge per Mail zu klären, Aufträge schriftlich zu erteilen, ist schon sehr groß, vor allem dann, wenn es schwierig ist, sich zu „synchronisieren" (Und wann ist es das in Zeiten voller Terminkalender nicht?). Die Tendenz, dann sehr sachlich zu formulieren, vielleicht sogar kurz angebunden – schließlich hat man ja nicht viel Zeit – ist schon sehr ausgeprägt. Das aber erhöht die schon vorhandene Distanz. Ich als Mitarbeiter vor Ort werde zum „Erlediger" degradiert. Deshalb finde ich es hilfreich, wenn eine persönliche Abstimmung schon nicht möglich ist, einen möglichst „mündlichen" Schreibstil zu verwenden („Schreiben, wie man spricht"). Nützlich ist dabei auch die Verwendung von sog. Emoticons, die Zweideutigkeiten verringern.

Eine typische Problemsituation bei Führung auf Distanz sind außerplanmäßige, über das eigentliche Arbeitsgebiet hinausgehende Zusatzaufträge. Diese werden in aller Regel per Mail erteilt, sind meistens knapp formuliert und passen in aller Regel nicht in die eigene Zeitplanung. Wenn man solche Aufträge dann nachrangig behandelt, kommt einige Tage später das böse Erwachen, wenn die Nachfrage kommt, was man denn schon erreicht hat. Die Crux an der Sache ist nämlich die, dass durch die fehlende Rückfragemöglichkeit Wichtigkeit, Dringlichkeit, gewünschte Ergebnisqualität und Hintergrund des Auftrags offengeblieben sind. Da man dem Auftraggeber auch zwischendurch nicht auf dem Gang begegnet, um die erforderlichen Klärungsfragen zu stellen oder um auch nur, um ob des unerledigten Auftrags ein schlechtes Gewissen zu bekommen und sich umgehend an dessen Erledigung zu machen, steht man plötzlich vor der Situation, schnell eine möglichst Gesicht wahrende Auskunft zu geben. Es kommt also, mehr noch als im direkten Kontakt, bei einer Führung auf Distanz auf eine präzise Auftragsklärung an, bei der Rückkopplungen eingebaut sind, sodass z.B. geklärt werden kann, ob man überhaupt zeitlich in der Lage ist, diesen Auftrag zu erfüllen. Das erfordert Disziplin von allen Beteiligten.

Ein besonderer Fall sind dabei Abstimmungen, die zwischen mehr als zwei Personen per Mail getroffen werden. Der ganze Prozess wird durch dieses Vorgehen verlangsamt, Argumente kommen zu spät und irgendwann ist die Zeit dann so weit vorangeschritten, dass Diskussionen nicht wieder aufgerollt werden können, was der Ergebnisqualität nicht zugutekommt. Ein Lösungsansatz für diese beiden beschriebenen Situationen ist, sicher nicht überraschend, wieder der Griff zum Telefonhörer. Eine Telefonkonferenz ist schnell arrangiert und erlaubt es, die erforderlichen Absprachen zu treffen. In einer Zeit, in der das Smartphone zum gängigen Arbeitsmittel geworden ist, das E-Mail und Telefon verbindet, hat man schließlich immer die Option, sich für den jeweils geeigneten Weg zu entscheiden.

Was sich in meiner Situation positiv auswirkt, ist die räumliche Nähe zu Kolleginnen und Kollegen benachbarter Referate. So ist der Gefahr der Vereinsamung vorgebeugt, Neuigkeiten aus dem Fachbereich erreichen mich auf informellem Wege und es gibt immer jemanden, mit dem man mittags in die Kantine gehen kann. Das Gefühl von Zugehörigkeit kann dadurch vom eigenen Referat auf den Fachbereich ausgedehnt werden, was gerade bei übergreifenden Themen durchaus von Nutzen sein kann. Das eigene Denken verbreitert sich, man berücksichtigt mehr Perspektiven und erarbeitet so Lösungen von größerer Tragfähigkeit. Auch ein kollegiales Coaching ist in solch einem Kontext unkompliziert möglich.

Ein großes Plus für die Führung auf Distanz ist sicher die freie Zeiteinteilung und die autonome Tagesgestaltung. Fern vom Zentrum des Geschehens ist man außerhalb des Blickfeldes und daher weniger Einflüssen von außen ausgesetzt. So kann man ungestört seine Kreise ziehen und fokussiert seine Aufgaben bearbeiten. Andererseits kann man sich auch einmal einen schlechten Tag leisten. Es fällt nun mal nicht gleich auf. Man darf diesen Umstand nur nicht ausnutzen, was angesichts der Erwartung von Arbeitsergebnissen ohnehin kaum möglich ist.

Im Krankheitsfall wiederum ist es nicht so offenkundig, dass man nicht arbeitet. Für die Kollegen hat sich ja durch die eigene Abwesenheit nichts geändert.

Die wesentlichste Erkenntnis, die ich in meinem nunmehr zweijährigen Erfahrungsschatz als auf Distanz geführter Mitarbeiter verbuchen kann, ist, dass es dabei hauptsächlich auf drei Dinge ankommt: Transparenz, Bindung und Delegation.

Transparenz über das, woran man arbeitet, wie der Arbeitsstand gerade ist, wie Kontakte verlaufen sind, welche Ideen einem im Kopf herumgehen und wie es einem gerade geht persönlich, mit der Arbeit und in der Firma. Feedback zu den Ergebnissen und zum eigenen Auftreten und offene Kommunikation von Unternehmensthemen gehört ebenso in diese Rubrik.

Bindung zum Team, zur eigenen Aufgabe und zu den gemeinsamen Zielen muss immer wieder erneuert werden durch regelmäßige Begegnungen und wiederkehrenden Austausch. Immer wenn ich mich meinen Aufgaben sehr verpflichtet gefühlt habe, wenn ich sehen konnte, welchen Beitrag ich für die gemeinsamen Ziele leistete und mich als vollwertigen Teil des Teams fühlen konnte, habe ich mich „besonders ins Zeug gelegt" und war mit meiner Arbeit zufriedener.

Delegation schließlich beinhaltet gerade bei einer Führung auf Distanz die Übertragung von ausreichenden Gestaltungs- und Entscheidungsvollmachten, um die Chancen dieser auf selbstständiges Handeln ausgerichteten Situation wirklich auszuschöpfen.

Transparenz, Bindung und Delegation sehe ich dabei in der Führungsbeziehung nicht als einseitig von der Führungskraft zu gestaltende Punkte, sondern als wechselseitige Prozesse, die immer wieder von allen Beteiligten neu justiert und ausgeformt werden müssen, was vor allem immer wieder bedeutet, der Wahl der geeigneten Kommunikationsmittel viel Aufmerksamkeit zu widmen.

Ausblick

Mitten in der digitalen Revolution können wir nur mutmaßen, wie sich unsere Arbeitswelt weiter verändern wird. Sicher ist jedenfalls, dass immer mehr Führungskräfte und ihre Mitarbeiter das Neuland des virtuellen Miteinanders betreten werden.

Erlangen die Mitarbeiter über die räumliche Distanz zu ihrer Führungskraft mehr Selbstbestimmung und Freiheit in ihrer Arbeitsorganisation, so fällt es schwerer, auch einen Gewinn für die Führungskräfte auszumachen. Sie haben ihren Mitarbeitern eine förderliche und motivierende Beziehung anzubieten – sind selbst aber oft mit einer gewissen Isolation konfrontiert.

Sogar der Arbeitsplatz beginnt mehr und mehr zu wandern. Virtuelle Führungsarbeit wird „grenzenlos". Sie ist fast immer und vor allem überall möglich. Ob am Flughafen oder im Zug, ob morgens in der Kaffeebar oder abends im Hotelzimmer, über Handy und Laptop – so werden die Fäden zusammengehalten. E-Mails müssen gelesen und Informationen eingeholt werden. Es wird getextet und gechattet, neue Order werden versendet, nur um die Dinge „am Laufen zu halten".

Es liegt ebenso in Ihrer Verantwortung als Führungskraft, dass auch Sie persönliche Kontakte brauchen. Sie brauchen sie, um sich auszutauschen, Ihre Erfahrungen zu reflektieren oder Feedback zum eigenem Führungshandeln zu bekommen – vor allem aber, um Unterstützung in Ihrer anspruchsvollen Arbeit zu erhalten.

Literaturhinweise und Empfehlungen

- AGIP = Arbeitsgruppe Innovative Projekte; http://agip.fh-hannover.de/forschungsschwerpunkte.html; (Abruf: 3.3.2010)
- Akademie für Führungskräfte der Wirtschaft; http://www.die-akademie.de/download/studien/Akademie-Studie 2002.pdf; (Abruf: 3.3.2010)
- Asimov, I.: Die nackte Sonne. München, 1988
- Blendlinger, A.: Studienarbeit zur Kulturellen Zusammenarbeit als interdisziplinäres Problem. 2008; http://www.vlbalab.de/staticexport/sites/VLBA/de/Home/Study/Thesis/downloads/SA_AnnaBlendinger.pdf; (Abruf: 10.3.2010)
- Daft, R.; Lengel, R.: Information Richness: A new approach to managerial behavior and organization design. 1984 (nach: Picot, A., et.al. a.a.O)
- Dennis u. Valacich: Rethinking Media Richness. 1999 (nach: Döring, N. a.a.O)
- Döring, N.; Sozialpsychologie des Internet. Göttingen, 2003
- Eichenberg, T.: Distance Leadership. Wiesbaden, 2007
- Frankl, V. E.: Der Wille zum Sinn. München, 1997
- Geister, S.: Feedback in virtuellen Teams. Wiesbaden, 2005
- Glasl, F.: Konfliktmanagement. Bern/Stuttgart, 1990
- Hardy, H. E.: A Short History of the Net. 1995; Quelle: http://www.ocean.ic.net/ftp/doc/snethistnew.htm; (Abruf: 10.3.2010)
- Hertel, G.: Management virtueller Teams auf der Basis sozialpsychologischer Theorien: Das VIST Modell. nach: E. H. Witte (Hrsg.), Sozialpsychologie wirtschaftlicher Prozesse. Lengerich, 2002
- Höhn, R.: Stellvertretung. nach: Grochla, E. (Hrsg): Handwörterbuch der Organisation. Stuttgart, 1980
- Hülsbusch, W.; Utsch, A.; Remdisch, S.; Groß, M.: Führen auf Distanz. In Wissensmanagement 1/06. Quelle: ftp://ftp.fh-lueneburg.de/pub/ieg/Publikationen_Gross/Fuehren_auf_Distanz-Vom_E-Leading_zum_Blended_Leading.pdf; (Abruf: 1.2.2010)
- Kock, N.: Media richness or media naturalness? In: IEEE Transactions on Professional Communication. Vol. 48. NO. 2. June 2005
- König, K.: Kleine psychoanalytische Charakterkunde. Göttingen, 2008
- Konradt, U.; Hertel, G.: Management virtueller Teams. Weinheim, 2002
- Kostner, J.: König Artus und die virtuelle Tafelrunde. Wien, 2002
- Lührmann, T.: Führung, Interaktion und Identität. Wiesbaden, 2006
- Luhmann, N.: Vertrauen. Stuttgart, 2009
- Mathieu, J. E.: „Into the box" Thinking about leadership. Zitiert nach Lührmann, T.: a.a.O., 2001.
- Orlikowski, B.: Management virtueller Teams. Wiesbaden, 2002
- Palfrey, J.; Gasser, U.: Generation Internet. München, 2008
- Picot, A.; Reichwald, R.; Wigand, R. T.: Die grenzenlose Unternehmung. Wiesbaden, 1996
- Reichwald, R.; Picot, A.: Bürokommunikation. Halbergmoos, 1987

- Remdisch, S.; Utsch, A.: (2006) Führen auf Distanz, ZOE 25. Jahrg. (S. 32 – 43) http://www.leuphana.de/remdisch/publikationen/05_Remdisch_Utsch.pdf; (Abruf:10.10.2009)
- Steiger, T., Lippmann, E.: Handbuch Angewandte Psychologie für Führungskräfte. Heidelberg, 2008
- Teufel, S.; Sauter, C.; Mühlherr, T.; Bauknecht, K.: Computerunterstützung für die Gruppenarbeit. Bonn, 1995

Stichwortverzeichnis

Alltag, virtueller 88 ff., 131 ff.
Audio Konferenz 36
Aufgabenschwerpunkt,
　unterschiedlicher 35
Autonomiestreben 98
Awarenessfunktion 96

Begleitung, erlebnisbezogene 88
Beitrag, persönlicher 104
Beziehungsangebot 22 ff.
Beziehungsqualität 92
Bindekraft 103 ff.
Blog 36

Chat 44

Delegation 31, 69 ff.
Delegationsprozess 72 ff.
Digital Immigrants 52
Digital Natives 52

E-Mail 36, 50 ff., 147
Ergebnisorientierung 31
Eskalationsstrategie, gemeinsame 145

Fachkompetenz 153
Fernbeziehung 27
Fliehkraft 95 ff.
Führung 19 ff., 88 ff.
　interaktionelle 110;
　strukturelle 110;
　teambasierte 111
Führungskraft 17 ff.
Führungsorganisation, gute 89
Führungssituation, virtuelle 20

Gerechtigkeit 108
Gestalt, geschlossene 34;
　offene 34
Groupware 148
Gruppe 54 ff.,
　virtuelle 54 ff.

Informationsverhalten, aktives 28
Instant Messaging 36
Integration 31

Kernkompetenz 27 ff.
Klärungsphase 126
Kohäsionsfunktion 48
Kommunikation, informelle 92;
　virtuelle 12 ff.
Kommunikationsprozess 40 ff.
Konflikt, offener 149
Konfliktmanagement 31
Konfliktpotenzial,
　organisationsbedingtes 142
Konfliktprophylaxe 133 ff.
Kontakt, vertrauensbasierter 29
Kontaktarmut 95
Kontrollverlust 30

Leistungsengagement 98
Leistungsstufe 128
Linienteam, virtuelles 111 ff.
Lokomotionsfunktion 48

Management by Delegation 69
Management by Objectives (MbO) 59
Media-Richness-Modell 38
Medien, elektronische 33 ff.
Medienakzeptanz, gemeinsame 45
Medieneinsatz, alltäglicher 47 ff.
Medienkompetenz 31
Mediennutzung 147 ff.
Medienportfolio, geeignetes 36
Medienpräferenz, individuelle 44
Medienwahl, anwenderbezogene 44 ff.;
　aufgabenorientierte 42 ff.;
　durch die Führungskraft 46
Medium, armes 38;
　kontaktvermeidendes 50;
　reiches 38
Methodenkompetenz 153
Misstrauen 103

Mitarbeiter 23 ff., entsandter 77;
   fremder 78
Mitarbeitergespräch 75 ff.
Mitarbeiterverhalten 20
Motivation 31, 81 ff.,
   extrinsische 81;
   intrinsische 81

Organisationskompetenz 153
Orientierungsphase 120

Persönlichkeit, gewinnende 28
Positionierungsphase 121
Projektteam, virtuelles 113 ff.

SMART-Kriterien 61 ff.
Sozialkompetenz 28, 155
Stabilisierungsphase 123
Standard 138
Störung 134
Störungsfalle, externe 143
Störungsmanagement 134 ff.
System, lose gekoppeltes 15

Team 54 ff.,
   virtuelles 94 ff.
Teamentwicklung 119 ff.
Teamentwicklungstreppe 118 ff.
Teamkompetenz 156
Teamnorm 128
Teamorganisation 127
Teamphase 118 ff.
Telefon 36
Telefonkonferenz 148
Twitter 36

Ungewissheit 30
Unruhephase 125
Unterschied, kultureller 99

Verhaltensbeeinflussung,
   unidirektionale 19
Vernetzung, mentale 104
Vertrauen 105
Video Chat 36
Videokonferenz 36, 148
Voice Chat 36

Wissen, dezentralisiertes 13
Workshop, gemeinsamer 127

Ziel 59 ff.
   attraktives 64;
   messbares 62;
   qualitatives 62;
   realistisches 65;
   terminiertes 66
Zieldifferenzierung 67
Zielformulierung 59, 64 ff.
Zielkonflikt 67, 101
Zielkonsens 107
Zielterminierung 66
Zielvereinbarung 59
Zugehörigkeit 106
Zusammenarbeit, direkte 134 ff.;
   standortgebundene 12 f.;
   standortungebundene 13 f.

Face to face
Mit emotionaler Resonanz

Mitarbeitergespräche sind wichtig, verlaufen aber oft unbefriedigend. Mit diesem Crashkurs gelingt Ihnen die Optimierung rasch und zugleich zielführend. Das Thema wird kompakt und praxisnah behandelt. Da jede Gesprächssituation anders ist, gibt der Autor keine wohlfeilen Rezepte, sondern unterstützt Sie bei der Selbstreflexion und der individuellen Vor- und Nachbereitung.

Jochem Kießling-Sonntag
Mitarbeitergespräche: Crashkurs!
120 Seiten, kartoniert
ISBN 978-3-589-23792-0

Weitere Informationen zum Programm erhalten Sie im Buchhandel oder im Internet unter **www.cornelsen.de/berufskompetenz**

Cornelsen Verlag • 14328 Berlin
www.cornelsen.de